Michael Michalko

Erfolgsgeheimnis Kreativität

Was wir von Michelangelo,
Einstein & Co. lernen können

Aus dem Amerikanischen übersetzt
von Sabine Gebhardt-Herzberg

mvg Verlag

Bibliografische Information der Deutschen Bibliothek
Die Deutsche Bibliothek verzeichnet diese Publikation in der Deutschen Nationalbibliografie; detaillierte bibliografische Daten sind im Internet über http://dnb.ddb.de abrufbar.

Titel des Originals: „Cracking Creativity"
Aus dem Amerikanischen übersetzt von Sabine Gebhardt-Herzog.

http://www.mvg-verlag.de

Umschlaggestaltung: Vierthaler & Braun Grafikdesign, München
Satz: mi, J. Echter
Druck und Bindearbeiten: Ebner & Spiegel, Ulm
Printed in Germany 08379/080303
ISBN 3-478-08379-6

Inhaltsverzeichnis

Danksagung 6

Einführung 7

Teil I: Sehen, was kein anderer sieht 21

Strategie eins: Das richtige Sehen. 25

Strategie zwei: Sich ein Bild von seinen Gedanken machen 63

Teil II: Denken, was kein anderer denkt 97

Strategie drei: „Fließendes" Denken. 103

Strategie vier: Innovative Kombinationen vornehmen . . . 131

Strategie fünf: Das Unverbundene verbinden 167

Strategie sechs: Der Blick auf die Kehrseite 207

Strategie sieben: Der Blick in andere Welten 235

Strategie acht: Finden, wonach Sie *nicht* gesucht haben . . 273

Strategie neun: Den Gemeinschaftsgeist wecken 305

Nachwort 335

Weiterführende Literatur. 339

Kontaktieren Sie den Autor! 341

Stichwortverzeichnis. 343

Danksagung

Üblicherweise dankt ein Autor sämtlichen Personen, die zur Entstehung eines Buches beigetragen haben. Und mir haben viele Menschen geholfen. Diesmal jedoch möchte ich der einen Person meinen schriftlichen Dank aussprechen, die mir am meisten geholfen hat – nicht nur bei der Entstehung dieses Buches, sondern ebenso in Bezug auf mein Leben. Ich möchte Pat Lehmann aus Marco Island, Florida, für ihren Einfallsreichtum, ihr Wissen und ihr Vertrauen danken; sie hat mich unter anderem gelehrt, dass mein Erfolg meinen Griff nach den Sternen überflügeln sollte – denn wofür, wie Pat es ausdrückte, seien die Sterne sonst da?

Einführung

Wie kommen geniale Menschen auf ihre Ideen? Was hat der Geist, der die Mona Lisa schuf, mit dem gemein, der die Relativitätstheorie ersann? Was ist das charakteristische Merkmal der Denkweise der Einsteins, Edisons, da Vincis, Darwins, Picassos, Michelangelos, Galileos, Freuds und Mozarts der Geschichte? Was können wir von ihnen lernen? Das Ziel dieses Buches ist es, diese Denkstrategien zu beschreiben und aufzuzeigen, wie wir sie gebrauchen können, um in unserer Arbeit und unserem persönlichen Leben kreativer zu werden.

Lange Zeit haben Wissenschaftler versucht, den schöpferischen Geist statistisch zu erfassen, als könnten Zahlenreihen das Geheimnis der Kreativität erhellen. In seiner 1904 erhobenen Studie stellte Havelock Ellis fest, dass die meisten genialen Menschen Väter hatten, die älter als 30 Jahre waren, Mütter im Alter von unter 25 Jahren, und dass sie für gewöhnlich als Kinder kränkelten. Andere berichteten, dass viele von ihnen ehelos lebten (Descartes, Galileo, Newton) und andere ohne Vater (Dickens) oder ohne Mutter aufwuchsen (Darwin, Marie Curie). Letztlich haben diese Datensammlungen gar nichts erhellt.

Andere Wissenschaftler versuchten, die Zusammenhänge zwischen Intelligenz und schöpferischem Geist zu erforschen. Aber Intelligenz allein reicht nicht aus. Marilyn vos Savant, deren IQ mit 228 Punkten der höchste jemals gemessene ist, hat nicht viel zu Wissenschaft oder Kunst beigetragen, sondern arbeitet als Kolumnistin für die Leserseite der Zeitschrift Parade, wo sie Leserfragen beantwortet. Gewöhnliche Physiker besitzen einen höheren Intelligenzquotienten als der Nobelpreisträger Richard Feynman, den viele als das letzte große amerikanische Genie preisen (er hatte einen respektablen, aber nicht herausragenden IQ von 122 Punkten).

Nach einer ausgedehnten Debatte in den 60er Jahren, die von J.P. Guilford eingeleitet worden war, gelangten die Psychologen zu dem Schluss, dass Kreativität nicht dasselbe ist wie Intelligenz. Ein Mensch kann ein höheres Maß an Kreativität als an Intelligenz besitzen und umgekehrt.

Die meisten durchschnittlich intelligenten Menschen sind im Stande, die erwartete Antwort auf eine Frage oder die Lösung eines ihnen vorgelegten Problems zu finden. Auf die Frage „Was ist die Hälfte von Dreizehn?" antworten die meisten spontan „sechseinhalb". Üblicherweise denken wir reproduzierend, ausgehend von ähnlichen Problemen, mit denen wir in der Vergangenheit konfrontiert waren. Wir suchen nach etwas, das in der Vergangenheit funktioniert hat, fragen: „Was von dem, was ich in meinem Leben, meiner Ausbildung oder meinem Beruf gelernt habe, kann dieses Problem lösen?" Wir gehen analytisch vor und wählen auf Grundlage unserer vergangenen Erfahrungen die vielversprechendste Lösungsmöglichkeit aus, unter Ausschluss aller anderen Methoden. Die scheinbare Verlässlichkeit der auf vergangenen Erfahrungen beruhenden Lösungsschritte lässt uns zu einer anmaßenden Sicherheit über die Korrektheit unserer Schlussfolgerung gelangen.

Im Gegensatz dazu denken geniale Menschen produktiv und nicht reproduzierend. Mit einem Problem konfrontiert, fragen sie sich, auf wie viele verschiedene Weisen sie es betrachten, wie sie es neu überdenken und auf wie viele Arten sie es lösen können, statt danach, welche Lösungsmethoden ihnen beigebracht wurden. In der Regel gelangen sie so zu vielen unterschiedlichen Antworten, von denen einige ungewöhnlich und unter Umständen einzigartig sind. Als Lösung des oben genannten Problems würde ein produktiv denkender Mensch sagen, dass die Möglichkeiten, „Dreizehn" auszudrücken, ebenso zahlreich und vielfältig sind, wie die Möglichkeiten, etwas zu halbieren. Im Folgenden einige Beispiele:

Beim produktiven Denken ersinnt man möglichst viele verschiedene Lösungen, unwahrscheinliche ebenso wie wahrscheinliche.

Beispiele für die Halbierung von 13

6,5
Sechseinhalb
Drei und Zehn = 4 (vier Buchstaben auf jeder Seite)
13 = 1, 3
XI/II = 11, 2
~~XIII~~ = 8, 8 (die horizontale Trennungslinie ergibt 8 über und 8 unter der Linie)

Wichtig ist die Bereitschaft, sämtliche Möglichkeiten zu erforschen, auch wenn man bereits eine viel versprechende Lösung gefunden hat. Einstein wurde einmal gefragt, worin der Unterschied zwischen ihm und einem Durchschnittsmenschen bestünde. Er sagte, dass ein normaler Mensch, der eine Nadel in einem Heuhaufen finden soll, die Suche beenden würde, sobald er eine Nadel gefunden hat. Er hingegen würde den ganzen Heuhaufen durchwühlen, um nach sämtlichen möglicherweise darin verborgenen Nadeln zu suchen.

Die meisten Menschen sehen in dem unten stehenden Muster ein aus Quadraten bzw. Kreisen zusammengesetztes Quadrat oder einander abwechselnde Reihen von Quadraten und Kreisen. Seltener sehen sie Spalten abwechselnd aufeinander folgender Quadrate und Kreise.

Werden wir darauf hingewiesen, dass man das Muster auch als Spalten abwechselnd aufeinander folgender Quadrate und Kreise betrachten kann, gelingt uns das natürlich. Wir sind gewohnt, ähnliche Gegenstände bzw. Formen automatisch einander zuzuordnen. Geniale Menschen unterlaufen diese Gewohnheit, indem sie ganz bewusst nach alternativen Betrachtungsweisen suchen.

Im Gegensatz dazu fördert die reproduzierende Denkweise geistige Unbeweglichkeit, weshalb wir häufig scheitern, wenn wir einem neuen Problem gegenüberstehen, das oberflächlich betrachtet vergangenen ähnelt, sich jedoch auf einer tieferen Ebene von ihnen unterscheidet. Ein solches Problem auf Basis früherer Erfahrungswerte zu interpretieren führt per definitionem in die Irre. Reproduzierendes Denken bringt uns auf die herkömmlichen Ideen und nicht auf originelle Einfälle.

1968 beherrschten die Schweizer die Uhrenindustrie. Sie waren es, die die elektronische Uhr in ihrem Forschungsinstitut in Neuchâtel erfanden. Die Erfindung wurde jedoch von jedem Schweizer Uhrenhersteller abgelehnt. Auf der Basis ihrer Erfahrung in der Uhrenindustrie glaubten die Hersteller, dass die elektronische Uhr unmöglich die Uhr der Zukunft sein könne. Seiko warf einen einzigen Blick auf diese Erfindung, die die Schweizer Hersteller auf dem Weltkongress der Uhrenhersteller jenes Jahres verwarfen, und übernahm weltweit die führende Position auf dem Uhrenmarkt. Als Univac den Computer erfand, weigerten sich die Erfinder, mit interessierten Geschäftsleuten über ihren Durchbruch zu sprechen. Sie meinten, der Computer sei für Wissenschaftler erfunden und für die Geschäftswelt ungeeignet. Dann kam IBM. IBM wiederum sagte, dass es ihren früheren Erfahrungen auf dem Computermarkt zufolge praktisch keinen Markt für den PC gäbe. Sie waren sich sogar absolut sicher, dass es nicht mehr als fünf oder sechs Leute auf der ganzen Welt gäbe, die einen PC bräuchten. Dann kam Apple.

Wir müssen unsere Sichtweisen flexibel halten, um erfolgreich zu sein. In der Natur wäre ein Genpool, der sich nicht verändert, unfähig, sich verändernden Bedingungen anzupassen.

Mit der Zeit würde sich das genetisch kodierte sinnvolle Wissen in Dummheit verwandeln, mit fatalen Folgen für das Überleben der Art. Ein vergleichbarer Prozess vollzieht sich in unserem individuellen Leben. Wir alle verfügen über ein umfangreiches Repertoire an Ideen und Konzepten, die auf früheren Erfahrungen beruhen und uns ermöglichen, zu überleben und erfolgreich zu sein. Aber wenn wir sie nicht flexibel halten, stagnieren unsere Sichtweisen, büßen ihre Vorteile ein, und schließlich unterliegen wir im Wettstreit mit unseren Konkurrenten.

Betrachten Sie folgende Beispiele:

- 1899 schlug Charles Duell, der Direktor des US-Patentamtes, der Regierung vor, das Amt zu schließen, weil alle überhaupt möglichen Erfindungen bereits gemacht worden seien.
- 1923 sagte Robert Millikan, ein berühmter Physiker und Nobelpreisträger, die Wahrscheinlichkeit, dass die Menschheit sich die Atomkraft zu Nutze machen könne, sei gleich null.
- 1861 erfand der Deutsche Phillip Reiss eine Maschine, mit der man Musik übertragen konnte. Er stand vor der Erfindung des Telefons. Jeder Kommunikationsexperte in Deutschland versuchte ihn zu überzeugen, dass es keinen Markt für ein derartiges Gerät gäbe, da der Telegraf gut genug sei. 15 Jahre später erfand Alexander Graham Bell das Telefon, wurde Multimillionär – und Deutschland sein erster begeisterter Kunde.
- 1938 erfand Chester Carlson das Kopieren. Praktisch jede große Firma, einschließlich IBM und Kodak, spottete über seine Erfindung und wies ihn ab. Sie behaupteten, niemand, der recht bei Verstand sei, würde ein teures Kopiergerät kaufen, da Kohlepapier billig und ausreichend vorrätig sei.

Sobald wir eine Idee entwickelt haben, die unserer Meinung nach funktioniert, fällt es uns schwer, Alternativen in Betracht zu ziehen. In der Regel sind unsere Vorstellungen darüber, was funktioniert oder was wir leisten können, eng begrenzt, und wir halten so lange an ihnen fest, bis sie sich als falsch erwiesen haben. Der schöpferische Geist hingegen arbeitet mehr im Einklang mit den Gesetzen der biologischen Evolution.

Darwins Evolutionstheorie der natürlichen Auslese hat mich stets beeindruckt, und die Versuche von Gelehrten, darwinistische Ideen auf das kreative Denken und besondere Begabungen anzuwenden, faszinieren mich. Die Natur ist außerordentlich produktiv. Sie schafft viele Möglichkeiten durch Ausprobieren und überlässt dann dem Prozess der natürlichen Auslese die Entscheidung darüber, welche Art überlebt. In der Natur scheitern 95 Prozent aller neuen Arten und gehen innerhalb eines kurzen Zeitraums zu Grunde.

Der schöpferische Geist funktioniert insofern analog zur biologischen Evolution, als er die Erzeugung einer nicht vorhersagbaren reichen Vielfalt von Alternativen und Vermutungen benötigt. Aus dieser Vielfalt wählt der Intellekt die besten Ideen aus und speichert sie zur weiteren Entwicklung. Ein wichtiger Aspekt dieser Theorie ist, dass Sie bestimmte Methoden benötigen, um Ihre Vorstellungen flexibel halten bzw. variieren zu können, und dass ein wirklich effektives Variieren „blind“ erfolgen muss. „Blindes“ Variieren bedeutet ein Lossagen von reproduziertem (gespeichertem) Wissen.

Wie gelingt es kreativen Genies, so viele Alternativen und Vermutungen zu entwickeln? Weshalb sind so viele ihrer Ideen so fruchtbar und vielfältig? Auf welche Weise erzeugen sie die „blinden“ Variationen, die zum Originellen und Neuen führen? Immer mehr Wissenschaftler legen Beweise dafür vor, dass sich die Denkstrukturen genialer Menschen charakterisieren lassen. Beim Studium von Notizbüchern, Korrespondenz, Gesprächen und Ideen der größten Denker der Welt ist es ihnen gelungen, bestimmte gemeinsame Denkstrategien herauszukristallisieren, die Genies in die Lage versetzten, eine außerordentliche Vielfalt innovativer und origineller Ideen hervorzubringen. Dadurch konnten die Wissenschaftler ein klar umrissenes Bild des Phänomens Kreativität zeichnen. Diese Denkstrategien sind nicht kunterbunt zusammengewürfelt, sondern harmonisch aufgebaut, und sie schaffen einen zeitlosen, jederzeit abrufbaren Rahmen für kreatives Denken.

Dieses Buch stellt die Denkstrategien kreativer Giganten aus Wissenschaft, Kunst und Industrie vor. Zu den bekanntesten gehören Einstein, Darwin, da Vinci, Freud, Picasso, Edison, Mozart, Richard Feynman, Louis Pasteur, Galileo, Walt Whitman, Niels Bohr, Alexander Graham Bell, Aristoteles, Alexander Fleming, Michelangelo, Bach, George Westinghouse, Nikola Tesla, Walt Disney, Martha Graham, T.S. Eliot, Paul Cézanne, Newton, David Bohm, Strawinsky, Tenneyson, Edgar Allan Poe, Jonas Salk und Bertrand Russell.

Anhand dieser Strategien lernen Sie, Ideen und kreative Lösungen zu entwickeln, die Sie in Beruf und Privatleben brauchen können. Die Beschreibung dieser Strategien setzt sich zusammen aus konkreten Anweisungen, Erläuterungen, weshalb und wie sie funktionieren, sowie Anekdoten, Geschichten und Beispielen dafür, wie geniale Menschen damit ihre bahnbrechenden Ideen zu entwickeln. Wenn Sie diese Techniken anwenden, werden Sie die Art und Weise, wie Sie Dinge sehen, überdenken und die Welt mit neuen Augen betrachten.

Das klingt einfacher, als es ist. Sie können sich nicht willentlich zwingen, die Welt anders zu sehen. Die folgende Abbildung illustriert diese Problematik. Sie sehen zwei parallele, gleich lange Reihen von Punkten. Versuchen Sie nun, sich dazu zu zwingen, eine längere und eine kürzere Reihe zu sehen. Ganz egal, wie sehr Sie sich bemühen und wie lange Sie die Punkte anschauen – die beiden Reihen bleiben gleich lang.

Kombinieren Sie jedoch die Punkte mit zwei zusammenlaufenden geraden Linien, verändert sich Ihre Wahrnehmung: Die obere Reihe erscheint länger als die untere.

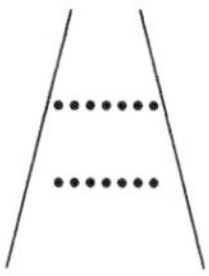

Die Kombination der Punkte mit den geraden Linien verändert Ihre Sichtweise und „überrumpelt" die routinemäßigen Prozesse in Ihrem Gehirn, wodurch sich Ihre Wahrnehmung der Darstellung ändert und Sie in der Lage sind, etwas zu sehen, was Sie vorher nicht sehen konnten. Ebenso werden die in diesem Buch vermittelten Techniken Ihre Denkweise verändern, indem sie Ihnen unterschiedliche Interpretationsmöglichkeiten für Probleme an die Hand geben.

Es genügt nicht, diese Techniken zu verstehen. Um originelle Ideen und kreative Lösungen zu entwickeln, müssen Sie sie auch anwenden. Versuchen Sie, den Nervenkitzel, den man beim Besteigen eines Berges empfindet, einem Nomaden zu erklären, der die Sahara nie verlassen hat. Sie können ihm ein Paar Steigeisen und ein Foto eines Gebirges zeigen, und ihm vielleicht eine Ahnung zu vermitteln. Um jedoch den Nervenkitzel und die Herausforderung des Bergsteigens voll und ganz zu verstehen, muss der Nomade die Steigeisen anlegen und einen Berg erklimmen. Wenn Sie sich die in diesem Buch dargestellten Methoden lediglich durchlesen, werden Sie nur eine leise Ahnung davon bekommen, wie man Ideen entwickelt – nicht mehr.

Richten Sie jedoch Ihre Denkweise nach diesen Strategien aus, werden Sie lernen, Dinge wahrzunehmen, die kein anderer sieht, und in Bahnen zu denken, in denen kein anderer denkt. Das Buch ist in zwei Teile gegliedert. In Teil I, „Sehen, was kein anderer sieht", werden Methoden genialer Menschen vorgestellt, die Probleme nicht auf die gängige Art und Weise betrachten, die man uns beigebracht hat. Sie werden lernen, Ihre Probleme auf viele verschiedene Arten zu sehen. Teil II, „Denken, was kein anderer denkt“, ist der wesentliche Teil des Buches, der sieben kreative Denkmethoden beschreibt, die von genialen Menschen zur Entwicklung ihrer bahnbrechenden Ideen und kreativen Lösungen angewandt werden. Diese Denkstrategien sind den Genies aus den Gebieten der Wissenschaft, Kunst und Industrie aller Zeiten gemein.

Im Folgenden eine kurze Beschreibung der Strategien:

Teil I: Sehen, was kein anderer sieht

Teil I, „Sehen, was kein anderer sieht“, präsentiert zwei Techniken: „Das richtige Sehen“ und „Sich ein Bild von seinen Gedanken machen“.

1. Das richtige Sehen. Schöpferische Eingebungen sind häufig die Folge eines Einnehmens völlig neuer Perspektiven. Leonardo da Vinci glaubte, dass man Einblicke in das Wesen von Problemen erlangt, indem man zunächst einmal lernt, es auf viele unterschiedliche Arten neu zu strukturieren. Er strukturierte Probleme neu, indem er sie aus einer Perspektive studierte, dann zu einer anderen und wieder einer anderen überging. Mit jeder Veränderung des Blickwinkels vertiefte sich sein Verständnis, und er begann den Kern des Problems zu begreifen. Einsteins Relativitätstheorie ist im Wesentlichen eine Beschreibung des Zusammenwirkens verschiedener Perspektiven. Freuds Analysemethoden hatten den Zweck, Details aufzudecken, die aus traditionellen Perspektiven nicht zu erfassen waren.

Das aufschlussreichste Merkmal von Genies ist, dass sie Probleme nicht reproduzierend, d.h. nicht auf Basis ähnlich gearteter früherer Probleme angehen. Indem sie sich nicht auf alte Erfahrungen und Perspektiven festlegen, lösen Genies nicht nur anstehende Probleme, sondern definieren neue. Es ist kein Genie nötig, um Träume zu analysieren; es brauchte Freud, der als Erster die Frage stellte, welche Bedeutung die Bilder haben mögen, die die Psyche in Träumen erzeugt.

2. Sich ein Bild von seinen Gedanken machen. Der enorme kreative Aufschwung der Renaissance war eng verknüpft mit der Aufzeichnung und Vermittlung eines gewaltigen Wissensschatzes in einer „zweiten Sprache", einer Sprache, die aus Zeichnungen, Grafiken und Schaubildern bestand, beispielsweise den berühmten Diagrammen da Vincis und Galileos. Galileo revolutionierte die Wissenschaft, indem er seine Gedankengänge mittels Diagrammen, Karten und Zeichnungen in Bilder umsetzte, während seine Zeitgenossen auf konventionellen mathematischen und verbalen Techniken beharrten.

Nach Erlangung eines Grundstocks an verbaler Ausdrucksfähigkeit entwickeln Genies offenbar eine besondere visuelle und räumliche Vorstellungskraft, die ihnen die Flexibilität verleiht, Informationen unterschiedlich darzustellen. Wenn Einstein ein Problem zu Ende durchdacht hatte, war er stets bemüht, dieses auf möglichst viele verschiedene Arten zu formulieren, auch in Form von Schaubildern. Er besaß ein ausgeprägtes visuelles Gedächtnis, dachte weniger mathematisch oder verbal als vielmehr in Bildern und räumlichen Formen. Im Grunde glaubte er, dass Wörter und Zahlen, da sie geschrieben oder gesprochen werden, keine ausschlaggebende Rolle in seinen gedanklichen Prozessen spielten.

Teil II: Denken, was kein anderer denkt

Die erste Methode, „'Fließendes' Denken", beinhaltet eine Reihe zeitloser, fundierter Prinzipien zur Entwicklung einer großen Anzahl von Ideen. Außerdem besteht ein weiterer wesentlicher Aspekt in der Hervorbringung origineller und innovativer Varianten von Ideen, die unbedingt „blind" sein müssen. In den folgenden fünf Kapiteln, „Innovative Kombinationen vornehmen", „Das Unverbundene verbinden", „Der Blick auf die

Kehrseite“, „Der Blick in andere Welten“ und „Finden, wonach Sie nicht gesucht haben“ wird gezeigt, wie man innovative und originelle Ideen kreiert, indem man den Zufall in den kreativen Prozess einbezieht, um das Denken in neue Bahnen zu lenken. Das letzte Kapitel, „Den Gemeinschaftsgeist wecken“, stellt die Bedingungen für ein effektives Gruppen-Brainstorming vor und präsentiert eine Sammlung der erfolgreichsten Brainstorming-Techniken der Welt.

1. „Fließendes“ Denken. Ein wesentliches Merkmal kreativer Genies ist ihre enorme Produktivität. Als Inhaber von 1.093 Patenten hält Thomas Edison nach wie vor den Rekord. Er gab sich selbst und seinen Assistenten ein bestimmtes Ideenpensum vor. Bach schrieb jede Woche eine Kantate, auch wenn er krank oder erschöpft war. Mozart schuf über 600 Musikstücke. Die bekannteste Arbeit Einsteins ist seine Relativitätstheorie, daneben veröffentlichte er 248 weitere Arbeiten.

Eine von Dean Keith Simonton von der University of California durchgeführte Untersuchung über 2.036 Wissenschaftler quer durch die Geschichte ergab, dass die angesehensten unter ihnen nicht nur zahlreiche großartige Arbeiten produzierten, sondern auch viele „schlechte“. Aus der enormen Quantität erwuchs Qualität. Geniale Menschen sind grundsätzlich äußerst produktiv.

2. Innovative Kombinationen vornehmen. In seinem 1988 erschienenen Buch Scientific Genius vertritt Dean Keith Simonton die Theorie, Genies seien deshalb genial, weil sie mehr innovative Kombinationen hervorbrächten als durchschnittlich talentierte Menschen. Seine These stützt sich auf die Etymologie: Cogito – „Ich denke“ – bedeutete ursprünglich „zusammenschütteln“. Intellegere, die Wurzel von Intelligenz, heißt übersetzt „zwischen etwas auswählen“. Das bedeutet eine klare frühe Intuition, die erkannte, dass es nützlich ist, Vorstellungen und Gedanken willkürlich zu kombinieren, um dann aus den vielen

Kombinationen die wenigen, für eine spätere Verwendung brauchbaren herauszugreifen. Wie hoch intelligente, mit einem Eimer voller Legobausteine bewaffnete Kinder setzen Genies bewusst oder unbewusst permanent Ideen, Bilder und Gedanken zu immer neuen Kombinationen zusammen.

3. Das Unverbundene verbinden. Besonders charakteristisch für Genies ist die Fähigkeit, Nebeneinanderstellungen vorzunehmen, Unverbundenes zu verbinden und so Dinge zu sehen, für die andere blind sind. Leonardo da Vinci stellte eine Beziehung zwischen dem Klang einer Glocke und dem Geräusch eines auf Wasser treffenden Steins her, was ihn zu der Erkenntnis brachte, dass Klang sich in Wellen fortsetzt. 1865 ließ die Analogie zu einem Traum von einer sich in den Schwanz beißenden Schlange F.A. Kekule die Struktur des ringförmigen Benzolmoleküls erahnen.

Nikola Tesla schuf eine Verbindung zwischen der untergehenden Sonne und einem Motor – die Geburtsstunde des Wechselstrom-Motors, bei dem das Motor-Magnetfeld innerhalb des Motors rotierte, so wie sich (aus unserer Perspektive) die Sonne um die Erde dreht.

4. Der Blick auf die Kehrseite. Der Physiker und Philosoph David Bohm vertritt die Ansicht, Genies seien besser in der Lage, die Ambivalenz zwischen gegensätzlichen oder unvereinbaren Dingen zu tolerieren. Dr. Albert Rothenberg, ein anerkannter Kreativitätsforscher, entdeckte diese Fähigkeit bei einer ganzen Reihe unterschiedlicher Genies, einschließlich Einstein, Mozart, Edison, Pasteur, Joseph Conrad, Picasso und Niels Bohr. Bohr glaubte, durch Harmonisierung von Gegensätzen würden die Gedanken zeitweilig außer Kraft gesetzt und der Geist auf eine andere Ebene katapultiert. Das Außerkraftsetzen des Denkens erschließt eine jenseits des Denkens liegende Intelligenz, die Neues hervorzubringen vermag. Seine Fähigkeit, sich Licht sowohl in Teilchen- als auch in Wellenform vorzustellen, führte zum Entwurf des Komplementärprinzips.

5. Der Blick in andere Welten. Aristoteles hielt Metaphorik für ein Kennzeichen von Genialität. Er hielt Menschen, die fähig waren, Ähnlichkeiten zwischen unterschiedlichen Daseinsformen zu erkennen, für besonders begabt. Alexander Graham Bell verglich die Funktion des Ohrinneren mit einer dicken Membran, die Stahl in Bewegung setzt, und erfand das Telefon. Thomas Edison erfand innerhalb eines einzigen Tages den Phonographen, nachdem er eine Analogie zwischen einem Spielzeugtrichter, den Bewegungen eines Papiermännchens und den Schwingungen von Tönen hergestellt hatte.

6. Finden, wonach Sie nicht gesucht haben. Wenn wir mit etwas scheitern, probieren wir etwas anderes aus. So simpel dies klingt, handelt es sich doch um das Grundprinzip kreativer „Unfälle“. Wir können uns fragen, weshalb wir gescheitert sind – und das ist das, was man von der Vernunft her erwartet –, aber der kreative „Unfall“ wirft eine andere Frage auf: Was haben wir getan?

Diese Frage auf innovative, unerwartete Weise zu beantworten ist ein im Wesen zutiefst kreativer Akt. Alexander Fleming war nicht der erste Arzt, der bei seinem Studium tödlicher Bakterien bemerkte, dass sich Schimmel auf einer angelegten Kultur bildete. Ein weniger begabter Arzt hätte dieses augenscheinlich irrelevante Geschehen achtlos übergangen, aber Fleming ordnete es als „interessant“ ein. Diese interessante Beobachtung führte zur Erfindung des Penizillins, dem wir die Rettung von Millionen Leben verdanken.

B.F. Skinner hob ein Grundprinzip wissenschaftlicher Methodik besonders hervor: Wenn man auf etwas Interessantes stößt, sollte man alles andere vergessen und sich mit ihm befassen. Zu viele reagieren nicht, wenn eine günstige Gelegenheit anklopft, weil sie meinen, irgendeinen vorgefassten Plan zu Ende führen zu müssen.

Genies warten nicht auf Geschenke des Zufalls – sie suchen aktiv nach der zufälligen Entdeckung.

7. Den Gemeinschaftsgeist wecken. Die Vorstellung, dass die kollektive Intelligenz einer Gruppe größer ist als die Intelligenz des Einzelnen, kann bis in die Frühzeit zurückverfolgt werden, als sich Jäger und Sammler in Gruppen trafen, um gemeinsam Probleme zu besprechen und zu lösen. Wichtig ist, dass Gruppen in einer kollegialen Atmosphäre zusammenkommen, die es ermöglicht, durch offene und aufrichtige Zusammenarbeit innovative Denkstrukturen und neue Ideen zu entwickeln. In diesem Kapitel werden Prinzipien und Bedingungen vermittelt, die es den einzelnen Teilnehmern ermöglichen, ihre Individualität beizubehalten und zugleich ihre Bemühungen und Talente auf fruchtbare Weise in die Gruppe einzubringen.

Zusammenfassung

Kreative Genies sind deshalb genial, weil sie wissen, wie man denkt, statt was man denken sollte. Die Soziologin Harriet Zuckerman betrieb eine Studie über 1977 in den USA lebende Nobelpreisträger und fand heraus, dass sich sechs Studenten Enrico Fermis darunter befanden. Ernest Lawrence und Niels Bohr hatten je vier Studenten, die später den Nobelpreis erhielten, unter ihnen J.J. Thomson und Ernest Rutherford, die ihrerseits 17 Nobelpreisträger unterrichten. Offensichtlich waren diese Nobelpreisträger nicht nur selbst kreativ, sondern auch im Stande, anderen die entsprechenden Denkstrukturen zu vermitteln.

Wenn Sie das Ziel haben, in Beruf und Privatleben kreativer zu werden, helfen Ihnen die in diesem Buch vermittelten Denkstrategien dabei. Vielleicht werden Sie kein neuer da Vinci oder Einstein, aber Sie entwickeln auf alle Fälle mehr Kreativität als ein Mensch, der dieses Ziel nicht verfolgt oder dieses Wissen nicht besitzt. Unmöglich zu sagen, wie weit diese Strategien Sie bringen. Wir leben in einer Welt ohne Garantien, aber mit vielen guten Gelegenheiten.

Teil I:

Sehen, was kein anderer sieht

Der französische Künstler Paul Cézanne eröffnete ein neues Bewusstsein von den vielfältigen Perspektiven, aus denen man die Welt betrachten kann. Am Anfang seiner Entdeckung stand eine einfache Tatsache: Wenn man eine Fläche zuerst mit einem Auge betrachtet, dann dieses Auge schließt und die gleiche Fläche mit dem anderen Auge betrachtet, verändert sich der Blickwinkel. In gleicher Weise ändert sich die Sichtweise, wenn man seinen Standpunkt wechselt. Cézannes Genialität bestand darin, die kreativen Möglichkeiten zu erkennen, die diese unterschiedlichen Perspektiven dem Künstler bei der Betrachtung der Welt bieten. Damit veränderte er das Wesen der Kunst.

Zählen Sie die Anzahl der Os in der folgenden Abbildung:

XOOOOO
XXOOOO
OOOOOX
OOOOXO
OOXXOO
OOOOOO

Die übliche Methode, diese Aufgabe zu lösen, besteht darin, die einzelnen Os der Reihe nach abzuzählen. Viel einfacher und schneller geht es, wenn Sie Ihre Perspektive wechseln und die Xs zählen. Die Anzahl der Os können Sie errechnen, indem Sie die Zahl der Xs und Os in einer der waagerechten mit der Anzahl der Xs und Os in einer der senkrechten Spalten multiplizieren und dann davon die Zahl der Xs abziehen. Als Ergebnis erhalten Sie die Anzahl der Os. Durch Betrachtung des Problems aus einer anderen Perspektive haben wir einen einfacheren und schnelleren Lösungsweg gefunden.

Die Augenkrankheit „Grauer Star“ entwickelt sich schleichend und fast unbemerkt über einen langen Zeitraum hinweg, bis das Sehvermögen schließlich wesentlich eingeschränkt wird. In gleicher Weise schleifen sich übliche Lösungsmethoden für Probleme ein, bis sie unsere Fähigkeit, alternative Perspektiven zu sehen, signifikant herabsetzen und unsere angeborene Kreativität der Routine und der Gewohnheit weicht. Doch wir können unsere gewohnten Wahrnehmungs- und Denkstrukturen ablegen, indem wir unsere Perspektiven verändern und lernen, Probleme auf viele verschiedene Arten zu sehen.

In der folgenden Abbildung sehen Sie zwei gleiche Linien. Sie erkennen die Gleichung 1+1=2. Dies ist die Perspektive der „Begrenzungen“. Wenn Sie vom Standpunkt der „Begrenzungen“ abrücken, hin zur Perspektive der „Flächen“ und „Oberflächen“, können Sie gleiche Flächen bzw. Streifen wahrnehmen und diese dreimal zählen (wobei eine Fläche/ein Streifen negativ ist). Nun haben wir die Gleichung: 1+1=3. Weiterhin können Sie einen der beiden Streifen waagerecht über den anderen legen und vier Balken oder Verlängerungen bilden. Die Gleichung lautet dann: 1+1=4. Mit mehr Fantasie können Sie auch vier Rechtecke, vier Dreiecke und vier Quadrate bilden. Durch Verschiebung der Mittelpunkte und Winkel werden die Balken und die dadurch gebildeten Figuren unregelmäßig. Insgesamt betrachtet ergeben sich aus einer Linie plus einer Linie viele Bedeutungsmöglichkeiten.

I+I=II

× X † +

Dieses Beispiel veranschaulicht, dass jede Sichtweise lediglich eine von vielen möglichen Betrachtungsweisen darstellt. Wenn Sie bei der Betrachtung eines Problems mehrere Perspektiven einnehmen, anstatt nur eine einzige gewohnheitsmäßige Sichtweise, entwickeln Sie ein neues Verständnis der Betrachtungsmöglichkeiten. Aristoteles beispielsweise suchte bei seinen Analysen nach mehreren unterschiedlich gearteten „Ursachen" und Einstein brachte Probleme unter anderem visuell zum Ausdruck.

Die Strategien in Teil I zeigen, wie Genies eine Vielzahl unterschiedlicher Perspektiven entwickeln, indem sie ein Problem auf verschiedene Arten darstellen. Dazu gehören unter anderem folgende Methoden:

- Ein Problem auf viele unterschiedliche Arten neu darzustellen
- Ein Problem in Form eines Schaubildes, einer Karte („Map") oder einer Zeichnung darzustellen

Stellen Sie sich vor, Sie haben eine Tasche voll schwarzer Gummibälle, unter denen sich ein einziger weißer Gummiball befindet. Die Chancen, den weißen Gummiball zu erwischen, sind gering. Wenn Sie fünf weitere weiße Gummibälle in die Tasche geben, verbessern sich Ihre Chancen. Fügen Sie zehn weitere weiße Gummibälle hinzu, erhöhen sie sich noch mehr. Ein Problem auf unterschiedliche Arten zu betrachten ist eine ebenso sichere Methode wie das Hinzufügen weißer Bälle zu den vorhandenen. Immer wenn Sie bezüglich eines Problems eine neue Sichtweise einnehmen, erhöhen Sie die Wahrscheinlichkeit einer einzigartigen Erkenntnis, die zur bahnbrechenden Idee führt.

Strategie eins: Das richtige Sehen

Leonardo da Vinci glaubte, um Einsicht in die Natur von Problemen zu erlangen, müsse man diese zunächst neu strukturieren. Er pflegte Probleme zunächst von einem Blickwinkel aus zu zu betrachten und dann zu immer neuen Perspektiven zu wechseln. Mit jeder Veränderung der Perspektive vertiefte sich sein Verständnis des Problems. Leonardo bezeichnete diese Denkmethode als saper vedere, „das richtige Sehen".

Geniale Ideen resultieren häufig aus der Entdeckung eines neuen Blickwinkels. Einsteins Relativitätstheorie ist im Wesentlichen eine Beschreibung der Wechselwirkung mehrerer Perspektiven.

Eine von vielen Methoden, wie unser Geist versucht, uns das Leben zu erleichtern, besteht in der Erzeugung eines ersten Eindrucks. Wie unsere ersten Eindrücke von Personen, so sind auch die von Problemen und Situationen meist begrenzt und oberflächlich. Wir sehen nicht mehr als das, worauf wir „programmiert" sind. Stereotype Vorstellungen blockieren unser Wahrnehmungsvermögen und schnüren unsere Fantasie ein. Dieser Prozess läuft ohne unser Wissen ab.

Sobald wir uns für eine Perspektive entschieden haben, schließen wir alternative Denkansätze vollkommen aus. Was wäre, wenn der gelähmte Mann, der den elektrischen Rollstuhl erfand, sein Problem definiert hätte als „Wie kann ich meine Zeit ausfüllen, während ich im Bett liege?", anstatt: „Wie kann ich mein Bett verlassen und mich im Haus bewegen?"

Haben Sie sich die Räder eines Zuges einmal genauer angeschaut? Sie sind geflanscht, haben auf der Innenseite einen erhöhten Rand, der eine Entgleisung des Zuges verhindert. Ursprünglich waren nicht die Zugräder geflanscht, sondern die Gleise. Das Problem der Sicherheit im Schienenverkehr hatte man zuerst so formuliert: „Wie kann man die Sicherheit der Gleise für die darauf fahrenden Züge erhöhen?" Hunderttausende Kilometer Schienen wurden mit einem überflüssigen Stahlrand versehen. Erst nach Neuformulierung des Problems – „Wie kann man erreichen, dass die Räder mit größerer Sicherheit auf den Gleisen bleiben?“ – wurde das Flanschrad erfunden.

Schreiben Sie das Problem, das Sie lösen wollen, als Frage nieder. Beginnen Sie Ihre Frage mit der Formulierung: „Auf welche Arten könnte ich …?“ Dies hält Sie davon ab, sich auf eine Problemformulierung festzulegen, die möglicherweise nur eine Seite des Problems reflektiert. Ein Beispiel: Streichen Sie aus der unten stehenden Buchstabenreihe zehn Buchstaben heraus, um ein gebräuchliches Wort zu erhalten.

CSRIEXLEATTTERES

Wenn Sie das Problem folgendermaßen formulieren: „Welche zehn Buchstaben muss ich wegstreichen, um ein gebräuchliches Wort zu erhalten?“, werden Sie die Lösung nur schwer finden. Fragen Sie stattdessen: „Welche Möglichkeiten gibt es, zehn Buchstaben wegzustreichen, um ein gebräuchliches Wort zu erhalten?“, fühlen Sie sich vermutlich angeregt, über viele alternative Möglichkeiten nachzudenken, einschließlich der, die Buchstaben S, I, X, L, E, T, T und so weiter wegzustreichen und am Schluss das Wort „CREATE“ übrig zu behalten.

Zahlreiche Experimente haben die Bedeutung von Sprache für die Lösung von Problemen gezeigt. Wer Probleme schriftlich oder verbal zum Ausdruck bringt, erzielt weit bessere Ergebnisse als jemand, der sie im Stillen zu lösen versucht. Wenden Sie sich nun dem folgenden Problem zu. Vier Karten werden vorgelegt, die ein E, ein K, eine Vier und eine Sieben zeigen. Ihnen wird gesagt, dass sich bei jeder Karte auf einer Seite ein Buchstabe und auf der anderen eine Zahl befindet. Dann nennt man Ihnen eine Regel, von der Sie herausfinden sollen, ob sie zutrifft. Die Regel lautet: „Wenn sich auf einer Seite der Karte ein Vokal befindet, zeigt die andere Seite eine gerade Zahl“. Sie dürfen zwei – nicht mehr – Karten umdrehen, um zu verifizieren, ob die Regel stimmt.

E K 4 7

Über neunzig Prozent der Versuchspersonen scheiterten an dieser Aufgabe. Die meisten Personen fanden es nicht notwendig, die Karte mit dem Konsonanten umzudrehen, da sie irrelevant für die Regel war; sie wussten auch, dass es entscheidend war, die Karte mit dem Vokal umzudrehen, da eine ungerade Zahl auf der Rückseite die Falschheit der Regel bewiesen hätte. Die meisten Versuchspersonen machten den Fehler, die Karte mit der geraden Zahl umzudrehen, weil die gerade Zahl in der Regel erwähnt ist. Tatsächlich spielt es keinerlei Rolle, ob sich auf der Rückseite ein Vokal oder ein Konsonant befindet, weil die Regel hierzu keine Aussage trifft. Richtig ist, die Karte mit der ungeraden Zahl umzudrehen. Befindet sich auf der Rückseite ein Konsonant, sagt das noch nichts. Befindet sich dort ein Vokal, heißt das, die Regel ist falsch, da ihr zufolge eine gerade Zahl aufgedeckt werden müsste.

Wer diese Denksportaufgabe so formulierte: „Welche Möglichkeiten gibt es, die Richtigkeit der vorgegebenen Regel zu überprüfen?" und sie aus mehreren Blickwinkeln betrachtete, hatte bessere Chancen, auf die Lösung zu stoßen.

Steckte der mit dem Nobelpreis ausgezeichnete Physiker Richard Feynman bei einem Problem fest, nahm er es aus einem neuen Blickwinkel unter die Lupe. Funktionierte eine Möglichkeit nicht, wandte er sich einer anderen zu. Feynman löste Aufgaben binnen zehn Minuten, für die ein durchschnittlicher Physiker ein ganzes Jahr gebraucht hätte, weil er über zahlreiche Darstellungsalternativen verfügte.

Entscheidend ist, sich nicht auf eine Art und Weise, ein Problem zu betrachten, zu fixieren. Die folgende Denksportaufgabe verwendet ebenfalls vier Karten. Diesmal ist auf einer Seite der Karten eine Stadt und auf der anderen ein Transportmittel abgebildet. Auf den Karten befinden sich die Aufschriften „Los Angeles", „New York", „Flugzeug" und „Auto". Die Regel lautet: „Jedes Mal, wenn ich nach Los Angeles reise, reise ich mit dem Flugzeug". Diese Regel ähnelt zwar der Zahlen-Buchstaben-Version, bereitete den Versuchspersonen jedoch wenig Schwierigkeiten. Achtzig Prozent der Testpersonen wussten sofort, dass sie die Karte mit der Aufschrift „Auto" umdrehen müssen. Dass die Regel nicht korrekt ist, erkennt man, sobald man sieht, dass sich auf der Rückseite der Karte mit dem „Auto" der Name „Los Angeles" befindet. Welcher Städtename sich auf der Karte mit der Aufschrift „Flugzeug" befindet, ist unerheblich, da die Regel kein spezielles Transportmittel für die Reise nach New York vorschreibt.

Wie kommt es, dass achtzig Prozent der Testpersonen diese Denksportaufgabe richtig lösten, während bei der Vokal-Zahlen-Version nur zehn Prozent erfolgreich waren? Durch Veränderung der Symbole (Städte und Transportmittel an Stelle von Buchstaben und Zahlen) haben wir das Problem in eine neue Form gebracht und unsere gedanklichen Prozesse verändert. Die Struktur eines Problems färbt unsere Perspektiven und Denkweisen.

Addieren Sie die folgenden Zahlen so schnell wie möglich im Kopf, ohne Papier und Bleistift:

1000
40
1000
30
1000
20
1000
10

Aus bestimmten Gründen haben wir Schwierigkeiten, die Zahlen in dieser speziellen Anordnung zu addieren – das gilt besonders für diejenigen, denen das Addieren anhand des Zehnersystems beigebracht wurde. Viele Versuchspersonen errechnen als Summe 5.000. Das ist falsch. Die richtige Antwort ist 4.100. Scheinbar kann selbst die Struktur einer simplen Rechenaufgabe unser Gehirn verwirren und uns in die Irre führen.

Betrachten Sie die Buchstabenreihe FFMMTT. Wahrscheinlich würden Sie sie als drei Buchstabenpaare beschreiben. In der Buchstabenreihe KLMMNOTUV würden Sie vermutlich drei Gruppen mit jeweils drei Buchstaben erkennen. Die Buchstaben MM werden jeweils anders wahrgenommen: entweder als für sich stehende Einheit oder als Teile zweier verschiedener Einheiten. Hätten Sie nur die Buchstaben MM, bestünde kein Grund, sie auf eine der beiden Weisen zu beschreiben – Sie würden sie einfach als ein Buchstabenpaar betrachten. Der Kontext entscheidet, wie wir bestimmte Informationen interpretieren.

Je häufiger Sie die Formulierung eines Problems ändern, umso mehr wird sich Ihre Einsicht verändern und vertiefen. Einstein antwortete auf die Frage, was er täte, wenn man ihm sagte, dass in der nächsten Stunde ein riesiger Komet auf der Erde einschlagen und sie völlig zerstören würde, er würde 55 Minuten auf die Formulierung des Problems und fünf Minuten auf seine Lösung verwenden. Freuds Erkenntnisse über das Unbewusste klingen nach einer neuen Wissenschaft, sind aber im Grunde genommen nichts anderes als eine Methode, die Thematik auf eine neue Weise darzustellen. Was ein Kopernikus oder ein Darwin wirklich leistete, war nicht die Entdeckung einer neuen Theorie, sondern eines fruchtbaren neuen Blickwinkels.

Bevor Sie mit dem Brainstorming zu einer Frage beginnen, formulieren Sie diese mindestens fünf bis zehn Minuten lang auf unterschiedliche Arten, um viele alternative Perspektiven zu entwickeln. Irgendwann werden Sie eine Definition finden, die Sie zufrieden stellt. Im Folgenden finden Sie mehrere unterschiedliche Möglichkeiten, ein Problem neu zu strukturieren:

- Globaler und spezifischer formulieren
- Das Ganze und seine Einzelteile betrachten
- Wörter verändern
- Positive Aussagen treffen
- Den Blickwinkel wechseln
- Multiple Perspektiven einnehmen
- Fragen stellen

Globale und spezifische Formulierungen

Man kann grundsätzlich alles von unterschiedlichen Abstraktionsebenen aus betrachten. Eine sehr detaillierte Beschreibung eines Strandes würde die Position jedes einzelnen Sandkorns einschließen. Von einem höher gelegenen Aussichtspunkt aus betrachtet würden die Sandkörner zu einer gleichmäßigen braunen Fläche verschwimmen. Auf dieser Beschreibungsebene treten andere Eigenschaften in den Vordergrund: die Form der Küste, die Höhe der Dünen und so weiter.

Abstraktion ist eine wesentliche Voraussetzung für die Neuformulierung von Problemen. Galileo bediente sich gedanklicher Experimente, um sich eine Welt vorzustellen, in der möglicherweise ein Vakuum existierte. Auf diese Weise konnte er die erstaunliche Hypothese aufstellen, dass in einem Vakuum alle Objekte, unabhängig von ihrem Gewicht, mit der gleichen Geschwindigkeit fallen. Erst Jahre nach Galileos Tod gab es die Möglichkeit, im Labor künstlich Vakuen zu erzeugen, die für eine Demonstration dieser spektakulären Idee groß genug waren. Heute gehört diese Vorführung zum Standardprogramm vieler wissenschaftlicher Museen. Der Zuschauer sieht zwei luftleere Säulen, in denen zwei gleichzeitig losgelassene Objekte, ein Ziegelstein und eine Feder, Seite an Seite fallen und gleichzeitig auf dem Boden auftreffen.

Es ist wichtig, sich die Zeit zu nehmen, Probleme sowohl global als auch spezifisch neu auszudrücken. Spezifischere Problemformulierungen führen zu schnelleren, aber weniger kreativen Lösungen als globale. Denken Sie an den Unterschied zwischen dem auf Ihrer Auffahrt verschütteten Öl und dem Problem der Umweltverschmutzung oder zwischen der Entwicklung einer neuen Computertastatur und der Erschließung einer neuen Nische auf dem weltweiten Kommunikationsmarkt.

Suchen Sie nach der geeigneten Abstraktionsebene, von der aus Sie Ideen sammeln können. In den 50er Jahren glaubten Fachleute, Hochseefrachter hätten keine Zukunft. Die Kosten stiegen und die Güterzustellung dauerte immer länger. Crew-Personal wurde abgebaut und es wurden schnellere Schiffe konstruiert, die weniger Treibstoff verbrauchten. Trotz Bemühungen um eine Kostenreduzierung stiegen die Kosten weiter.

Ein Schiff ist eine Betriebsanlage und die höchsten Kosten für Betriebsanlagen entstehen immer dann, wenn nicht gearbeitet wird, weil Zinsen gezahlt werden müssen, ohne dass ein Einkommen erzielt wird. Schließlich formulierte ein außenstehender Berater das Problem globaler, und zwar wie folgt: „Welche Möglichkeiten gibt es für die Schifffahrtsindustrie, die Kosten zu senken?"

Dies veranlasste die Reedereien, sämtliche Aspekte der Schifffahrt in Betracht zu ziehen, einschließlich des Verladens und Verstauens. Die Innovation, die diesen Industriezweig rettete, war die Trennung von Verladen und Verstauen – das Verladen wurde an Land erledigt, bevor das Schiff den Hafen erreichte. Es geht wesentlich schneller, die bereits verladene Fracht zu verstauen und zu löschen. Die Antwort waren das Roll-on-roll-off-Schiff und das Containerschiff. Die Aufenthaltszeit im Hafen wurde um drei Viertel reduziert und damit die Zahl der Staus und Diebstähle. Der Frachtverkehr wurde in den vergangenen dreißig Jahren um das Fünffache gesteigert, während die Kosten um sechzig Prozent sanken.

Seiner autobiografischen Studie zufolge glaubte Freud, eine seiner besonderen Begabungen sei die Fähigkeit, Probleme umfassender zu formulieren und abstrakter darzustellen. Dadurch gelang es ihm, die so genannten „missing links" (die fehlenden Glieder einer Information) zu finden. Sobald er diese entdeckt hatte, nutzte er seine kreative Fantasie, um ihre Bedeutung zu interpretieren. Diese Interpretationen führten ihn bisweilen zu einem neuen Problemansatz.

Die Wahrnehmung eines Problems von verschiedenen Abstraktionsebenen aus verändert seine Implikationen. Um die geeignete Abstraktionsebene zu finden, stellen Sie sich so oft die Frage „Warum?", bis Sie die Ebene finden, die Ihnen passend erscheint. Nehmen wir an, Ihre Frage lautet: „Welche Möglichkeiten habe ich, mehr Chevrolet Luminas zu verkaufen?“

Schritt eins: Warum wollen Sie mehr Luminas verkaufen?
„Weil meine Verkaufszahlen für Autos zurückgegangen sind."

Schritt zwei: Warum wollen Sie mehr Autos verkaufen?
„Um meinen Verkauf im Allgemeinen zu steigern."

Schritt drei: Weshalb wollen Sie Ihren Verkauf im Allgemeinen steigern?
„Um meinen Umsatz zu verbessern."

Schritt vier: Warum wollen Sie Ihren Umsatz verbessern?
„Um mein persönliches Vermögen zu vermehren."

Schritt fünf: Weshalb wollen Sie Ihr persönliches Vermögen vermehren?
„Um ein angenehmes Leben zu führen."

Als Nächstes kleiden Sie Ihr Problem in eine Reihe verschiedener Fragen:

- Welche Möglichkeiten habe ich, mehr Luminas zu verkaufen?
- Welche Möglichkeiten habe ich, mehr Autos zu verkaufen?
- Welche Möglichkeiten habe ich, meinen Verkauf im Allgemeinen zu steigern?
- Welche Möglichkeiten habe ich, meinen Umsatz zu verbessern?
- Welche Möglichkeiten habe ich, mein persönliches Vermögen zu vermehren?
- Welche Möglichkeiten habe ich, ein angenehmes Leben zu führen?

Suchen Sie die Abstraktionsebene, die Ihnen am geeignetsten erscheint. Vielleicht wollen Sie an Ihrer ursprünglichen Absicht festhalten, mehr Luminas zu verkaufen; möglicherweise entscheiden Sie sich für die umfassendere Aufgabe, Ihr persönliches Vermögen zu vermehren. Im zweiten Fall stehen Ihnen mehrere Möglichkeiten offen. Sie könnten eine höhere Provision pro verkauftem Wagen aushandeln, Investitionen tätigen, andere Produkte verkaufen und so weiter.

Wenn Ihnen die globale Betrachtung des Problems Schwierigkeiten bereitet, versuchen Sie, sich nur auf jeweils einen Aspekt zu konzentrieren, den Sie als untergeordnetes Problem formulieren. Das macht Ihre Aufgabe einfacher. Stellen Sie sich vor, Sie müssten eine Adresse irgendwo in Montreal finden. Wenn Sie wissen, dass sie irgendwo im Westen von Altmontreal liegt, macht das die Sache einfacher. Noch einfacher wird es, wenn Ihnen jemand erzählt, dass sie vom Hotel Bonaventura aus zu Fuß zu erreichen ist. Genauso ist es mit Problemstellungen: Je spezifischer Sie formulieren, umso einfacher fällt es, Lösungsansätze zu entwickeln. Stellen Sie sich die Fragen „wer", „was", „wo", „wann", „warum" und „wie".

Wer? hilft Ihnen, Einzelpersonen und Gruppen ausfindig zu machen, die einen Bezug zu Ihrer Aufgabe haben, über spezielle Stärken, Ressourcen oder einen Zugang zu nützlichen Informationen verfügen und von einer Lösung des Problems profitieren könnten.
Was? hilft Ihnen, Fakten zu erörtern, die mit der Situation zu tun haben: Erfordernisse, Schwierigkeiten, Nutzen sowie die Vor- und Nachteile bestimmter Strategien.
Wo? zieht Örtlichkeiten und Ballungsgebiete des Problems in Betracht.
Wann? prüft für das Problem relevante Fristen, Daten und ideale Zeitpunkte.
Warum? hilft Ihnen, Ihr übergreifendes Ziel zu erkennen.

Wie? hilft Ihnen nachzuvollziehen, wie sich die Situation entwickelt hat, welche Schritte möglicherweise versucht wurden oder momentan werden und welche Schritte eventuell unternommen werden könnten.

Ihr Problem so weit wie möglich zu spezifizieren unterstützt ein Erkennen seiner wichtigsten Aspekte.

Das Ganze und seine Einzelteile betrachten

Sehen ist eine der umfassendsten Funktionen überhaupt: Unendlich viele Formen und Objekte werden wahrgenommen, doch konzentriert sich der Blick jeweils nur auf einen Gegenstand. Wenn Leonardo da Vinci einen Gegenstand studierte, sah er das Ganze und die Details, für deren Vorhandensein er den Grund suchte. Er glaubte, dass man Einsicht erlangte, indem man das Ganze in seine Einzelteile zerlegte sowie sämtliche Beziehungen und Schlüsselfaktoren untersuchte, die einen möglichen Einfluss auf eine Situation ausüben könnten.

Fischgräten-Diagramme

Professor Kaoru Ischikawa von der Universität Tokio integrierte diesen Ansatz in sein Ischikawa-Diagramm, aufgrund seiner Form besser bekannt als „Fischgräten-Diagramm". Das Fischgräten-Diagramm ist eine Methode, sämtliche Faktoren, die eine Situation beeinflussen könnten, bildnerisch zu ordnen und zu analysieren. Dafür müssen alle möglichen Ursachen und potenziellen Wirkungen identifiziert werden. Unter einer Wirkung versteht man ein erwünschtes oder unerwünschtes Resultat, das durch eine Reihe von Ursachen zu Stande kommt. In einem typischen Diagramm werden untergeordnete Ursachen um vier Kategorien mit Hauptursachen gruppiert. So könnten beispielsweise Kategorien üblicher Hauptursachen im industriellen Herstellungsprozess sein: „Materialien“, „Menschen“, „Methoden“ und „Maschinen“; mögliche Kategorien für Hauptursachen in der Bildung könnten sein: „Lehrer“, „Methoden“, „Umgebung“, „Studenten“ und „Vorgehensweise“.

Angenommen, die Kreativität in einer Organisation soll verbessert werden. Im Folgenden finden Sie Richtlinien für die Darstellung dieser Situation in Form des Fischgräten-Diagramms (vgl. S. 39):

1. Unser angestrebter Effekt ist „Perfekte organisatorische Kreativität". Diesen schreiben wir in den freien Platz auf der rechten Seite (den Kopf des Fisches). Nach links ziehen wir eine gerade Linie – das „Rückgrat" des Fisches.
2. Der nächste Schritt ist das Brainstorming über die Kategorien der Hauptursachen. Welches sind die Hauptursachen, die perfekte Kreativität innerhalb der Organisation gewährleisten können? Sie können beliebig viele plausible Hauptursachen nennen – typisch sind drei bis sechs. Wir entscheiden uns für vier Hauptkategorien: „Menschen", „Umgebung", „Materialien" und „Vorgehensweise". Diese Kategorien bilden die „Rippen" des Fisches.
3. Als Nächstes gruppieren wir die untergeordneten Ursachen als „Gräten" um die Hauptursachen herum. „Trainieren Sie Ihre Kreativität" ist eine Gräte, die der „Menschen-Rippe" angefügt wird; die Gräte „stimulierend" ordnen wir der „Umgebungs-Rippe" zu.
4. Stellen Sie sich in Bezug auf jede untergeordnete Ursache die Frage: „Wie können wir das erreichen?" Positionieren Sie dann die Antwort als Verästelungen der Gräten in das Diagramm. „Engagieren Sie einen außenstehenden Experten zur Durchführung des Trainings" ist ein Ast, der von der „Trainieren-Sie-Gräte" abzweigt.

Um ein anstehendes Problem in Form eines Fischgräten-Diagramms darzustellen, schreiben Sie das Problem in den Kopf des Fisches, definieren die Kategorien der Hauptursachen und gruppieren untergeordnete Ursachen um die Rippen herum. Stellen Sie dann bezüglich jeder untergeordneten Ursache die Frage: „Warum geschieht dies?" Fügen Sie die Antworten als abzweigende Äste an die passende Gräte an. Im Beispiel auf Seite 40 weist ein neues Produkt schlechte Verkaufszahlen auf. Mithilfe des Fischgräten-Diagramms traten mehrere Ursachen zutage, darunter schlechtes Design und zu später Fertigstellungstermin, zu wenige und zu schlecht ausgebildete Verkäufer, mangelnde Geldmittel für die Werbung und die fehlgeschlagene Suche nach richtigen Vertriebskanälen aufgrund unklarer Zielmarktdefinition.

Sobald Sie alle Ursachen definiert sowie um die richtige Kategorie herum gruppiert haben, beginnen Sie mit dem Brainstorming und positionieren die gefundenen Lösungen auf der rechten Seite des Fisches.

Bei einem Gruppen-Brainstorming notieren Sie die Lösungen auf einem großen, an die Wand gehefteten Bogen Papier. Nachdem die Gruppe die „Rippen" (Hauptursachen) aufgezeichnet hat, folgt das Brainstorming zu den untergeordneten Ursachen, die auf der linken Seite der „Rippen" dargestellt werden. Stellen Sie sich bei jeder Ursache die Frage nach dem Warum und positionieren Sie die Antworten.

Dann entwickeln Sie mögliche Lösungen und Ideen (in der Regel zwei oder drei pro Ursache) und platzieren sie auf der rechten Seite der „Rippe". Für jede Lösung oder Idee einen Haftnotizzettel in einer speziellen Farbe verwenden. Diese Methode ist besonders wirkungsvoll, wenn die Gruppe mehr als eine einzige Sitzung auf das Brainstorming zu dem im Diagramm dargestellten Problem verwendet.

Die Darstellung eines Problems in Form des Fischgräten-Diagramms versetzt Sie in die Lage, die Beziehungen zwischen Ursachen und Wirkungen zu sehen, die unterschiedlichen Aspekte einer Situation in Betracht zu ziehen und die Bereiche zu entdecken, in denen Sie mehr Daten oder Informationen benötigen. Das Fischgräten-Diagramm stimuliert auch das Unterbewusstsein. Ischikawa beschreibt den Effekt folgendermaßen: Sie stellen Ihr Problem in Form eines Fischgräten-Diagramms dar und lassen es über Nacht „garen". Wenn Sie wieder darauf zurückkommen, werden Sie überrascht sein über die neuen Gedanken und Ideen, die Ihr Unterbewusstsein produziert hat.

Wörter und Wortreihen

In seinem Werk Über die Interpretation schildert Aristoteles, inwiefern Wörter und Wortreihen sein Denken sowohl reflektierten als auch formten. Er vertrat die Ansicht, die Wörter und Wortketten, die wir zur Darstellung eines Problems benutzen, spielten eine entscheidende Rolle für die Art und Weise, wie wir Probleme angehen.

Sehen wir uns folgende Problemstellung an: Seerosen verdoppeln ihre Ausbreitungsfläche binnen 24 Stunden. Am ersten Sommertag wächst eine Seerose im See. Sechzig Tage später ist der ganze See mit Seerosen überwachsen. Wann ist der See zur Hälfte bedeckt?

Die Wörter „verdoppeln", „vierundzwanzig", „eine", „wann" und „sechzig" verleiten die meisten Menschen dazu, die sechzig Tage durch zwei zu teilen und als Lösung den dreißigsten Tag zu nennen. Da die Ausbreitungsfläche der Seerosen geometrisch zunimmt, ist diese Antwort falsch. Die Seerosen bedecken am vorletzten Tag den halben See. Die zur Formulierung des Problems gewählten Worte ließen uns zu einer falschen Antwort gelangen.

Unser Denken befindet sich ständig im Fluss. Worte artikulieren und präzisieren undeutliche Bilder und verschwommene Ahnungen. Sie bedeuten automatisch eine Fixierung, und wenn Sie sich auf das erste Wort festlegen, das Ihnen in den Sinn kommt, kann das unter Umständen Ihren Denkprozess unterbrechen.

Das Problem neu paraphrasieren

Als Richard Feynman die Schulbücher seiner Kinder durchblätterte, stieß er auf ein Buch, das mit Bildern von einem Spielzeughund zum Aufziehen, einem echten Hund, einem Motorrad und jeweils der gleichen Frage begann: „Was ist dafür verantwortlich, dass sie sich bewegen?“ Die vorgegebene Antwort „Energie“ erzürnte ihn.

Sie war für ihn eine Tautologie, eine leere Definition. Feynman meinte, es sei besser, einen wissenschaftlichen Diskurs damit zu beginnen, einen Spielzeughund auseinander zu nehmen, um sein raffiniertes Getriebe und Räderwerk vorzuführen. Einem Erstklässler zu sagen, Energie sei verantwortlich dafür, dass sich der Hund bewegt, sei nicht hilfreicher, als zu sagen: „Gott ist dafür verantwortlich, dass er sich bewegt“ oder „Beweglichkeit“.

Er schlug vor, Studenten beizubringen, ihren Lernstoff mit eigenen Worten neu zu formulieren, ohne vorgefertigte Definitionen zu erklären, was sie über die Bewegung des Hundes wissen, ohne das Wort „Energie“ zu benutzen.

Andere Standarderklärungen erschienen Feynman ebenso hohl. Auf die Aussage, Reibung sei für das Abtragen von Schuhleder verantwortlich, lautete sein Kommentar: „Schuhleder trägt sich ab, weil es gegen den Bürgersteig reibt, wo die kleinen Kerben und Hubbel Stücke des Leders wegreißen.“ Das ist Wissen. Einfach nur zu sagen „Das kommt von der Reibung“ ist sinnlos, eine leere Definition.

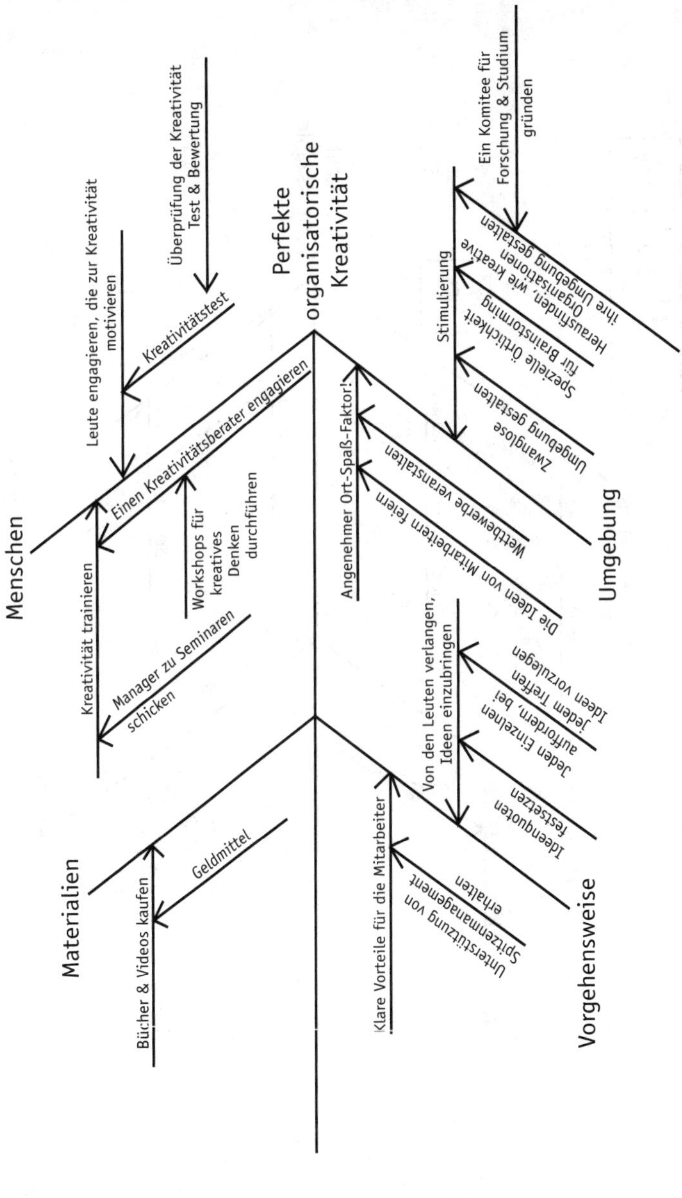
Perfekte organisatorische Kreativität
Menschen
Umgebung
Materialien
Vorgehensweise
Überprüfung der Kreativität Test & Bewertung
Kreativitätstest
Leute engagieren, die zur Kreativität motivieren
Einen Kreativitätsberater engagieren
Workshops für kreatives Denken durchführen
Kreativität trainieren
Manager zu Seminaren schicken
Ein Komitee für Forschung & Studium gründen
Herausfinden, wie kreative Organisationen ihre Umgebung gestalten
Stimulierung
Spezielle Örtlichkeit für Brainstorming
Zwanglose Umgebung gestalten
Angenehmer Ort-Spaß-Faktor!
Wettbewerbe veranstalten
Die Ideen von Mitarbeitern feiern
Geldmittel
Bücher & Videos kaufen
Von den Leuten verlangen, Ideen einzubringen
Jeden Einzelnen auffordern, bei jedem Treffen Ideen vorzulegen
Ideenquoten festsetzen
Klare Vorteile für die Mitarbeiter
Unterstützung von Spitzenmanagement erhalten

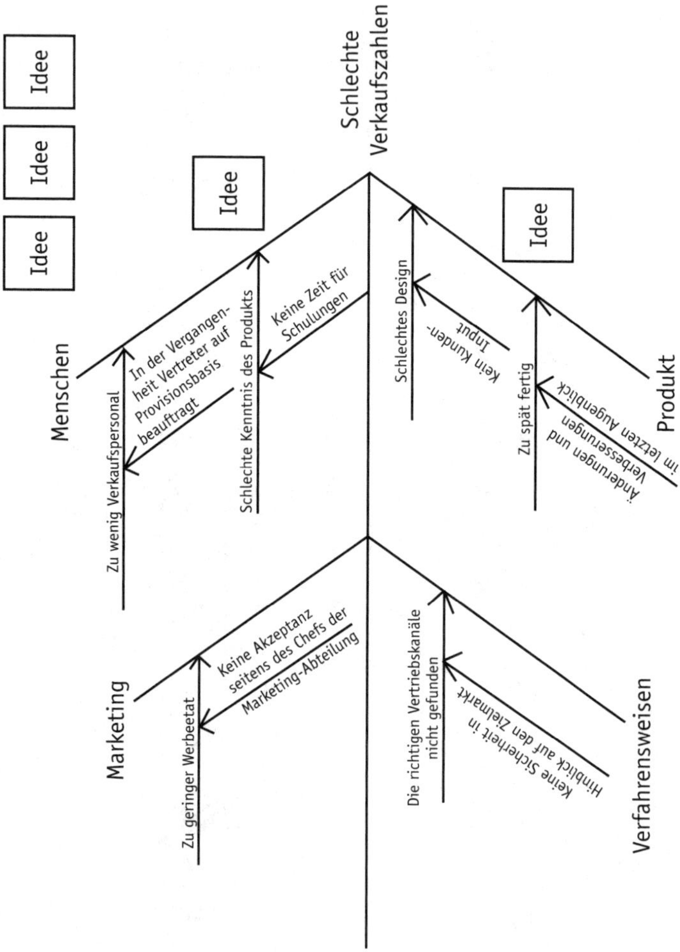
Schlechte Verkaufszahlen
Idee
Idee
Idee
Idee
Idee
Menschen
Zu wenig Verkaufspersonal
In der Vergangenheit Vertreter auf Provisionsbasis beauftragt
Schlechte Kenntnis des Produkts
Keine Zeit für Schulungen
Schlechtes Design
Kein Kunden-Input
Zu spät fertig
Änderungen und Verbesserungen im letzten Augenblick
Produkt
Marketing
Zu geringer Werbeetat
Keine Akzeptanz seitens des Chefs der Marketing-Abteilung
Die richtigen Vertriebskanäle nicht gefunden
Keine Sicherheit in Hinblick auf den Zielmarkt
Verfahrensweisen

Versuchen Sie stets, ein Problem mit Ihren eigenen Worten neu zu paraphrasieren, ohne auf vorgefertigte Definitionen zurückzugreifen.

Die folgende Figur ist ein Quadrat, das durch vier Punkte begrenzt wird. Bilden Sie durch die Verschiebung zweier Punkte ein Quadrat, das doppelt so groß ist wie das unten stehende. Sie haben sechzig Sekunden Zeit.

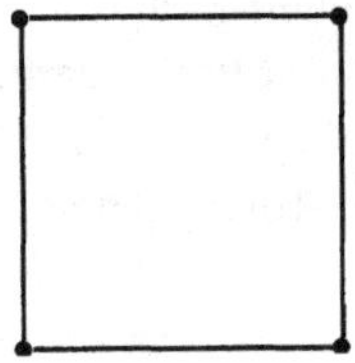

Lösung: Der Trick liegt in dem Wort „Quadrat" verborgen. Die Definition des Begriffs „Quadrat" richtet Ihr Denken einseitig aus und schränkt Ihre Fähigkeit ein, die richtige Antwort zu sehen. Die meisten Leute versuchen, dieses Problem zu lösen, indem sie die Seiten des größeren Quadrates parallel zu denen des kleineren Quadrates verlaufen lassen. Das funktioniert nicht. Wenn Sie jedoch das Problem neu formulieren und die Abbildung neu überdenken, könnten Sie darauf kommen, dass ein Diamant ein „auf der Spitze stehendes Quadrat" ist. Indem Sie zwei Punkte durch eine Diagonale verbinden und dann die beiden anderen Punkte verschieben, um die zwei restlichen Eckpunkte zu erhalten, haben Sie ein Quadrat, das doppelt so groß ist wie das Ausgangsquadrat.

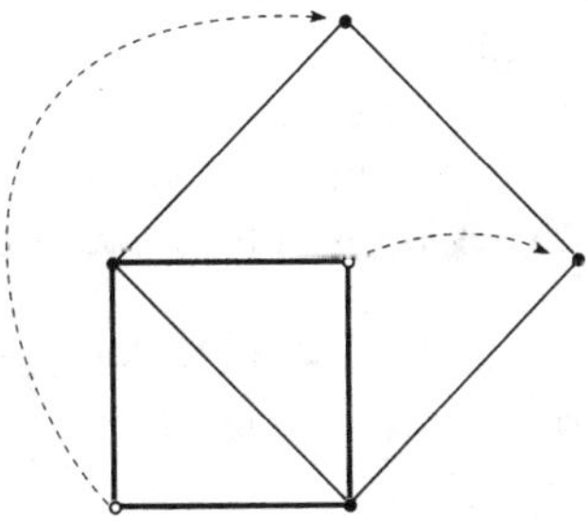

Wörter austauschen

Nach Aussage der Psychologen lösen alle Wörter eine Reaktion aus. Unsere Reaktion auf das Wort „Quadrat“ war die spontane Überlegung, ein größeres Quadrat parallel zu dem kleineren zu zeichnen. Nachdem wir das Quadrat als einen Diamanten definiert hatten, war das Problem einfach zu lösen. Wir kennen freilich nicht alle möglichen Reaktionen auf sämtliche Wörter. Häufig handelt es sich nicht um allgemein übliche Reaktionen, die aber für die reagierende Person trotzdem Sinn machen.

Vor einigen Jahren bat Toyota seine Mitarbeiter um Ideen für eine Produktivitätssteigerung – ohne große Resonanz. Auf die Neuformulierung der Frage „Wie können Sie sich Ihre Arbeit erleichtern?“ wurde die Firmenleitung mit Ideen überhäuft. Selbst geringfügige Änderungen der Wortwahl können zu nicht vorhersagbaren, umwerfenden Resultaten führen. Man kann innerhalb eines Satzes nur einen einzigen Buchstaben und damit die Bedeutung der übrigen Wörter ändern. So wird zum Beispiel aus dem englischen Satz: „The kids are flying planes“ (Die Kinder fliegen Flugzeuge) der Satz: „The lids are flying planes“ (Die Deckel sind fliegende Flugzeuge).

Ein einfacher Austausch von Wörtern oder eine Änderung ihrer Reihenfolge verschiebt Bedeutungsinhalte und stimuliert die Vorstellungskraft. Vergleichen Sie zum Beispiel die Aussage „Zweihundert von sechshundert Personen wurden getötet“ mit der Aussage „Vierhundert von sechshundert Personen kamen mit dem Leben davon“.

Finden Sie die Schlüsselwörter Ihrer Problemformulierung und tauschen Sie sie fünf- bis zehnmal aus. Mit Verben funktioniert das besonders gut. Es geht wieder um die Erhöhung von Verkaufszahlen. Achten Sie auf die Veränderung der Perspektive durch den Austausch des Verbs in folgenden Aussagen:

- Welche Möglichkeiten habe ich, den Verkauf zu steigern?
- Welche Möglichkeiten habe ich, den Verkauf zu erhöhen?

- Welche Möglichkeiten habe ich, den Verkauf zu maximieren?
- Welche Möglichkeiten habe ich, die Verkaufszahlen beizubehalten?

Mit Verben und Substantiven spielen

Spielerisches Experimentieren mit Verben und Substantiven lässt Sie Perspektiven entdecken, die Ihnen spontan wahrscheinlich nicht in den Sinn gekommen wären. Verwandeln Sie bei der Formulierung Ihres Problems die Substantive in Verben und die Verben in Substantive. Sie könnten beispielsweise vor dem Problem stehen: „Wie kann ich mehr Dächer und Fächer verkaufen?“ Die Verben in Substantive und die Substantive in Verben zu verwandeln macht daraus: „Wie kann ich mehr Verkäufe unter Dach und Fach bringen?“ Verkäufe unter Dach und Fach zu bringen legt nahe, nach Möglichkeiten zu suchen, Geschäfte abzuschließen, statt nach Wegen, mehr Dächer und Fächer zu verkaufen.

Eine andere Methode, Ihre Perspektive zu verändern, besteht darin, das Substantiv durch ein Wort mit konträrer Bedeutung zu ersetzen. Wenn Ihr Problem lautet „Wie kann ich die Verkaufszahlen erhöhen?“, wählen Sie statt „Verkaufszahlen“ das Gegenteil, nämlich „Aufwendungen“. Ihr neuer Gedankengang verläuft nun in die Richtung, mehr auszugeben, um mehr einzunehmen: Sollte ich eventuell mehr Mittel in unser Vertriebsbudget investieren? Sollen wir mehr für Werbung ausgeben?

Wörter konvertieren

Eine von Aristoteles‘ bevorzugten Methoden, eine Prämisse zu überprüfen, war die „Konvertabilität“ oder Umkehrbarkeit. Er glaubte, dass eine Prämisse dann zuträfe, wenn die gegenteilige Prämisse umkehrbar sei. Wenn zum Beispiel jedes Vergnügen gut ist, muss etwas Gutes ein Vergnügen sein. Bisweilen erzeugt eine Veränderung der Wörterreihenfolge in der Formulierung eines Problems eine verbal-konzeptuelle Kette, durch die eine andere Perspektive entsteht.

Die Wörter in der unten stehenden Auflistung sind in zwei Gruppen angeordnet, A und B. Stand „Wolkenkratzer“ an erster Stelle, entwarfen die Testpersonen meist architektonische Konzepte. Wurde „Gebet“ mit „Wolkenkratzer“ vertauscht und an erste Stelle gesetzt, gingen die Lösungsvorschläge eher in eine religiöse Richtung.

Gruppe A	**Gruppe B**
Wolkenkratzer	Gebet
Gebet	Wolkenkratzer
Tempel	Tempel
Kathedrale	Kathedrale

Konvertieren Sie die Wörter in der Formulierung Ihres Problems. Im Folgenden zwei Beispiele:

- Welche Möglichkeiten habe ich, für mein T-Shirt zu werben?
- Welche Möglichkeiten habe ich, mein T-Shirt als Werbeträger zu verwenden?
- Welche Möglichkeiten stehen mir offen, um zu lernen, das Internet zu nutzen?
- Welche Möglichkeiten stehen mir offen, das Internet zu nutzen, um mehr zu lernen?

Eine der wertvollsten medizinischen Entdeckungen brach sich Bahn, als Edward Jenner seine Frage, weshalb Menschen an Pocken erkrankten, zu der Frage umwandelte, warum Knechte und Mägde, die das Milchvieh versorgten, sich offenkundig nicht damit infizierten. Die Entdeckung, dass die harmlosen Kuhpocken gegen die tödliche Form der Pocken schützten, führte zur Pockenschutzimpfung, die wiederum das Ende der Pocken als Geißel der westlichen Welt bedeutete.

Die Ein-Wort-Methode

Aristoteles zufolge sind Wörter Töne, die durch Assoziation zu Symbolen mentaler Erfahrungen werden. Das eindrucksvollste Merkmal der Dichtkunst Shakespeares und Miltons sind die Wörter, die sie verwenden, um beim Leser eine geistige Assoziationskette zu erzeugen. Die Wirkung ihrer Meisterwerke beruhte nicht so sehr auf dem, was sie konkret ausdrückten, sondern auf dem, was sie andeuteten; weniger auf den Vorstellungen, die sie vermittelten, als vielmehr auf anderen assoziativen Bildern, die eine entfernte Beziehung zu ihnen aufwiesen.

Wenden Sie die folgende Methode an, um eine gedankliche Assoziationskette in Bezug auf Ihr Problem zu erzeugen.

1. Fassen Sie Ihr Problem schriftlich in einem Satz zusammen, den Sie dann auf ein Wort reduzieren.
2. Welche anderen Wörter könnte man verwenden? Suchen Sie in einem Wörterbuch nach Synonymen. Wählen Sie ein Wort aus.
3. Was bringen Sie mit diesem Wort zum Ausdruck? Beschreiben Sie detailliert die Bedeutung, die dieses Wort für Sie persönlich hat.
4. Wie ist dieses Wort im Wörterbuch definiert? Fördert diese Definition neue Aspekte zutage?
5. Taucht in der Definition ein anderes Wort auf, das das Wesen Ihres Problems besser beschreibt oder Sie fesselt?
6. Falls ja, wiederholen den Prozess mit dem neuen Wort.
7. Wenn nicht, haben Ihnen Ihre Recherchen eine neue Perspektive in Bezug auf das Problem eröffnet?

Wörterketten

In einem Atommeiler kommt es zu einer Kettenreaktion, wenn ein Teilchen sich von einem Atomkern abspaltet, mit einem anderen Atomkern kollidiert, ein zweites Teilchen loslöst, welches wiederum mit einem weiteren Atomkern zusammenstößt. Ist die Materialmasse groß genug, mündet die Kettenreaktion in eine Explosion. Mit Wörtern ist es genauso. Ein Wort kann eine Reaktion auslösen, wenn es mit einem anderen „zusammenprallt“, und eine Art kreative Kettenreaktion zur Folge haben.

1. Fragen Sie sich, was der Kern Ihres aktuellen Problems ist. Mit welchem Wort lässt sich Ihr Problem bzw. die augenblickliche Situation, die Sie beschäftigt, erfassen?
2. Schreiben Sie das Schlüsselwort oben auf ein Blatt Papier.
3. Dann erstellen Sie eine Liste von Wörtern, die Ihnen in Verbindung mit diesem Wort in den Sinn kommen. Denken Sie nicht über die Wörter nach – lassen Sie sie spontan fließen, sich von einem Wort zum nächsten inspirieren. Setzen Sie diesen Vorgang einige Minuten fort.
4. Lesen Sie sich Ihre Wörterkette durch und notieren Sie Ihre Reaktionen und Kommentare.
5. Suchen Sie nach einem speziellen Thema oder Punkt, der immer wieder auftaucht. Es lohnt sich, die Bedeutung dieser Themen für das Problem zu untersuchen. Wenn ein bestimmtes Wort eine intensive emotionale Reaktion hervorruft, ist es sinnvoll, es genauer unter die Lupe zu nehmen.

Nehmen wir an, mein Problem ist es, die Arbeitsmoral meiner Mitarbeiter zu verbessern. Mein Schlüsselwort lautet „Bereicherung“. Meine Wörterkette würde Begriffe einschließen wie zum Beispiel „Bedürfnis“, „wechselseitige Abhängigkeit“, „Gewerkschaft“, „der Einzelne und die Gruppe“, „Zusammenkommen“, „Angst“, „Verlust der Individualität“, „Kommunikation“, „Bindung“, „Schwäche“, „bewegend“, „Mut“, „Engagement“, „Vertrauen“. Der Begriff „Verlust der Individualität“ ruft eine starke emotionale Reaktion hervor, die mich veranlasst, darüber nachzudenken, welche Möglichkeiten der Arbeitsmoralverbesserung ohne Einschränkung der Individualität es gibt.

Positive Aussagen

Sind die Aussagen in der folgenden Abbildung richtig oder falsch?

Der Stern befindet sich über dem Pluszeichen.	* +
Der Stern befindet sich über dem Pluszeichen.	+ *

Achten Sie darauf, wie viel länger es dauert, auf die falsche Aussage zu antworten als auf die richtige. Wir gehen instinktiv von der Richtigkeit von Behauptungen aus. Liegt diese nicht vor, gehen wir im Geiste einen Schritt zurück und revidieren unsere Erstannahme, wodurch sich unsere Antwort verzögert. Es dauert ungefähr eine halbe Sekunde länger oder mehr, abschlägige Bescheide zu überprüfen, als Bestätigungen zu verifizieren. Wir sind darauf „programmiert", wir tun uns leichter mit dem, was ist, als mit dem, was nicht ist.

Lesen Sie die folgenden Sätze mit einer kurzen Pause dazwischen:

- Sollten wir Homosexuelle zum Wehrdienst zulassen?
- Sollten wir Homosexuelle nicht zum Wehrdienst zulassen?

Hatten Sie das Gefühl, dass Ihr Denktempo sich verlangsamte, um die zweite Aussage zu interpretieren? Verneinungen verlangsamen unseren Denkprozess. Stellen Sie sich vor, Sie haben Ihre Uhr irgendwo in Ihrem Haus verlegt. Wenn Sie beharrlich suchen, werden Sie sie schließlich finden. Ganz anders wird die Situation, wenn Sie nicht wissen, ob Sie die Uhr im Haus oder woanders verlegt haben. Der Glaube, dass sich die Uhr im Haus befindet, eine positive Aussage, beschleunigt Ihren Denkprozess und hält Ihre Konzentration auf das Ziel gerichtet. Versuchen Sie, Ihr Problem in Form einer positiven, stimulierenden Aussage auszudrücken. Eine positive, zur Aktion anregende Aussage setzt sich aus vier Komponenten zusammen:

1. Die Aktion: Das, was Sie tun wollen.
2. Das Objekt: Eine Sache oder eine Person, die Sie verändern möchten.
3. Die nähere Bestimmung: Die Art der Veränderung, die Sie wollen.
4. Das Endresultat: Das von Ihnen erwartete Resultat.

Beispiel: Welche Möglichkeiten habe ich, mein Buch (Objekt) attraktiver (nähere Bestimmung der Art der Veränderung) zu präsentieren (Aktion), damit die Leute eine größere Stückzahl kaufen (Endresultat)?

Als Nächstes ordnen Sie die Aktionsaussage auf einer Skala von eins bis zehn ein. Das dient Ihnen als Maßstab für die Wahrscheinlichkeit, funktionierende Lösungen zu finden.

Den Blickwinkel wechseln

Die Küchenschabe in der unten stehenden Abbildung befindet sich außerhalb des Kubus. Wenn Sie sich auf einen anderen Blickwinkel einstellen, können Sie die Schabe auf dem Boden innerhalb des Kubus sehen. Konzentrieren Sie Ihren Blick auf den Schnittpunkt der Linien innerhalb des Kubus. Nach einigen Augenblicken wird er sich von innen nach außen kehren und die Schabe befindet sich innen auf dem Boden.

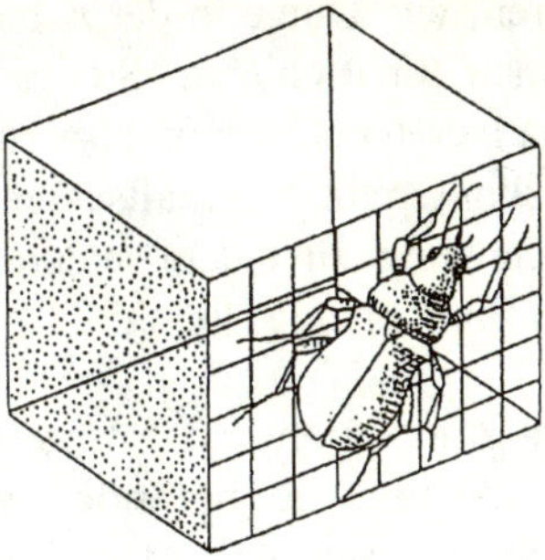

Es hängt von unserer Ausgangsperspektive ab, wie wir Dinge sehen. Stellen Sie sich vor, Sie sind mit zwei Karten im Wert von 100 Dollar zu einem Theaterstück am Broadway unterwegs und stellen fest, dass Sie die Karten verloren haben. Würden Sie noch einmal 100 Dollar investieren? Stellen Sie sich nun vor, Sie sind auf dem Weg zum Theater, um die Karten erst zu kaufen. Bei Ihrer Ankunft merken Sie, dass Sie 100 Dollar Bargeld verloren haben. Würden Sie trotzdem Karten für die Theatervorstellung kaufen? Objektiv betrachtet sind die Situationen identisch – in beiden Fällen sitzen Sie mit einem Verlust von 100 Dollar in der Patsche. Trotzdem antworten die meisten Leute, dass sie eher geneigt wären Karten zu kaufen, wenn sie das Geld und nicht die Karten verloren hätten. Die verlorenen Karten werden als „Besuch des Theaters" verbucht, und man ist ungern bereit, doppelte Theaterkosten in Kauf zu nehmen.

Es ist wichtig zu lernen, den Blickwinkel zu wechseln und einen Gegenstand auf unterschiedliche Arten zu betrachten. Walt Disneys Fähigkeit, sich sowohl mit den Charakteren seiner Zeichentrickfilme als auch mit seinem Publikum zu identifizieren, ist ein gutes Beispiel für diese Fähigkeit.

Wechsel des Geschlechts

Die Beziehungen zwischen Männern und Frauen bilden eine der wesentlichsten Metaphern, um die herum wir unsere Wahrnehmungen konstruieren, wie Dinge in der Arbeitswelt und in der Welt im Allgemeinen funktionieren. Stellen Sie sich vor, Sie suchen eine alternative Betrachtungsweise einer geschäftlichen Situation (Verkaufskonferenz, Geschäftsessen etc.). Anstatt sich durch Willensanstrengung zu einem anderen Blickwinkel zu zwingen, probieren Sie folgende Übung:

1. Schließen Sie Ihre Augen und entspannen Sie sich.
2. Stellen Sie sich vor, Sie befänden sich in einer der folgenden Situationen, gehörten aber – physisch wie psychisch – dem anderen Geschlecht an.
   A. Sie gehen eine Straße entlang und begegnen zufällig einem Freund (wenn Sie in Ihrer Vorstellung ein Mann sind) bzw. einer Freundin (wenn Sie sich vorstellen, eine Frau zu sein).
   B. Sie gehen eine Straße entlang und treffen zufällig eine Freundin (wenn Sie in Ihrer Vorstellung ein Mann sind) bzw. einem Freund (wenn Sie sich vorstellen, eine Frau zu sein).
   C. Sie befinden sich an einem öffentlichen Strand und tragen einen Badeanzug/Bikini bzw. eine Badehose.
   D. Sie sind an Ihrem Arbeitsplatz und haben mit Kollegen des anderen Geschlechts zu tun.
   E. Sie sind auf einer Party, flirten und tanzen.
   F. Sie haben ein Rendezvous mit einem besonders lieben Freund bzw. einer besonders lieben Freundin.
   G. Sie sind zu Hause, nachdem Sie und Ihr Ehemann bzw. Ihre Ehefrau einen anstrengenden Tag hinter sich haben.
3. Öffnen Sie Ihre Augen und sondieren Sie nun die geschäftliche Situation aus der Perspektive des anderen Geschlechts. Fragen Sie „Wie würde ich die Situation sehen, wenn ich dem anderen Geschlecht angehören würde?“ und notieren Sie alles, was Ihnen in den Sinn kommt.

Bringt Sie das Schlüpfen in die Rolle des anderen Geschlechts dazu, Dinge zu registrieren, die Sie normalerweise nicht bemerken würden? Was fällt Ihnen auf und worüber denken Sie als ein(e) Angehörige(r) des anderen Geschlechts nach? Worin bestehen die Unterschiede? Welche Ähnlichkeiten gibt es? Stellen Sie fest, dass Sie die Situation anders angehen? Inwiefern?

Sie könnten zum Beispiel zunächst denken, dass Konkurrenz die Würze des Lebens ist, und nach Wechsel des Geschlechts dann Ihren Blickwinkel dahingehend ändern, dass Sie dem Teamwork den höchsten Wert beimessen. Auf diese Weise brechen Sie vorgefasste Erwartungshaltungen auf und entwickeln neue Sichtweisen.

In die Haut des anderen Geschlechts zu schlüpfen kann zudem unterhaltsam und emotional bereichernd sein. Sie werden Ihre Fähigkeit, sich in andere Menschen einzufühlen, verbessern und flexibler bei Ihrer Selbsteinschätzung werden.

Freunde und Feinde

Stellen Sie sich vor, Sie befänden sich in einem der beiden folgenden Szenarien. Nehmen Sie zunächst das gleiche Geschlecht an wie die andere Person. Sie beide sind Freunde bzw. Freundinnen und gehen gemächlich nebeneinander her. Sie haben eine bestimmte Ansicht über ein Thema und wollen, dass Ihr Freund/Ihre Freundin dasselbe glaubt. Was sagen Sie? Wie sagen Sie es? Notieren Sie die Antworten auf einem Blatt Papier. Inspirieren Sie diese Antworten zu neuen Einblicken?

Im zweiten Szenario haben Sie das gleiche Geschlecht wie die andere Person, sind aber nicht mit ihr befreundet. Sie befinden sich einem überfüllten, lauten Restaurant. Sie wissen, dass die andere Person Ihre Ansichten über ein bestimmtes Thema nicht teilt, halten es aber im Interesse der Firma für wichtig, dass sie Ihren Standpunkt übernimmt. Was sagen Sie in diesem Fall? Wie sagen Sie es? Notieren Sie die Antworten und prüfen Sie, ob Sie zu neuen Ideen angeregt werden.

Die Ideen, die im ersten Szenario entstehen, dürften persönlich geartet und herzlich sein. Vielleicht implizieren sie Wörter oder bildliche Vorstellungen, die die andere Person begreifen und zu denen sie eine Beziehung herstellen kann. Die Ideen im zweiten Szenario werden vermutlich erfolgsorientierter und unpersönlicher ausfallen. Vielleicht basieren sie auf objektiven Sachverhalten, die die andere Person voll und ganz begreifen und akzeptieren kann.

Leonardo da Vincis multiple Perspektiven

Leonardo da Vinci war der Ansicht, dass man sich nur dann eine Basis für das Verständnis eines Subjekts schaffen könne, wenn man es aus mindestens drei verschiedenen Perspektiven betrachtete. Ein wirkliches und vollständiges Verständnis entstünde durch die Synthese dieser Perspektiven. Als er beispielsweise das erste Fahrrad entwarf, betrachtete er dieses neue Transportmittel aus der Perspektive des Erfinders, der Investoren, die Prototypen und Massenproduktion sponsern sollten, der Benutzer sowie aus dem Blickwinkel der Ortschaften, in denen Fahrräder benutzt würden, und erstellte dann eine Synthese aller Perspektiven.

Zahlreiche von Schulpsychologen durchgeführte Experimente haben gezeigt, wie sehr multiple Perspektiven Wahrnehmungsvermögen und Kreativität fördern. In einer Untersuchung wurde zwei Gruppen von Klavieranfängern eine einfache C-Dur-Tonleiter beigebracht. Eine Gruppe wurde angeleitet, die Tonleiter durch Reaktion auf multiple Perspektiven, einschließlich Gedanken und Gefühle, zu lernen; die andere Gruppe sollte die Tonleiter durch traditionelles Merken mittels Wiederholung lernen. Die Psychologen beurteilten das Spiel der ersten Gruppe als wesentlich besser und kreativer.

Betrachten Sie Ihr Problem aus mehreren Perspektiven.

1. Beschreiben Sie zunächst das Problem aus Ihrer Sicht.

2. Als Nächstes beschreiben Sie es aus der Perspektive von mindestens zwei anderen Personen, die in enger Verbindung mit dem Problem stehen oder darin verwickelt sind.
3. Fügen Sie die verschiedenen Perspektiven zu einer umfassenden Problemaussage zusammen.

Wenn Sie zum Beispiel ein neues Unternehmen aufbauen, schildern Sie Ihre Aufgabe aus Ihrer Sicht, dann aus der Ihrer potenziellen Kunden, Angestellten und Konkurrenten und schließlich aus der Perspektive Ihrer Bank. Kombinieren Sie diese verschiedenen Sichtweisen zu einer umfassenden Aussage.

In Bezug auf die Physik vertrat Einstein die Meinung, dass selbst der Unterschied zwischen Materie und Energie unter Umständen von einer bestimmten Perspektive abhängig sein könne. Was von einem Standpunkt aus betrachtet eine Welle ist, stellt sich aus anderer Warte als Teilchen dar; was in einem Experiment ein Feld ist, ist in einem anderen eine Flugbahn.

Die unten stehende Abbildung können Sie neutral als ein simples Muster aus vier gleich weit voneinander entfernten Punkten wahrnehmen oder aber kreativ aus verschiedenen Perspektiven betrachten und zu komplexeren Strukturen gruppieren. Die Punkte könnten beispielsweise die vier Arme eines Kreuzes darstellen, die Ecken eines Diamanten, die vier Himmelsrichtungen auf einem Kompass etc. Etwas aus verschiedenen Perspektiven zu betrachten ist mehr als ein passives Registrieren von Daten – es ist ein aktiver und kreativer Prozess. Sie entwickeln ein neues kreatives Bewusstsein und erweitern die Betrachtungs- bzw. Interpretationsmöglichkeiten.

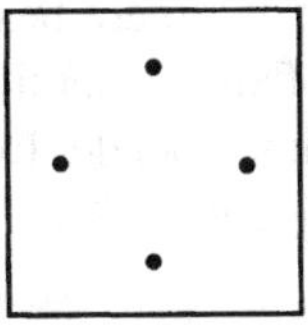

Eine einfache Methode, in einer kleinen Gruppe multiple Perspektiven zu entwickeln, besteht darin, zunächst jedem Teilnehmer fünf Karten zu geben und ihn zu bitten, fünf verschiedene Problemdarstellungen aufzuschreiben (ein Problem pro Karte). Sammeln Sie die Karten ein und mischen Sie sie.

1. Dann geben Sie jedem Teilnehmer drei beliebige Karten, wobei Sie darauf achten, dass niemand seine eigenen Karten bekommt. Bitten Sie die Teilnehmer, die Karten ihren Vorlieben nach zu ordnen. Währenddessen verteilen Sie die restlichen Karten auf einem Tisch.
2. Bitten Sie die Teilnehmer, Karten, die ihnen nicht zusagen, gegen auf dem Tisch liegende auszutauschen.
3. Bitten Sie die Teilnehmer, untereinander Karten auszutauschen. Jeder Teilnehmer kann beliebig viele, sollte jedoch mindestens eine Karte austauschen.
4. Teilen Sie die Gruppe in drei kleinere Teams auf. Bitten Sie die Teams, drei Karten auszuwählen und den Rest abzulegen. Dann bitten Sie das Team, die drei gewählten Karten zu einer umfassenden Problemdarstellung zu kombinieren.
5. Bitten Sie jedes Team, seine Problemdarstellung der Gruppe zu präsentieren. Bitten Sie dann die Gruppe um eine Synthese der drei Problembeschreibungen.

In eine andere Rolle versetzen

Der dänische Philosoph Sören Kierkegaard bezeichnete diese Strategie als die „Fruchtwechsel-Methode“. Er dachte dabei an Feldfrüchte. Sie können nicht unbegrenzt Mais auf ein und demselben Feld anbauen; ab einem bestimmten Zeitpunkt müssen Sie etwas anderes anpflanzen, damit sich der Boden erholt. In ähnlicher Weise wird es Ihnen bei der Entwicklung einer anderen Perspektive helfen, in eine andere Rolle zu schlüpfen.

Beschreiben Sie zunächst Ihr Problem von Ihrem Standpunkt aus. Schildern Sie es dann aus zwei der folgenden Perspektiven:

- Wie würde eine Kapazität Ihrer Branche das Problem darstellen?
- Wie würde ein Professor es darstellen?
- Wie würde ein frühreifes Kind es darstellen?
- Wie würde ein risikofreudiger Unternehmer es schildern?
- Wie würde ein Prediger es darstellen?
- Wie würde ein Politiker es darstellen?
- Wie würde ein Physiker es darstellen?
- Wie würde ein Psychologe es schildern?
- Wie würde ein Forscher es darstellen?
- Wie würde ein Richter es darstellen?
- Wie würde ein Reporter es darstellen?

Worin bestehen die Unterschiede? Welche Ähnlichkeiten gibt es? Fügen Sie die drei Darstellungen zu einer Synthese zusammen. Hat sich Ihre ursprüngliche Betrachtungsweise des Problems geändert?

Stellen Sie sich vor, Sie seien das Problem!

Ein Eckpfeiler der Methode Freuds bestand darin, dass er seine Patienten ein Thema auswählen und dann dessen Bedeutung verändern ließ, indem er sie aufforderte, es in einen anderen Rahmen oder Zusammenhang zu bringen. Dadurch war er im Stande, die Denkweise seiner Patienten zu ändern.

In der unten stehenden Abbildung verändern wir die Bedeutung der Struktur, indem wir sie umgestalten und den Inhalt in einen anderen Kontext stellen. Wir machen aus dem Buchstabenmuster A, B und C das Zahlenmuster 12, 13 und 14.

12

A 13 C

14

In gleicher Weise verändern Sie die Art, wie Sie über ein Problem denken, wenn Sie den Inhalt Ihres Problems in einen anderen Zusammenhang stellen. Eine Möglichkeit, dies zu tun, besteht darin, dass Sie sich vorstellen, selbst das Problem oder ein Teilaspekt davon zu sein. Einstein stellte sich vor, er würde auf einem Lichtstrahl reisen, der sich in rasender Geschwindigkeit durch das All bewegt, und gelangte dadurch zur Relativitätstheorie. Indem Sie sich zu einem Teil des Problems machen, erhöhen Sie Ihre Chancen auf neue, originelle Ideen.

Stellen Sie sich vor, Sie sollten eine neue Uhr zu entwerfen. Fragen Sie sich, wie es wohl wäre, der Minutenzeiger einer Uhr zu sein. Können Sie sich selbst als Bestandteil der Zeit vorstellen? Wie würde sich eine Stunde anfühlen? Eine Minute? Eine Sekunde? Was würde die Zeit mir sagen, wenn sie denken und sprechen könnte wie ich?

Identifizieren Sie sich mit einem Objekt oder Prozess und versuchen Sie, das Problem vom Standpunkt des Objekts oder Prozesses zu betrachten. Verschmelzen Sie mit dem Problem, indem Sie sich Fragen stellen wie:

- Wie würde ich mich fühlen, wenn ich … wäre?
- Was würde er/sie/es zu mir sagen, wenn er/sie/es ich wäre?
- Wie würde ich mich fühlen, wenn ich die Idee wäre, die ich entwickle?
- Welche Empfehlungen würde er/sie/es geben?

Um die Kosten ihres Versorgungsbetriebs zu senken, stellten sich die Leiter drei Monate lang vor, sie seien ein Kilowatt, das durch die diversen Brennstoffsysteme und atomgetriebenen Anlagen fließt. Das öffnete ihnen die Augen für die Komplexität der Anlagen und für Verbesserungsmöglichkeiten. Ihre imaginäre Reise endete mit einer Senkung der Unterhaltungskosten um das Zehnfache, indem nur die wichtigsten Komponenten anstatt ganze Anlagen ersetzt wurden.

Fragen

Sicherlich ist eines der wesentlichsten Kennzeichen aller Genies ihre kindliche Neugier und ihr ausgeprägter Forschungsdrang. Leonardo da Vinci notierte viele Fragen, die er sich stellte, in seine Notizhefte, um – wie auch Aristoteles – Grundprinzipien zu ergründen. Einstein verbrachte sein Leben damit, zu fragen, weshalb die Dinge sich so verhielten, wie sie es taten, und was geschehen würde, wenn gewisse Gesetzmäßigkeiten verändert würden. Tesla schuf komplett neue Welten in seiner Fantasie und dachte dann darüber nach, wie er sie in die Realität umsetzen könnte. Geniale Einfälle sind mehr das Resultat kühner Fragen als „richtiger" Antworten.

Isolieren Sie die Aufgabe, über die Sie nachdenken wollen, und sezieren Sie sie anhand der folgenden Fragen auf möglichst vielfältige Arten:

- Weshalb ist es nötig, das Problem zu lösen?
- Welche Aspekte sind unbekannt? Wie viele der unbekannten Aspekte können Sie näher bestimmen?
- Welche(n) Aspekt(e) verstehen Sie noch nicht?
- Welche Informationen stehen Ihnen zur Verfügung? Reichen sie aus oder nicht? Sind sie überflüssig? Widersprüchlich?

- Können Sie etwas Nützliches aus den Ihnen zur Verfügung stehenden Informationen ableiten? Haben Sie von sämtlichen Informationen Gebrauch gemacht?
- Sind Sie in der Lage, ein Diagramm des Problems anzufertigen? Eine Figur?
- Wo liegen die Grenzen des Problems?
- Können Sie das Problem in seine verschiedenen Aspekte zergliedern? Diese schriftlich festhalten? Welche Beziehungen gibt es zwischen den einzelnen Aspekten des Problems?
- Ist Ihnen dieses Problem schon einmal begegnet? Haben Sie es damals auf andere Weise wahrgenommen? Kennen Sie ein verwandtes Problem?
- Angenommen, Sie finden ein verwandtes Problem, das bereits gelöst wurde. Können Sie von dieser Lösung Gebrauch machen?
- Welches sind die besten, schlimmsten und wahrscheinlichsten Szenarien, die Sie sich im Zusammenhang mit dem Problem vorstellen können?

Denken Sie wie ein Kind!

Treten Sie in Kontakt mit Ihrem „inneren Kind“. Schließen Sie Ihre Augen und stellen Sie sich in dem Alter vor, in dem Sie am wissbegierigsten waren. Rufen Sie sich Einzelheiten dieser Zeit so genau wie möglich ins Gedächtnis zurück. Durchleben Sie noch einmal Weihnachtsfeste, Geburtstage, Ferien, erinnern Sie sich an Freunde, Freundinnen, Lehrer und Ihre Schulzeit. Betrachten Sie nun Ihr Problem aus der Perspektive Ihres damaligen Alters. Welche Fragen würde beispielsweise ein/e Zwölfjährige/r stellen?

Spielerische Fragen

Stellen Sie spielerische Fragen, um sich selbst oder eine Brainstorming-Gruppe in einen kindlichen Bewusstseinszustand zu versetzen:

- Versuchen Sie Ihr Problem als Lebewesen zu betrachten. Wie würde es aussehen? Fertigen Sie ein Bild von ihm an. Das Problem, mehr Häuser zu verkaufen, könnte zum Beispiel wie ein hilfloses, seltsames Wesen aussehen.
- Denken Sie an vergangene und zukünftige Inkarnationen Ihres Problems. Wie würden sie aussehen?
- Betrachten Sie Ihr Problem als etwas Essbares. Wie würde es schmecken?
- Können Sie sich die Vergangenheit und die wahrscheinliche Zukunft Ihres Problems vorstellen?
- Betrachten Sie das Problem als den oberen Teil von etwas und stellen Sie sich vor, wie der untere Teil aussieht. Können Sie ihn beschreiben?
- Betrachten Sie die Welt aus dem Blickwinkel des Problems. Wie sehen Sie selbst aus dieser Perspektive aus?
- Untersuchen Sie das Problem auf einen oder mehrere schöne oder ästhetisch interessante Aspekt(e). Werden Sie fündig?
- Stellen Sie sich das Privatleben des Problems vor. Was sind seine politischen Ansichten? Welcher Religion gehört es an? Wie ist sein Liebesleben? Wo wurde das Problem geboren? Hat es Geschwister? Wenn ja, verstehen sich diese untereinander? Wovor fürchtet sich das Problem?
- Wären Sie der Psychotherapeut des Problems, was würde das Problem Ihnen anvertrauen?

Farbfragen

„Farbfragen“ sind eine spezielle Anwendung der Arbeit von Jerry Rhodes, der umfangreiche Forschungen an Managern von Philips durchgeführt hat. Die Farben werden folgendermaßen mit Fragen assoziiert:

Grün: Grün ist fruchtbar und kreativ, die Farbe der Fantasie und des Einfallsreichtums. Fragen Sie: „Was wäre, wenn ...?" oder „Angenommen, wir würden ...?"
Gelb: Gelb ist neutral und objektiv, die Farbe zur Beschreibung von Fakten. Fragen Sie: „Was ist ...?"
Blau: Blau ist hoffnungsvoll und positiv, die Farbe der Entscheidungen und wichtigen Überzeugungen. Fragen Sie: „Was können wir tun?" oder „Was sollten wir tun?"
Rot: Rot ist negativ, die Farbe der Begrenzungen und Zwänge. Fragen Sie: „Was kann ich nicht tun?" oder „Was ist nicht möglich?"

Viele Menschen neigen dazu, ein oder zwei Farben zu bevorzugen, und manche sind sogar unfähig, Fragen in Erwägung zu ziehen, die nicht ihrer Vorliebe entsprechen.

Beschriften Sie vier Bögen Papier jeweils mit dem Namen einer Farbe: „Grün“, „Gelb“, „Blau“ und „Rot“. Überlegen Sie sich so viele „Grün-“, „Gelb-“ und „Blau-Fragen“ wie möglich und schreiben Sie sie auf den entsprechenden Bogen. Jede negative Frage, die Ihnen einfällt, notieren Sie auf den Bogen mit der Aufschrift „Rot“. Lesen Sie die „Rot-Fragen“ zu einem späteren Zeitpunkt noch einmal durch und versuchen Sie, eine Möglichkeit zu finden, sie positiv zu formulieren. Nachdem Sie für jede Farbe möglichst viele Fragen aufgelistet haben, ordnen Sie sie der Priorität nach und entscheiden, welche Sie zuerst in Angriff nehmen wollen.

Wenn Sie mit einer Gruppe arbeiten, bitten Sie die Teilnehmer, im Brainstorming so viele Fragen wie möglich zu einem Thema zusammenzutragen. Ordnen Sie danach die Fragen nach

Farben und heften Sie sie auf Flipcharts. Fordern Sie die Gruppe auf, jede der Kategorien durch weitere Fragen zu ergänzen. Beispielsweise: „Welche Grünfrage könnte unsere Fantasie entfesseln?“, „Brauchen wir mehr Blau-Fragen?“ oder „Haben wir die Möglichkeiten für Gelbfragen restlos ausgeschöpft?“ Lassen Sie danach die Gruppe die Fragen nach Priorität ordnen und entscheiden, welche am wichtigsten sind und zuerst in Angriff genommen werden sollen.

Strategie zwei: Sich ein Bild von seinen Gedanken machen

Der kreative Aufbruch der Renaissance war eng verbunden mit der Aufzeichnung und Vermittlung eines ungeheuren Wissensschatzes in einer „zweiten Sprache“: einer Sprache der Zeichnungen, Grafiken und Diagramme – zum Beispiel die berühmten Diagramme und Skizzen Galileos. Galileo revolutionierte die Wissenschaft, indem er seine Gedanken durch Diagramme und Zeichnungen visuell zum Ausdruck brachte, während seine Zeitgenossen sich konventioneller verbaler und rechnerischer Methoden bedienten. Seine diagrammatischen Darstellungen der Himmelskörper wiesen eine außerordentliche visuelle Logik auf, die zu Einsichten führte, die weit über die seiner Kollegen hinausreichten und die Geschichte der Wissenschaft veränderten.

Auch Leonardo da Vinci benutzte Zeichnungen, Diagramme und Grafiken als Werkzeuge, um Informationen zu erfassen, Probleme zu formulieren und zu lösen. Den Kernpunkt seiner Notizhefte bilden die Diagramme und Zeichnungen, nicht die Texte. Das heißt, seine Bilder waren nicht einfach nur „Illustration“ seiner Notizen – vielmehr dienten die Notizen zur Kommentierung der Bilder. Die Sprache war für Leonardo weniger wichtig – ein Mittel, Entdeckungen zu benennen oder zu beschreiben, und nicht, sie zu machen.

Sprache lenkt unser Denken in bestimmte Bahnen. Stellen Sie sich eine Rose vor. Kleiden Sie Ihre Vorstellung in eine sprachliche Form, würden Sie vielleicht sagen, eine Rose sei eine rote, rosa oder weiße Blume, die man einer schönen Frau, einer liebenswürdigen Gastgeberin oder einem verstorbenen Freund schenkt. Achten Sie darauf, wie die simple sprachliche Beschreibung einer komplexen Blume die menschliche Neugier in eine bestimmte Richtung lenkt. Es ist, als würde die Sprache, die wir verwenden, einen magischen Kreis um uns ziehen, einen Kreis, aus dem es kein Entrinnen gibt, es sei denn, wir treten von einem Kreis (Sprache) in einen anderen.

In seinem Aufsatz „Über Wahrheit und Lügen“ stellte Friedrich Nietzsche meisterhaft dar, dass eine sprachliche Beschreibung der Realität durch die Struktur der Sprache selbst unmöglich gemacht werde. Wenn Einstein über ein Problem nachdachte, tat er dies in visuellen und räumlichen statt in rein mathematischen oder sprachlichen Begriffen. Er war der Ansicht, dass Worte und Zahlen, da sie geschrieben oder gesprochen würden, keine wesentliche Rolle in seinen Denkprozessen spielten. Eine der aufschlussreichsten Beschreibungen von Einsteins Philosophie der Wissenschaft fand sich in einem Brief an seinen Freund Maurice Solovine. In diesem Brief erklärte Einstein, es sei schwierig, seine Philosophie der Wissenschaft in Worte zu fassen, weil er, wie er es ausdrückte, über derartige Dinge schematisch nachzudenken pflegte. Der Brief begann mit einer einfachen Zeichnung, die (1) aus einer geraden Linie bestand, die E repräsentierte – Erfahrungen, die wir machen –, und aus (2) A – Axiomen, die über der Linie angeordnet, aber nicht direkt mit ihr verbunden sind.

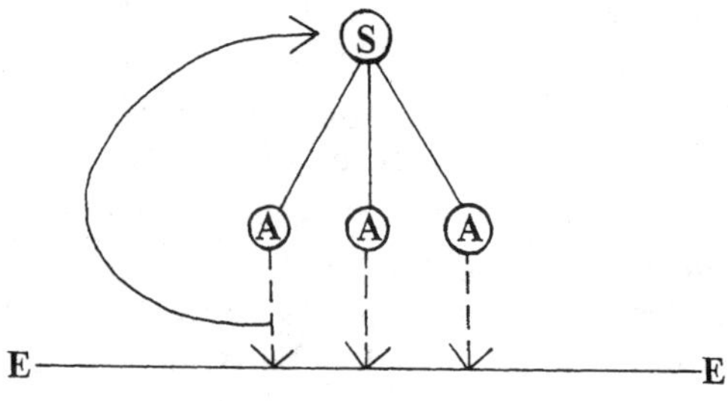

(Es handelt sich hier um eine ungefähre Wiedergabe. Einsteins Originalskizze befindet sich im Albert-Einstein-Archiv an der Hebräischen Universität Jerusalem, Israel.)

Einstein erklärte, dass vom psychologischen Standpunkt aus betrachtet A auf E basiere. Es existiere jedoch keine logische Verbindung von E nach A, nur eine intuitive, die jederzeit widerrufen werden könne. Von Axiomen könne man bestimmte Schlussfolgerungen ableiten (S), die einen Anspruch auf Korrektheit erheben können. Im Prinzip sagt Einstein damit, dass die Theorie bestimmt, was wir beobachten. Er behauptete, wissenschaftliches Denken sei spekulativ und führe nur im Endergebnis zu einem System, das als „einfache Logik" bezeichnet werden könne. Nicht in der Lage, seine Gedanken befriedigend in Worte zu fassen, brachte Einstein sie visuell zum Ausdruck, indem er die Grundzüge seiner Philosophie diagrammatisch darstellte.

Diagrammatische Darstellung von Gedanken

Die Notizhefte von Einstein, Martha Graham, da Vinci, Edison und Darwin legen die Annahme nahe, dass einer der Hauptgründe für ihre Genialität ihre Fähigkeit war, ihre Themen in Form von Diagrammen und Karten darzustellen. In Darwins Notizheften taucht häufig eine diagrammatische Darstellung der Natur als ein sich unregelmäßig verzweigender Baum auf. Seine Baumdiagramme halfen ihm, seine Gedanken über die Evolution zu bündeln, indem sie ihn in viele Richtungen gleichzeitig denken und scheinbar unzusammenhängende Informationen verbinden ließen.

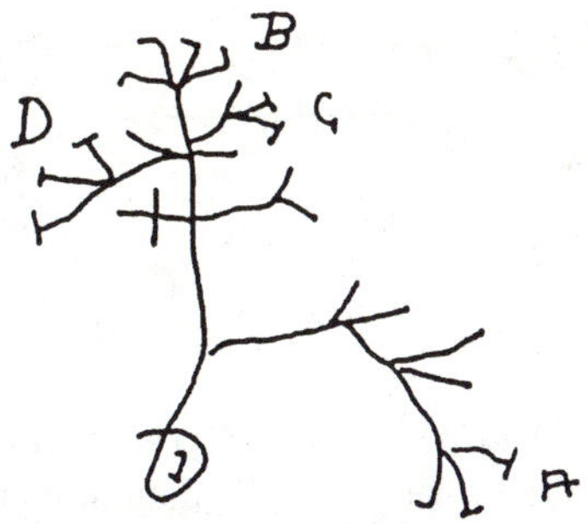

Darwins Diagramme waren ein zentraler Faktor in dem Denkprozess, der zu seiner Evolutionstheorie führte. Er bediente sich ihrer zur Reflexion vieler Aspekte: zur Klassifizierung der Beziehung der Arten untereinander, zur Darstellung der Zufälligkeit des Lebens, der Unberechenbarkeit der Natur, der Wachstumsexplosion und der Notwendigkeit, die Anzahl der Arten konstant zu halten. Fünfzehn Monate nach seinem ersten Baumdiagramm hatte Darwin die Hauptfragen seiner Evolutionstheorie gelöst.

Versuchen Sie, Ihr Problem sowohl diagrammatisch als auch verbal zu betrachten. Formulieren Sie Ihr Problem zunächst schriftlich. Erstellen Sie dann ein Diagramm, indem Sie das Problem in die Mitte eines Blatt Papiers in einen Kasten schreiben. Fragen Sie sich: „Worin bestehen die Grundzüge des Problems?“ Notieren Sie alle potenziellen Antworten über gerade Linien, die von dem Kasten abzweigen. Im Folgenden sehen Sie ein einfaches Diagramm zum Thema Produktivitätssteigerung. Die Grundzüge stehen auf dem abzweigenden Linien.

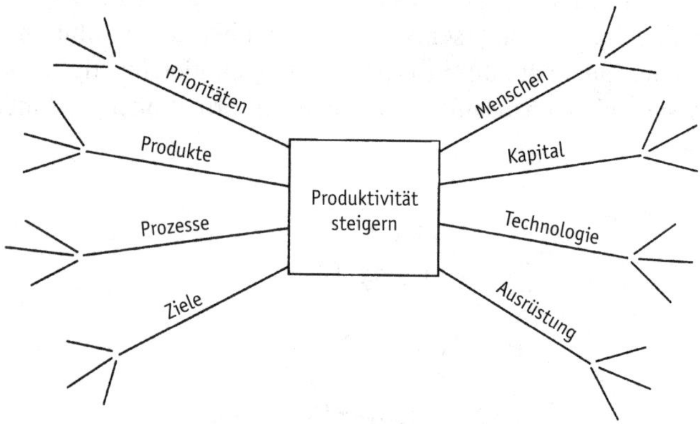

Sie können Ihren Denkprozess erweitern, indem Sie die Antworten auf die Ursprungsfrage ebenfalls diagrammatisch darstellen. Anders ausgedrückt: Wenn X die Antwort auf die erste Frage ist – „Worin bestehen die Grundzüge des Problems?“ –, dann können Sie fragen: „Was sind die Grundzüge oder Merkmale von X?“

(Welches sind die Merkmale von Menschen, Kapital, Technologie etc.?) Indem Sie miteinander in Beziehung stehende Antworten einkreisen und durch kontrastierende Farben verbinden, strukturieren Sie Ihr Verständnis des Problems. Diese Darstellung von Informationen lenkt das Augenmerk auf Parallelen und Verbindungen unter den Antworten. Wenn Sie fertig sind, fragen Sie:

- Hat das Diagramm zu meinem Verständnis des Problems beigetragen?
- Habe ich etwas herausgefunden über die Art und Weise, wie ich das Problem angehen kann?
- Was fehlt?
- Welche Bereiche sind unklar?
- Was erkenne ich jetzt?
- Worüber sollte ich nachdenken?

Sprache versagt als Medium zur Beschreibung im Gehirn ablaufender Prozesse. Reines Denken ist ein dynamischer, beweglicher, aktiver Vorgang. Es vollzieht sich in komprimierter Form, in einer Art Telegrammstil, und sobald es in der Form gedehnt und für andere mitteilbar gemacht wird, büßt es sein aktives, impulsives und kreatives Wesen ein. Eine Methode, Gedanken zu erfassen, bevor sie ihre aktiven Charakter verlieren, ist das Konzept der Mind Maps.

Mind Mapping

Das Anfang der 70er Jahre von dem Briten Tony Buzan entwickelte Konzept der Mind Maps erleichtert den Zugang zu unserem gewaltigen Gehirnpotenzial, indem Gedanken durch Schlüsselwörter repräsentiert werden. Es handelt sich um eine Brainstorming-Technik, bei der Sie Gedanken und Assoziationen zu einem zentralen Thema notieren, die sich von der Mitte aus aus in alle Richtungen verästeln.

Dabei wählen Sie keine speziellen Informationen aus, sondern ziehen alles in Betracht, was Ihnen in den Sinn kommt. In der unten stehenden Abbildung beginne ich mit dem Wort „gelb“ als zentralem Thema und notiere die ersten Gedanken, die mir dazu in den Sinn kommen: „Bus“, „grün“, „orange“, „Narzisse“ und „Banane“. Jeder dieser Gedanken löst mehrere Assoziationen aus – „Bus“ führt zu „Lastwagen“, „Krankenwagen“, „Feuerwehrauto“, „Feuer“, „Krankenwagen“, „Krankenhaus“. Andere Zweige verästeln sich in Früchte, Blumen und Schule. Die Zahl möglicher Assoziationen ist unbegrenzt.

Hat das menschliche Gehirn gemerkt, dass es alles mit allem assoziieren kann, sprüht es vor Assoziationen. Nachdem Sie Ihre Gedanken in Form einer Mind Map aufgezeichnet haben, suchen Sie nach übergreifenden Strukturen und Verbindungen, die scheinbar unterschiedliche Gedanken oder Themen zu einer neuen kreativen Lösung eines Problems verbinden.

Ein Hauptmerkmal von Genies besteht darin, dass sie ihren Assoziationshorizont bewusst erweitern, während die Allgemeinheit ihm Fesseln anlegt, sich fantasievolle Querverbindungen verbietet. Dabei sind Assoziationen und fantasievolle Querverbindungen wichtige Elemente von Kreativität, heben wirklich originelle und innovative Ideen von solchen ab, die zwar logisch sind, aber zu keinerlei Neuerungen führen.

Mind Maps helfen uns, fantasievolle Brücken herzustellen und unseren kreativen Fähigkeiten freien Lauf zu lassen.

Im Folgenden finden Sie Richtlinien zur Erstellung von Mind Maps:

1. **Thema.** Schreiben Sie ein Wort oder einen kurzen Satz, der das Wesen Ihres Problems wiedergibt, in Druckbuchstaben auf ein großes Blatt Papier (je größer, desto besser). Ziehen Sie einen Kreis oder einen Kasten darum. Wenn Sie es vorziehen, zeichnen Sie ein Bild, das Ihr Problem zum Ausdruck bringt. Ein Bild steigert Ihr kreatives Denkvermögen.

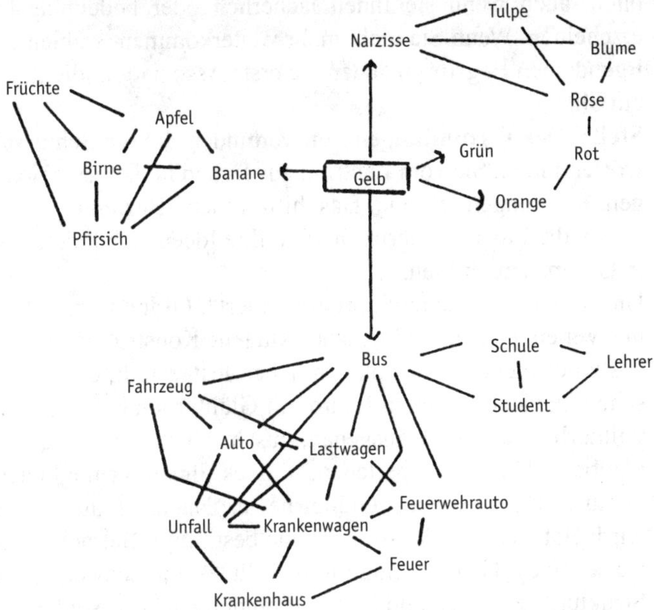

2. **Schlüsselwörter und Aufforderungen.** Schlüsselwörter versetzen uns in die Lage, durch Assoziation verwandte Vorstellungen zu entwickeln. Es ist möglich, anhand weniger Schlüsselwörter komplexe Assoziationsstrukturen zu erzeugen. Schreiben Sie möglichst spontan alle Assoziationen auf, die Sie mit Ihrem zentralen Thema in Verbindung bringen. Arbeiten Sie mit Schlüsselwörtern. Ignorieren Sie alles Überflüssige und konzentrieren Sie sich einzig und allein darauf, das Wesentliche und Ihre Assoziationen festzuhalten.
3. **Schlüsselwörter in Druckbuchstaben notieren.** Druckbuchstaben prägen sich besser in Ihr Gedächtnis ein und sind einfacher zu merken als Schreibschrift. Komprimieren Sie Ihre Gedanken zu einer minimalen Anzahl von Schlüsselwörtern, um zu viel Durcheinander zu vermeiden.
4. **Alles, was Ihnen in den Sinn kommt, aufschreiben.** Füllen Sie das Blatt so schnell wie möglich mit spontanen Assoziati-

onen, auch wenn sie Ihnen lächerlich oder bedeutungslos erscheinen. Wenn Sie nicht mehr weiterkommen, wählen Sie irgendeinen Begriff und dazu die erste Assoziation, die Ihnen einfällt.

5. **Stellen Sie Verbindungen her.** Verbinden Sie die Schlüsselwörter, indem Sie vom Zentrum aus Linien in die verschiedenen Richtungen ziehen. Das hilft Ihnen, Beziehungen zu sehen, die Ihnen wiederum helfen, Ihre Ideen zu bündeln und in Gruppen zu ordnen.
   Unser Gehirn ist darauf „programmiert", Ordnung zu sehen, und wir ersinnen sorgfältig ausgeklügelte Konstruktionen, um das zu erreichen. Psychologen haben festgestellt, dass Menschen, die sich in einem Raum mit Glühbirnen befinden, die willkürlich an- und ausgehen, rasch Muster zu erkennen glauben, Theorien überlegen, die es ihnen ermöglichen, vorauszusagen, welche Glühbirne als Nächstes aufblinken wird. Hat sich eine Person auf eine bestimmte Betrachtungsweise eines Themas eingestellt, fällt es ihr schwer, keine Strukturen zu sehen und keine Verbindungen herzustellen.
6. **Grafische Symbole.** Farben, Bilder und Symbole können benutzt werden, um wichtige Gedanken besonders hervorzuheben und Beziehungen zwischen unterschiedlichen Bereichen der Mind Map darzustellen. Sie können Farbencodes festlegen: Rot für Hauptpunkte, Grün für Unterpunkte etc. Oder Sie können Sternchen, Zahlen, Buchstaben oder geometrische Symbole als Hilfmittel zum Strukturieren Ihrer Gedanken verwenden. Bilder und abstrakte Symbole regen Ihre Kreativität an, da sie Ihre rechte Hirnhälfte stimulieren.
7. **Ideengruppen.** Ordnen Sie Ihre Ideen zu Gruppen oder Themenbereichen. Dem Gehirn fällt es leichter, bildlich dargestellte Informationen aufzunehmen – das ist der Gedanke hinter den Mind Maps: Nachdem Sie Ihre Ideen zu Gruppen geordnet haben, können Sie die Rolle des Kritikers einnehmen, der diese Ideen zum ersten Mal sieht. Als Kritiker können Sie Ihre Assoziationen überprüfen, feststellen, welche

Informationen fehlen, und Bereiche identifizieren, in denen Sie zusätzliche oder bessere Ideen benötigen.

8. **Überarbeiten der Map.** Darwins erstes Baumdiagramm war einfach und fragmentarisch. Später wurden seine Diagramme ausgefeilter und detaillierter. Vincent van Gogh überarbeitete seine Ideen in ähnlicher Weise. Von seiner ursprünglichen Vision bis zum vollendeten Ausdruck seines Werkes vollzog er die folgenden Schritte: Er entwarf ein Konzept eines Themas und malte es in einer Sitzung, die drei oder vier Stunden dauerte. Dann entwarf er eine ganze Serie von Gemälden zu dem Thema, wobei er versuchte, sich seiner Vision immer mehr anzunähern, bis ihn das Ergebnis befriedigte.

   In gleicher Weise halten Sie Ihren Denkapparat in Bewegung und nähern sich der Lösung des Problems immer weiter an, indem Sie Ihre Mind Map fortlaufend überarbeiten und ausfeilen. Fügen Sie bei der Überarbeitung Ihrer Map ruhig neue Gedanken hinzu, oder streichen Sie Aspekte, die Ihnen irrelevant erscheinen.

   Wie würden Sie die unten stehende Abbildung beschreiben?

Es handelt sich um zwölf nicht miteinander verbundene Punkte. Aufgrund ihrer Anordnung nehmen wir sie jedoch als separate Gruppen von Punkten wahr. Indem man die Punkte in Gruppen anordnet, gibt man ihnen eine neue Erscheinungsform. Genau dies geschieht, wenn Sie Ihre Gedanken grafisch zum Ausdruck bringen. Sie geben ihnen eine neue Erscheinungsform, und die „Ideen-Evolution" kann beginnen.

Bei der Punkteabbildung können Sie sich wahlweise auf einen speziellen Punkt, eine Gruppe von Punkten oder auf drei separate Punktegruppen konzentrieren. In gleicher Weise können Sie durch die grafische Darstellung Ihrer Gedanken das Gewicht entweder auf einzelne Ideen, eine Gruppe von Gedanken oder das Thema als Ganzes legen. Das Erstellen einer Mind Map ist eine einfache Methode, vom Allgemeinen zum Spezifischen und vom Spezifischen zum Allgemeinen zu wechseln. Zudem bewirkt das Anlegen einer Mind Map:

- eine Ordnung Ihrer Gedanken;
- eine Konzentration auf das Thema;
- die Aktivierung sämtlicher Gehirnregionen;
- dass Sie Ihr Thema systematisch strukturieren können;
- dass Sie Zusammenhänge zwischen unterschiedlichen Gedanken erkennen;
- dass Sie ein klares Bild von Ihrem Thema bekommen;
- dass Sie Informationslücken ausfindig machen können;
- dass Sie sich voll auf das Thema konzentrieren müssen, was dabei hilft, Informationen vom Kurzzeit- ins Langzeitgedächtnis zu übertragen.

Mind Mapping in der Gruppe

Lassen Sie zunächst jeden Teilnehmer eine Mind Map zum Thema erstellen. Nachdem das Anlegen der individuellen Maps beendet ist, erstellen Sie die Gruppen-Map, für die Sie eine ganze „Papier-Wand“ verwenden. Die Map kann von einem guten Zeichner oder von allen gemeinsam angefertigt werden. Die Farb- und Symbolgebung sollte im Vorfeld abgestimmt werden, um Übereinstimmung und Klarheit sicherzustellen. Sämtliche Ideen werden akzeptiert und in die Map integriert.

Variationen

Sobald Sie das Grundprinzip des Erstellens von Mind Maps begriffen haben, probieren Sie verschiedene Variationen aus, bis Sie die Methode gefunden haben, die für Sie am besten funktioniert. Im Folgenden finden Sie einige Vorschläge.

Bewegliche Maps

Eine interessante Methode, Ihre Gedanken nach Anfertigung einer Map zu gruppieren, besteht darin, Ihre Schlüsselwörter von der Map auf Karteikarten zu übertragen, die Sie in Stapeln sinnverwandter Gedanken zusammenfassen, und dann an eine Wand zu heften. Das Vorgehen im Einzelnen:

1. Übertragen Sie die Schlüsselwörter von Ihrer Mind Map auf Karteikarten, jeweils ein Wort pro Karte.
2. Schreiben Sie das zentrale Thema des Problems auf eine andersfarbige Karte. An die Wand oder an eine Tafel heften.
3. Die übrigen Karten um die Karte mit dem zentralen Thema herum an der Wand oder Tafel gruppieren. Die Übertragung Ihrer Ideen auf Karten macht es Ihnen einfacher, Ihre Gedanken immer wieder neu zu gruppieren und Verbindungen herzustellen. Ihre Karten neu zu kombinieren führt häufig zu neuen Ideen.
4. Nachdem Sie Ihre Karten in Gruppen geordnet an die Wand geheftet haben, können Sie Ihre Assoziationen überprüfen, feststellen, was fehlt und in welchen Bereichen Sie zusätzliche und bessere Einfälle benötigen.
5. Fügen Sie neue Karten hinzu, wenn Ihnen neue Gedanken oder Verbindungen einfallen.
6. Wenn Sie die Karten an eine Tafel oder auf einen großen Bogen Papier heften, können Sie miteinander in Beziehung stehende Gedanken mit farbigen Pfeilen verbinden. An einer Wand können Sie Pinnwandstifte verwenden und miteinander in Beziehung stehende Bereiche durch Fäden verbinden.

Häufig ist es hilfreich, wenn Sie sich gänzlich in ein Thema vertiefen – so wie Sie völlig in einem Film oder Roman versinken können –, bevor Sie es als Map darstellen. Der spanische Künstler Pablo Picasso vertiefte sich vollkommen in sein Thema, bevor er es malte.

Picassos Methode

Picasso stellte fest, dass ein Künstler malt, um Gefühle, Visionen und Gedanken zum Ausdruck zu bringen. Dies, so glaubte er, sei das ganze Geheimnis der Kunst. Wenn Picasso einen Spaziergang im Wald machte, dachte er an nichts anderes als an die Farbe Grün, bis er „grüne Verdauungsbeschwerden" bekam. Um sich von diesem „Völlegefühl" zu befreien, „entlud" er es in ein Bild. Picassos Meisterwerke waren ein Ergebnis dieses kontinuierlichen Sich-Füllens und Entleerens von Visionen und Gefühlen auf die Leinwand.

War Picasso mit einem Thema „angefüllt", begann er ein Kunstwerk an einem beliebigen Ausgangspunkt, bearbeitete es in unsystematischer Weise weiter und gelangte so irgendwann zu etwas Neuem, Originellem. Ein Beispiel für diese Arbeitsmethode findet sich in dem Film The Mystery of Picasso. Er beginnt mit einer Blume, verwandelt sie in einen Fisch und danach in ein Huhn, wobei er ständig zwischen Schwarzweißmalerei und Farbe hin und her wechselt. Aus dem Huhn wird eine Katze, die an der Seite von Menschen umgeben ist. In Picassos Malerei veränderte sich der gemalte Gegenstand mit seinen Gedanken. Wahre Malerei, so scheint er sagen zu wollen, kann nur durch die Enthüllung von Vorhandenem entstehen.

Um Picassos Methode auszuprobieren, sammeln Sie so viel leicht lesbares Informationsmaterial wie möglich über Ihr Problem, z.B. Zusammenfassungen von Artikeln und Büchern, Erfahrungen anderer Menschen, Ideen, auf die andere Sie gebracht haben, Reaktionen und Vorgehensweisen von Konkurrenten. Lesen Sie das gesamte Material möglichst schnell durch, bis Sie mit Ihrem Thema „angefüllt" sind. Dann beginnen Sie, wie Picasso, von einem beliebigen Themenaspekt ausgehend diesen in Form einer Mind Map darzustellen; lassen Sie Ihren Gedanken freien Lauf, während sich Ihr Gehirn in dieser

„aktivierten" Verfassung befindet. Gestalten Sie Ihre Map entsprechend der Veränderungen Ihrer Gedanken um, so wie Picasso Formen veränderte und während des Malens zwischen Themen hin und her wechselte.

Stellen Sie sich zum Schluss die Frage, was Ihre Mind Map bedeutet. Hat sie irgendetwas enthüllt, dessen Existenz Sie vorher nicht ahnten? Können Sie Strukturen entdecken? Welche Lösungen kommen Ihnen spontan in den Sinn? Wenn Sie all diese Informationen frei fließen lassen, werden Sie auf neue Ideen kommen.

Gedanken-Karten

Reines Denken ist produktiv und zeichnet sich durch plötzliche Eingebungen aus, die in den Gedankenfluss eingebettet sind. Picassos Technik aktiviert das produktive Denken mittels Maps. Eine andere Methode zur Anregung des Ideenflusses sind Karteikarten.

Tragen Sie zunächst Ihr Material zusammen. Nachdem Sie das gesamte Material so schnell wie möglich gelesen und sich damit „angefüllt" haben, schreiben Sie Ihre Gedanken möglichst rasch auf Karteikarten. Schreiben Sie jeweils eine Idee auf eine Karte; benutzen Sie Schlüsselwörter oder -sätze. Notieren Sie alles, was Ihnen in den Sinn kommt, so spontan wie möglich. Schreiben Sie so lange, bis Ihr Gedankenfluss versiegt. Dann sortieren Sie die Karten zu einzelnen Stapeln, jeweils nach Ideen, die einen Bezug zueinander aufweisen. Fügen Sie neue Karten hinzu, wenn Ihnen neue Einfälle kommen.

Schreiben Sie Ihr zentrales Thema oder Problem auf eine Karteikarte, die Sie in die Mitte der Wand oder Tafel heften. Alle übrigen Karten um die Themenkarte herum anordnen und Gedanken mit Bezug zueinander zu Gruppen zusammenfassen. Suchen Sie nun nach Assoziationen, Verbindungen, Lücken und Bereichen, in denen Sie mehr Informationen benötigen. Gruppieren Sie Ihre Karten so lange immer wieder neu, bis Sie die Inspiration bekommen, die Sie brauchen.

Picassos Methode beginnt damit, sich aus einer Vielzahl von Quellen mit Informationen über Ihr Thema „anzufüllen“ und dann Assoziationen in Form einer Mind Map darzustellen. Dann werden die Gedanken zu Gruppen zusammengefasst und nach gemeinsamen Aspekten oder Themenbereichen geordnet. Eine alternative Möglichkeit besteht darin, zuerst die grundlegenden Themenbereiche oder Aspekte Ihres Hauptthemas zu definieren und dann alle Einzelbereiche in separaten Maps darzustellen.

Themen Mapping

Als Charles Darwin anfing, sich mit der Evolution zu beschäftigen, war er noch nicht bereit für die natürliche Selektion. Anfänglich stützte er seine Überlegungen auf acht wesentliche Themenbereiche des Problems. Mit der Zeit verwarf er einige seiner Themen, wie die direkte Adaption zum Beispiel. Andere Themen hob er hervor, wie zum Beispiel das der Kontinuität. Diese Themen bewirkten einen Umschwung in Darwins Denken, der in die Rolle des Kritikers schlüpfte und seine eigenen Standpunkte überprüfte. Er versetzte sich in die Lage des Erfinders, der neue Lösungen und Ideen entdeckt, und in die des Lernenden, der neue Fakten in sich aufnimmt, die ihm zuvor nicht aufgefallen waren.

Die Original-Methode des Mind Mapping besteht einfach darin, zahlreiche Gedanken darzustellen, dann die Map mehrere Male zu überarbeiten und die unsinnigen und/oder unrealistischen Gedanken herauszuwerfen. Die Hauptthemen und -ideen kristallisieren sich in der Folge ganz natürlich heraus. Beim Themen Mapping ist das Ziel, von Anfang an realistischere und themenbezogenere Gedanken und Ideen darzustellen, indem man im Voraus eine Struktur der Themenbereiche, die in Beziehung zueinander stehen, erstellt. Im Folgenden die Richtlinien:

1. **Subjekt:** Das Subjekt oder Hauptproblem in Druckbuchstaben in die Mitte eines großen Bogens Papier schreiben.

2. **Themen:** Wichtige Themen, Komponenten oder Dimensionen des Subjekts auflisten. Die optimale Anzahl sind sechs bis acht Themen. Bei mehr als acht Themen sind zusätzliche Maps zu erstellen. Fragen Sie sich: Welches sind meine spezifischen Zielvorstellungen? Was sind die Konstanten meines Problems? Wäre mein Subjekt ein Buch, wie würden die Kapitelüberschriften lauten? Welche Dimensionen hat mein Subjekt? Stellen Sie sich zum Beispiel vor, Sie wollten die Technik des Brainstorming verbessern. Wäre Brainstorming ein Buch, welche Überschriften hätten die einzelnen Kapitel?
3. **Zweige:** Schreiben Sie die wesentlichen Themen um das Subjekt herum und verbinden Sie sie durch gerade Linien mit dem Subjekt. Lautet Ihr Subjekt „Verbessern des Brainstorming-Technik“, könnten „Menschen“, „Umgebung“, „Ressourcen“, „Vermittler“ und „Regeln“ wichtige Themen sein. Im folgenden Beispiel sind die Themen mit dem Subjekt durch Zweige verbunden.
4. **Mind Map:** Erweitern Sie nun Ihr Denken, indem Sie jedes Thema jeweils durch einen separaten „Ast“ als Map darstellen (siehe Regeln für Mind Mapping weiter oben). Assoziieren Sie frei. Das Thema „Regeln“ beispielsweise führt weiter zu den Schlüsselgedanken „Urteile aufschieben“, „Quantität“, „Quoten“, „Offenheit“, „Experimente mit anderen Ideen“, „Ideen kombinieren“ und so weiter.

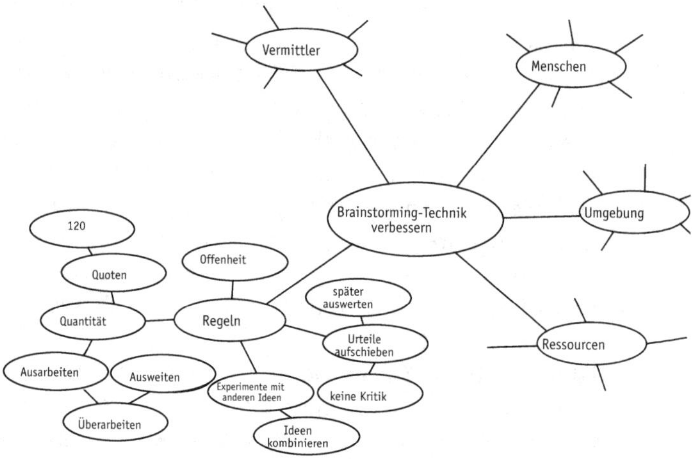

Der Grundgedanke ist, jeden Themenbereich so weit wie möglich auszuweiten. Nachdem Sie zu jedem Thema eine separate Map erstellt haben, suchen Sie nach Verbindungen und Beziehungen zwischen den einzelnen Themen. Klopfen Sie jedes Thema auf mögliche neue Interpretationsmöglichkeiten und Ideen ab.

Kreatives Denken um zentrale Themen herum aufzubauen ist eine bevorzugte Methode vieler kreativer Menschen, einschließlich des großen Dichters T.S. Eliot. Sein Gedicht Das wüste Land könnte man wohl als das bekannteste und einflussreichste Gedicht dieses Jahrhunderts bezeichnen. Eliot begann sein Werk mit dem zentralen Thema „Der Verfall des Selbst und der Zivilisation" und verzweigte es zu einer erstaunlichen Anzahl von Unterthemen. Jede Zeile, ja sogar jede Strophe trägt zahlreiche Bedeutungen und könnte für sich selbst der Ausgangspunkt für ein separates Gedicht über ein separates Thema sein. Diese Methode eröffnete dem Leser nicht nur ein poetisches Universum, sondern mehrere, von denen jedes einzelne über zahlreiche Zugangsmöglichkeiten verfügte.

Lotus Blossom

Yasuo Matsumura von Clover Management Research in Chiba City, Japan, entwickelte das System „Lotus Blossom", eine kreative Denkstrategie, die T.S. Eliots Methode diagrammatisch nachvollzieht. Ein zentrales Thema wird zu untergeordneten Subthemen ausgeweitet, jedes mit separatem Zugang. Bei der „Lotusblüte" werden die „Blütenblätter" „abgezupft" und damit jeweils ein Schlüsselaspekt oder Subthema enthüllt. Das Verfahren im Einzelnen:

1. Schreiben Sie das zentrale Thema in die Mitte des Diagramms.
2. Ideen oder Anwendungen in die das zentrale Thema umgebenden Kreise A bis H eintragen.
3. Die Ideen in den Kreisen als zentrale Ausgangsthemen für die umgebenden „Lotusblütenblätter" oder Kästchen verwenden. So wird zum Beispiel die Idee oder Anwendung, die Sie in Kreis A eingetragen haben, das zentrale Thema des mittleren unteren Kästchens A und dadurch die Basis für acht neue Ideen oder Anwendungen.
4. Führen Sie den Prozess so lange fort, bis das gesamte „Lotusblüten"-Diagramm ausgefüllt ist.

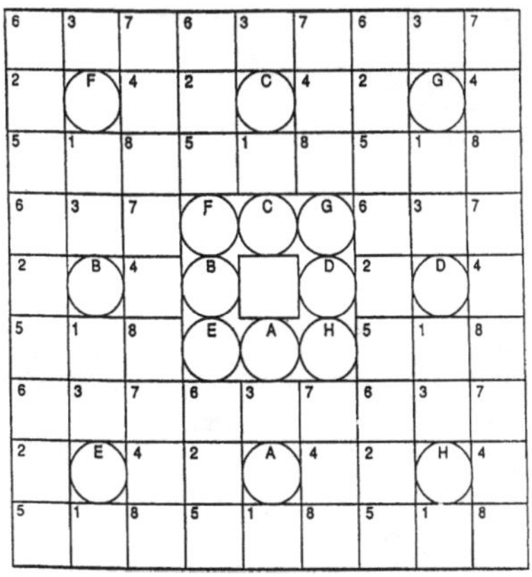

Nehmen wir an, Sie wollen einen Wertzuwachs für Ihre Organisation erreichen, indem Sie die Produktivität erhöhen oder die Kosten senken. In das Kästchen in der Mitte des Diagramms würden Sie „Wertzuwachs" schreiben. Tragen Sie als Nächstes die acht wichtigsten Bereiche Ihrer Organisation, in denen Sie die Produktivität erhöhen oder die Kosten senken könnten, in die das mittlere Kästchen umgebenden Kreise A bis H ein. Die gleichen Bereiche auch in die weiter außen im Diagramm liegenden, mit den entsprechenden Buchstaben markierten Kreise eintragen.

Jeder Bereich repräsentiert nun ein Hauptthema, das die um das zentrale Kästchen herumliegenden Kästchen miteinander verknüpft. So dient das in unserem Beispieldiagramm in Kreis A eingetragene Wort „Technologie" als Ausgangsthema für die mittlere untere Kästchengruppe.

Überlegen Sie sich für jeden Themenbereich acht Arten, wie Sie einen Wertzuwachs erreichen könnten. Suchen Sie nach acht Ideen oder Wegen, wie Sie mittels Technologie Ihre Produktivität steigern oder Kosten senken können, nach acht Ideen oder Methoden, die Produktivität des Personals zu erhöhen oder die Ausgaben zu verringern etc. Ist das Diagramm komplett ausgefüllt, haben Sie 64 neue Wege gefunden, die Produktivität Ihres Unternehmens zu steigern oder Ausgaben zu verringern.

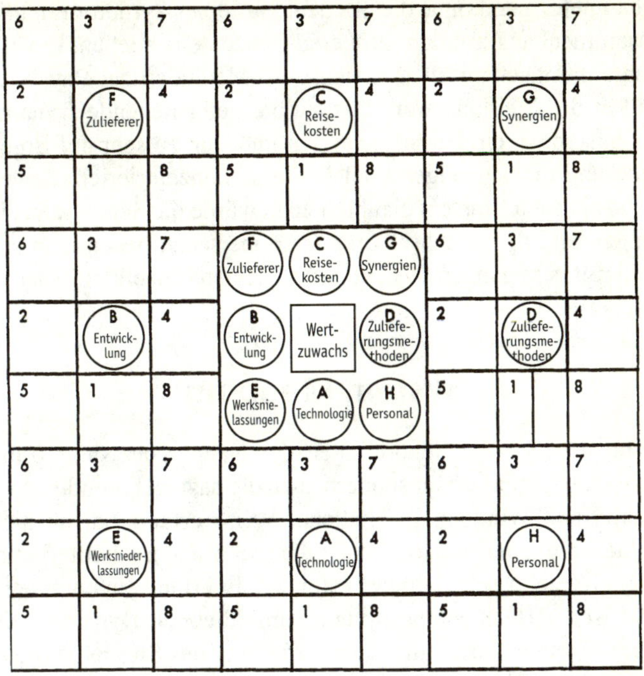

Eine weitere dynamische Denkstrategie ist das systemische Denken. Die Realität besteht aus kreisförmig verlaufenden Wegen, aber unsere Sichtweise ist darauf ausgerichtet, sie linear und nach dem Ursache-Wirkung-Prinzip wahrzunehmen. Geniale Menschen sehen die Dinge eher in Form von „Interaktionsschleifen“ oder Wechselwirkungen, statt linear und starr.

Freud zum Beispiel betrachtete geistige Prozesse als „bloße isolierte Aktionen und Teile der Gesamtheit der Psyche“ und behauptete, man könne die „Bedeutung“ eines Symptoms nur im Zusammenhang mit dem größeren Ganzen erschließen. Einstein lehnte die mechanischen statistischen Methoden der Physik ab, weil er der Meinung war, dass sie die tiefer liegende Dynamik des Systems nicht berücksichtigten und sich zu sehr auf Ergebnisse und nicht genügend auf Prozesse konzentrierten. Sowohl Freud als auch Einstein glaubten, man würde die Schlüsselbeziehungen und ihre Wechselwirkungen übersehen, wenn man sich nicht mit dem ganzen System und all seinen Einzelkomponenten beschäftigte.

System Mapping

Betrachten Sie die Schöpfungen der Natur. Die Natur bringt nicht nur Blätter hervor, sondern auch die dazu gehörenden Äste, Bäume und Wurzeln. In ähnlicher Weise erfand Edison nicht einfach nur eine elektrische Glühbirne – andere Leute hatten ebenfalls elektrische Lampen erfunden. Er erfand ein komplettes elektrisches Beleuchtungssystem, einschließlich Dynamos, Kabeln und einer Vorrichtung zur Aufteilung des Stroms, das eine größere Anzahl von Glühbirnen zum Leuchten brachte.

Eine Methode, systematisch zu denken, ist das System Mapping. Diese Art der Darstellung lenkt unsere Konzentration statt auf einzelne Teile auf das große Ganze. Statt auf statische „Schnappschüsse“ des Problems zu reagieren, entwickeln wir neue Zukunftsperspektiven durch die Wahrnehmung neuer Beziehungen und Verbindungen zwischen den einzelnen Komponenten.

Und so erstellen Sie eine System Map:

1. Schreiben Sie ein Wort oder einen kurzen Satz, der Ihr Subjekt auf den Punkt bringt, in die Mitte eines Blattes Papier, und ziehen Sie einen Kreis darum. Dabei kann es sich um jedes beliebige Subjekt handeln: sinkende Verkaufszahlen, Ausbildung und Entwicklung, Marketing, zukünftige Absatzmärkte, Reorganisation der Fir-

ma etc.

Ein Beispiel: Eine Versicherungsagentur, die Versicherungspakete individuell zusammenstellt und zwischen Versicherungsgesellschaft und Firmenkunden vermittelt, sucht nach Wegen der Umsatzankurbelung. Ihr Subjekt: „Umsätze ankurbeln".

2. Bestimmen Sie die Hauptkomponenten. Es gibt normalerweise drei bis sechs Hauptbereiche (beispielsweise Firma, Wettbewerb, Umgebung, Kunde), die in Betracht gezogen werden müssen. Selbst bei einer kleinen Anzahl an Variablen entstehen komplexe Wechselwirkungen, wenn die einzelnen Elemente sich gegenseitig beeinflussen. Freuds Fähigkeit, komplexe Zusammenhänge anhand des simplen Modells von Ich, Es und Über-Ich auszudrücken, bietet ebenso ein Beispiel für ein dynamisches Modell, das auf drei interaktiven Elementen beruht, wie Walt Disneys Fähigkeit, bei der Schöpfung seiner Ideen in die Rolle des Träumers, des Realisten und des Kritikers zu schlüpfen, oder wie Einsteins berühmte Formel $E=mc^2$.

   Schreiben Sie Ihre Hauptkomponenten in Kreise und verbinden Sie sie mit dem zentralen Subjekt.

   Ein Beispiel: Die Hauptkomponenten für die Versicherungsagentur sind „Unsere Agentur", „Versicherungsgesellschaft", „Firmenkunden" und „Umgebung".

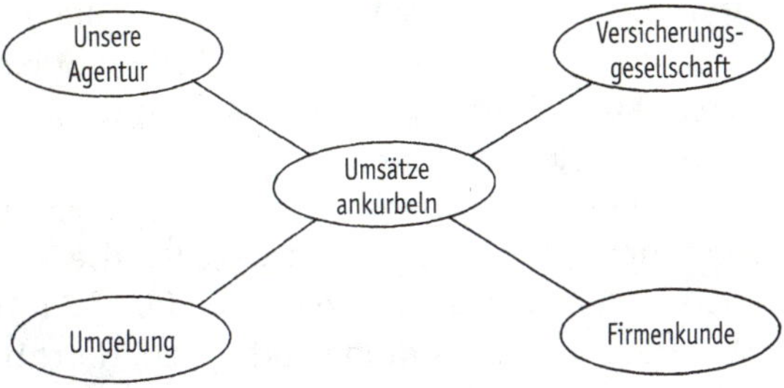

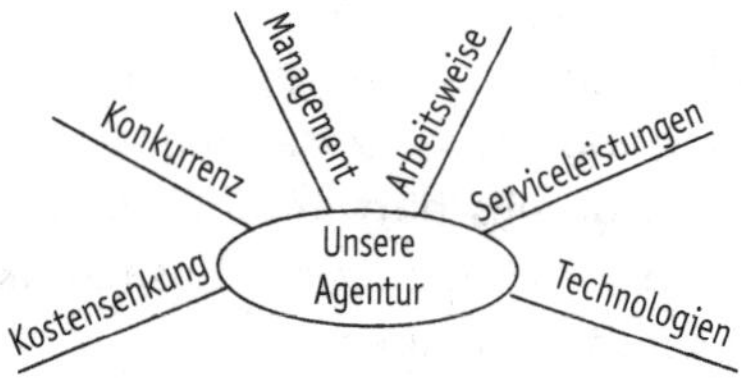

3. Finden Sie die für jede einzelne Komponente relevanten Einflussfaktoren. Jeder Einflussfaktor, ob positiv oder negativ, ist sowohl Ursache als auch Wirkung. Kein Einfluss vollzieht sich ausschließlich in eine Richtung. Genies richten ihr Augenmerk mehr auf „Beziehungen" zwischen Objekten als auf die Objekte selbst.
Der Grundgedanke ist, so viele Einflussfaktoren wie möglich zu identifizieren und mit jeder einzelnen Komponente zu verknüpfen.
Einige Beispiele für häufig vorgefundene Einflussfaktoren:
A. Faktoren, die Einfluss auf eine Firma ausüben: Produktdesign, Zulieferer, Belegschaft, Management, Materialien, Methoden, Arbeitsgeräte, Finanzen, Vertrieb, Marketing, Verkäufer
B. Faktoren, die die Kundschaft beeinflussen: Konkurrenz, Wirtschaftslage, Bedürfnisse, Ziele
C. Faktoren, die Einfluss auf die Umgebung ausüben: Wirtschaftslage, Technologie, Demografie
D. In unserem Beispiel sind die Faktoren, die die Versicherungsagentur beeinflussen, Technologien, Kostensenkung, Konkurrenz, Management, Arbeitsweise und Serviceleistungen.
Der Schlüssel liegt darin, wechselseitige Einflüsse zu erkennen, anstatt eine lineare Sichtweise einzunehmen. Indem wir die einzelnen Einflussfaktoren mit den Hauptkomponenten verknüpfen, durchbrechen wir das mit einer linearen Denkweise einhergehende reaktive Denkmuster. Jede „Interaktionsschleife" er-

zählt eine Geschichte. Indem Sie die Einflussfaktoren durch Anfertigen einer System Map grafisch darstellen, können Sie die wesentlichen Strukturen und Trends erkennen.

4. Relevante Aspekte für jeden Einflussfaktor identifizieren und verknüpfen. Dieser Schritt setzt einen Frageprozess in Gang, der häufig Trends und neue Entwicklungen enthüllt. Welcher Aspekt übt eine Wirkung auf den betreffenden Einflussfaktor aus? Was sind die aktuellen Trends und Entwicklungen? Listen Sie so viele Aspekte wie möglich auf und verbinden Sie sie mit den jeweiligen Einflussfaktoren.
   Die wesentlichen Aspekte für den Einflussfaktor „Technologien" auf die Hauptkomponente „Kunden" sind in unserem Beispielfall „Fax", „Netzwerke", „Datenbanken", „Internet", „Telekonferenz" und „EDI" (Electronic Data Interchange).
5. Einflussfaktoren und Aspekte nach Prioritäten ordnen. Entscheiden Sie, welche Einflussfaktoren und welche Aspekte oder Veränderungen die größte Auswirkung auf die gegenwärtige Misere haben oder haben könnten. Benutzen Sie Farbstifte, um die Einflüsse farbig zu kennzeichnen: Rot – stark, Grün – moderat, Gelb – kein Einfluss. In unserem Beispiel sind die Haupteinflussfaktoren „Kosteneinsparung", „Kostensenkung" und „Technologien".
6. Haupteinflussfaktoren analysieren. Sind die Faktoren positiv oder negativ? Weshalb haben sich die Veränderungen vollzogen? Reflektieren sie einen Trend oder eine vorübergehende Situation? Was sind mögliche Ursachen für die Veränderung? Markieren Sie jeden Faktor entsprechend seiner Wichtigkeit in der jeweiligen Farbe. In unserem Beispielfall stellt die Agentur fest, dass sie durch die technischen Fortschritte als Mittelsmann zwischen Versicherung und Kunde überflüssig

wird. Bald werden die Firmen ihre eigenen Computer verwenden, um Datenbanken einzusehen und optimale Versicherungspakete für sich auszuwählen.

Hätte sich die Versicherungsagentur auf die Auflistung linearer Ursache-Wirkungs-Ketten beschränkt, hätte sie möglicherweise die Zusammenhänge zwischen Technologie und Kostensenkung nicht gesehen, die ihren Fachbereich dominieren.

System Maps helfen hingegen beim Erhellen der Beziehungen zwischen Technologie und Kostensenkung, indem sie deren Auswirkungen auf die Agentur, die Versicherungsgesellschaft, die Firmenkunden und die Umgebung grafisch darstellen und durchleuchten.

7. Brainstorming. Wählen Sie einen Einflussfaktor und produzieren Sie dazu möglichst viele Ideen, Alternativen und Lösungsmöglichkeiten. Die Agentur in unserem Beispiel stellt fest, dass es sich bei den Veränderungen auf technologischem Gebiet und dem Interesse an Kostensenkungen um einen langfristigen Trend handelt, der durch keine Veränderungen in ihrem Service beeinflusst werden wird. Daher entschließt sie sich zu einem Brainstorming über Möglichkeiten einer Neustrukturierung ihrer Serviceleistungen, die schnelle, individuelle Lösungen für die geschäftlichen Probleme ihrer Kunden und insgesamt einen besseren Dienst am Kunden beinhalten soll.

System Mapping unterstützt eine Neustrukturierung von Problemen. Die Suche der Versicherungsagentur in unserem Beispielfall nach Möglichkeiten zur Verbesserung ihrer Serviceleistungen endete in einer Reorganisation des Unternehmens.

System Mapping hat zahlreiche Vorteile:

- Die Map erzählt eine Geschichte. Es kommt darauf an, die Geschichte, die die Map erzählt, lesen zu können:

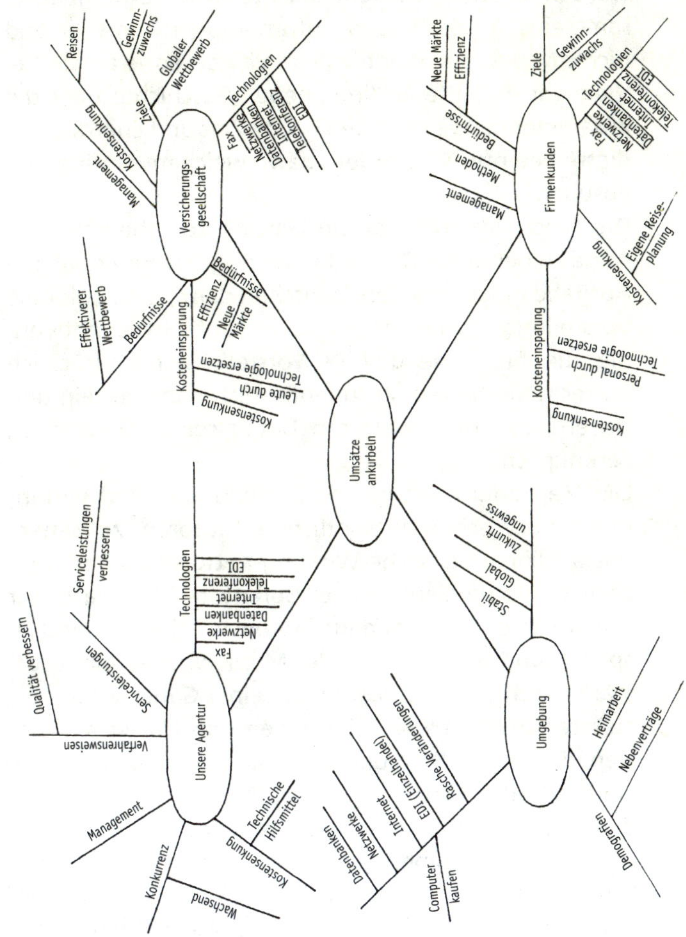
Umsätze ankurbeln
Versicherungs-gesellschaft
Ziele
Reisen
Gewinn-zuwachs
Globaler Wettbewerb
Technologien
Fax
Netzwerke
Datenbanken
Internet
Telekonferenz
EDI
Kostensenkung
Management
Bedürfnisse
Effektiverer Wettbewerb
Kosteneinsparung
Effizienz
Neue Märkte
Leute durch Technologie ersetzen
Firmenkunden
Ziele
Gewinn-zuwachs
Technologien
Fax
Netzwerke
Datenbanken
Internet
Telekonferenz
EDI
Bedürfnisse
Neue Märkte
Effizienz
Methoden
Management
Kostensenkung
Eigene Reise-planung
Kosteneinsparung
Personal durch Technologie ersetzen
Kostensenkung
Unsere Agentur
Technologien
Fax
Netzwerke
Datenbanken
Internet
Telekonferenz
EDI
Serviceleistungen
Serviceleistungen verbessern
Verfahrensweisen
Qualität verbessern
Management
Konkurrenz
Wachsend
Kostensenkung
Technische Hilfsmittel
Umgebung
Stabil
Global
Zukunft ungewiss
Heimarbeit
Nebenverträge
Demografien
Computer kaufen
Datenbanken
Netzwerke
Internet
EDI (Einzelhandel)
Rasche Veränderungen

wie die einzelnen Komponenten des Subjekts in Beziehung zueinander stehen, auf welche Weise sich Veränderungen abzeichnen und wie diese Muster beeinflusst werden können. Einstein machte keine Experimente, sammelte keine neuen Informationen und erfand nichts Neues, bevor er die Relativitätstheorie aufstellte. Vielmehr erzählte er eine „neue" Geschichte über die Zusammenhänge zwischen Raum, Zeit und Energie, wie diese beeinflusst werden bzw. welchen Einfluss sie ausüben.

- Die Map hilft, das „große Ganze" zu sehen und im Auge zu behalten. Der Bildhauer Auguste Rodin sah die Aufgabe eines genialen Menschen darin, eine „globale Vorstellung" zu bewahren. Rodin sagte, es sei notwendig für ihn, seine globale Vorstellung nachdrücklich aufrechtzuerhalten, ihr unaufhörlich nahe zu sein und sie eng mit dem kleinsten Detail seines Denken zu verknüpfen.
- Die Map erleichtert es uns, Beziehungen und Verbindungen zwischen wesentlichen Faktoren zu sehen, anstatt lineare Ursache-Wirkung-Ketten zu sehen. Mozarts musische Genialität entsprang nicht einfach nur seiner Fähigkeit, bestimmte Noten zu erkennen und zu spielen und die Elemente der Musik, wie Tempo, Lautstärke und Ton, zu variieren. Zu seiner Gabe gehörte es, tiefere Strukturen, Verbindungen und Universalaussagen durch das Medium des Klanges wahrzunehmen und auszudrücken.
- Die Map hilft uns, Veränderungsprozesse zu erkennen, anstatt unzusammenhängende statische „Schnappschüsse" zu sehen. Leonardo da Vincis Genialität bestand in der Fähigkeit, die „Prozesse der Resultate" anstatt der „Resultate des Prozesses" zu erkennen.
- Die Map lenkt den Blick auf Details. Für Freud waren es die Details, die dem Kontext oder den typischen kultu-

> rellen Vorstellungen zu widersprechen schienen, die so häufig zu Schlüsselelementen seines kreativen Denkens wurden. Freuds Stärke lag in seiner Begabung, das von vielen übersehene Wesentliche in der Masse von Details zu finden. Seine Studie über Leonardo da Vincis Gedächtnis ist ein Ausdruck des Glaubens daran, dass ein Teil jedes Systems in einer bestimmten Weise ein Ausdruck des Ganzen ist.

Stellen Sie sich vor, Sie befänden sich in einem großen Auditorium. Über sich sehen Sie viele Lichter – einzelne Glühbirnen, die Sie möglicherweise als separate Einheiten wahrnehmen. Aber nun führen Sie Ihre Vorstellung weiter. Jede dieser separaten Glühbirnen verkörpert eine Lichtquelle und das Licht ist nicht in viele einzelne Teile geteilt, sondern es bildet eine Einheit. Das Licht, das eine Einheit bildet, entsteht durch das Leuchten vieler verschiedener Glühbirnen.

Ebenso können Sie bei der Betrachtung eines Subjekts oder Themas seine Komponenten als separate Einheiten betrachten. System Maps ermöglichen das Verständnis, dass das eine Einheit darstellende Thema durch verschiedene Komponenten, Einflüsse und Faktoren zu Stande kommt.

Die diagrammatische Darstellung extremer Bedingungen

System Mapping vollzieht sich in zwei Schritten: einer produzierenden Phase, in der das Thema grafisch dargestellt wird, und einer anschließenden explorativen Phase, in der die Map auf mögliche Interpretationen und Ideen untersucht wird. Sobald die Dynamik eines Subjekts dargestellt wurde, kann der Ideenfluss beginnen. Eine andere Methode, die Dynamik Ihres Subjekts darzustellen, besteht darin, seine Extrembedingungen diagrammatisch wiederzugeben.

Leonardo da Vinci konstatierte, für ein wirkliches Verständnis von Subjekten sei es notwendig, diese unter extremen Bedingungen zu untersuchen. Er kristallisierte zuerst die wesentlichen Faktoren seines Themas heraus – entweder durch Beobachtung oder durch seine Vorstellungskraft – und erkundete dann die Wechselbeziehungen zwischen diesen Faktoren unter verschiedenen, speziell unter extremen Bedingungen. Um beispielsweise die menschliche Anatomie zu verstehen, ersann da Vinci eine Vielzahl von Fragen: Wenn ein Mensch zunimmt, welche Organe nehmen zuerst zu? Wenn der Organismus verhungert, welches Organ schrumpft als Letztes? Wenn Sie Ihr Subjekt an seine äußersten Grenzen treiben, erkennen Sie schnell seine wesentlichen Elemente, grundlegenden Zusammenhänge und ausschlaggebenden Prinzipien.

Die Analyse einwirkender Kräfte

Die Analyse einwirkender Kräfte ist eine effektive Methode, die von dem Sozialpsychologen Kurt Lewin entwickelt wurde. Ihr Zweck ist die visuelle Darstellung, auf welche Weise positive und negative Kräfte Subjekte oder Situationen dynamisch beeinflussen, wenn Sie sie zu irgendeinem Extrempunkt treiben. In der Regel nehmen wir Gegenstände als unbeweglich und statisch wahr. Doch die Welt befindet sich in ständigem Fluss, Gegenstände und Beziehungen sind dynamisch und fließend. Positive und negative Kräfte treiben und ziehen einen Gegenstand fortlaufend zu irgendeinem Extrempunkt. Die Betrachtung einwirkender Kräfte ist ein Verfahren, diese Kräfte zu analysieren, um eine Methode auszuarbeiten, sie sich nutzbar zu machen. Diese Technik hilft:

- besser zu bestimmen, was Ihre Aufgabe ist;
- eine sorgfältige Einschätzung sämtlicher relevanten Faktoren vorzunehmen;
- Stärken zu identifizieren, die Sie maximieren können;

- Schwächen zu identifizieren, die Sie minimieren können;
- mehr Stärken hinzuzufügen.

Um ein Diagramm einwirkender Kräfte zu erstellen, gehen Sie folgendermaßen vor:

1. Schreiben Sie die Aufgabe, die Sie zu lösen versuchen, nieder.
2. Bestimmen Sie die Extrempunkte. Setzen Sie die Schilderung des schlimmsten Falles auf die linke Seite, des bestmöglichen Falles auf die rechte Seite des Blattes.
3. In der Mitte listen Sie sämtliche für das Subjekt oder die Situation signifikanten Wirkkräfte und Bedingungen auf. Es ist hilfreich, bei der Erstellung des Diagramms möglichst viele signifikante Faktoren aufzuzählen.
4. Bei der Auflistung der Bedingungen werden Sie feststellen, dass einige der einwirkenden Kräfte Sie in Richtung des bestmöglichen Falles treiben, während andere Sie zu einer Katastrophe hinziehen. Zeichnen Sie eine Linie, die wiedergibt, ob Sie durch diesen Faktor getrieben oder gezogen werden, und markieren Sie die Position, an der Sie sich Ihrem Empfinden nach gerade befinden, mit einem Kreuz.
5. Sehen Sie zum Schluss alle Kreuze durch. Setzen Sie ein Kreuz an die Stelle der generellen Messlatte, die von der Position des bestmöglichen zu der des schlimmstmöglichen Falles verläuft, an der Sie sich zur Zeit befinden. Dadurch erhalten Sie eine Momentaufnahme Ihrer augenblicklichen Situation.

Im unten stehenden Beispiel analysieren wir das kreative Denken. Eine Frau möchte eine kreativere Denkerin werden und zu diesem Zweck ihre Kreativität analysieren. Sie beschreibt ihre bestmögliche Situation als „Ein Leonardo da Vinci werden“, die schlimmstmögliche als „Ein Dummkopf werden". In der Mitte listet sie die für ihr kreatives Denken signifikanten Wirkkräfte auf.

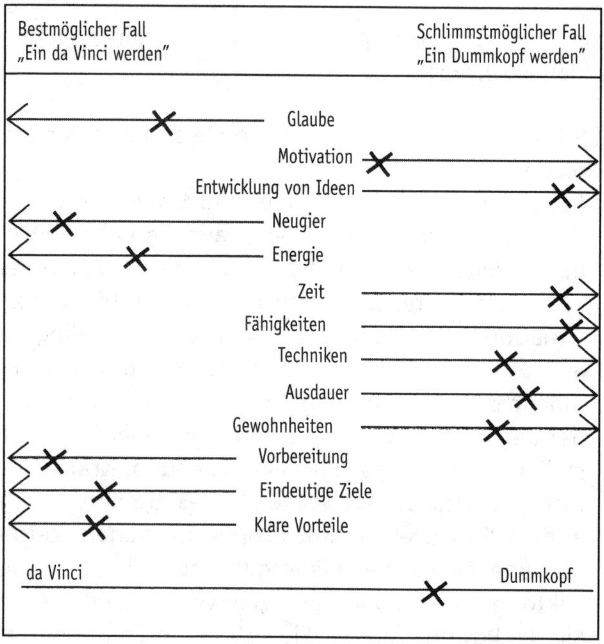

Einige Faktoren werden auf die Seite des bestmöglichen Falles „gezogen", einige auf die Seite des schlimmstmöglichen Falles. Es gibt drei Möglichkeiten, das Kreuz auf die bestmögliche Situation zuzubewegen:

1. Minimieren oder Beseitigen der negativen Wirkkräfte
2. Maximieren der positiven Wirkkräfte
3. Hinzufügen neuer positiver Wirkkräfte

In unserem Beispiel könnte sich die Frau entscheiden, Methoden zur Minimierung ihrer negativen Wirkfaktoren zu entwickeln. Sie könnte beispielsweise ihre Ideenproduktion anregen, indem sie sich ein tägliches Ideenpensum vorgibt, eine Stunde täglich für kreatives Denken reserviert, Bücher über kreatives Denken liest oder kreative Denkgewohnheiten anzunehmen beginnt.

Oder sie könnte sich entschließen, einige der positiven Kräfte weiter zu verstärken, indem sie noch mehr Energie in ihre kreativen Denkbemühungen steckt, ihre Vorbereitung verbessert oder ihren Chef bittet, kreatives Denken zu einem Leistungsziel für sie zu erheben. Sie könnte darüber hinaus neue positiv einwirkende Kräfte entwickeln, um die negativen zu kompensieren, beispielsweise an ihrem Zeichentalent arbeiten, um ihre Subjekte sowohl visuell als auch verbal darstellen zu können.

Der besondere Wert dieser Analyse ergibt sich aus der Art, wie die Faktoren diagrammatisch dargestellt und bewertet werden. In unserem Beispiel bewegt sich das Kreuz auf der von „da Vinci" zu „Dummkopf" verlaufenden generellen Messlatte in Richtung „Dummkopf". Die Kräfte, die sich auf spezifische Denkfähigkeiten, die Entwicklung von Ideen und Techniken beziehen, bewegen sich in Richtung des schlimmstmöglichen Falles. Schließlich lässt der dynamische Charakter der einzelnen Faktoren erkennen, dass die Frau Ideen entwickeln und Schritte unternehmen muss, um die Kräfte umzukehren und auf den bestmöglichen Fall zuzusteuern. Um ihr kreatives Denkvermögen entscheidend zu verbessern (das Kreuz in Richtung bestmöglicher Fall zu bewegen), könnte die Frau ein Seminar für kreatives Denken belegen oder ihren Chef bitten, vor Ort Workshops für sie und andere Mitarbeiter zu organisieren.

Werfen wir einen Blick auf die Wahrscheinlichkeit, ein wichtiges Geschäft abzuschließen. Zuerst stellen wir eine Analyse der einwirkenden Kräfte an, wobei wir als bestmögliche Situation den Abschluss und als schlimmstmöglichen Fall das Scheitern des Geschäfts annehmen. Als Nächstes listen wir die Wirkkräfte diagrammatisch auf (s. folgende Seite).

In dieser Beispielsituation verfügen wir über das bessere Produkt; unser Preis ist jedoch höher; unsere Konkurrenz wird von den Kunden als besser eingeschätzt; unsere Verkaufspräsentation war schlecht; und wir haben den Eindruck, dass der Kunde den Verkäufer unsympathisch findet. Die Gefahr, das Geschäft nicht abzuschließen, ist groß.

Um unsere Chancen zu verbessern, könnten wir:

- einen Pauschalpreis anbieten, um die Preisdiskrepanz auszugleichen;
- zusätzliches Personal anstellen (Produktmanager, Ingenieure etc.), um die schlechte Verkaufspräsentation und die spürbare Antipathie des Kunden gegen den Verkäufer auszugleichen;
- unseren Kundenservice verbessern, damit unser Konkurrent nicht als besser wahrgenommen wird;
- Erfahrungsberichte zufriedener Kunden einbringen.

Eine Analyse der auf die Geschäftssituation einwirkenden Kräfte versetzt uns in die Lage, die Wahrscheinlichkeit des Geschäftsabschlusses realistisch einzuschätzen und Maßnahmen zu ergreifen, um die einwirkenden Faktoren in eine positive Richtung zu bewegen.

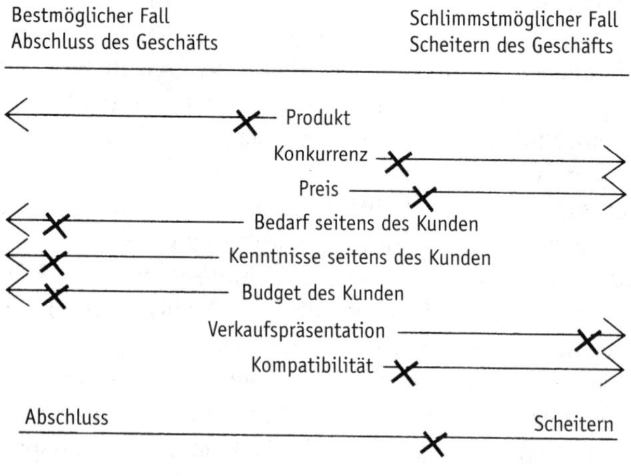

Visuelles Brainstorming

Kreative Menschen bedienen sich einer Vielfalt von Methoden, um ihren Gedanken visuell Ausdruck zu verleihen und sie anderen Menschen zu vermitteln. Einige benutzen Diagramme oder Karten. Andere konstruieren dreidimensionale Modelle. Francis Crick und James Watson beispielsweise experimentierten mit ein- und doppelsträngigen Modellen und entdeckten, dass das DNA-Molekül die Form einer Doppelhelix hat, wofür ihnen 1962 der Nobelpreis verliehen wurde.

In der unten stehenden Abbildung habe ich den Buchstaben T, die Zahl Acht und den Buchstaben P zu einer visuellen Synthese vereint. Die meisten Leute interpretieren diese Abbildung spontan als einen Krocketschläger, der Bälle beim Krocketspiel durch einen Ring schlägt. Die Dynamik der Zeichnung ruft auf Anhieb eine bestimmte Interpretation hervor.

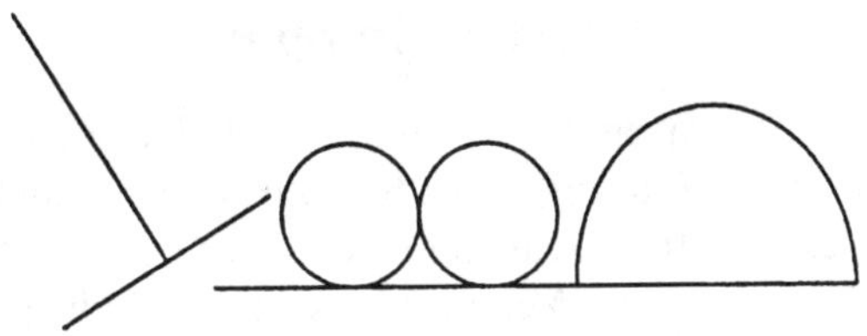

Hätte ich Sie gebeten, das T, die Acht und das P zu einem Krocketspiel zusammenzustellen, hätten Sie es schwierig, wenn nicht sogar unmöglich zu gefunden, diese Aufgabe zu lösen, ohne verschiedene Möglichkeiten zu skizzieren. Würden Sie eine detaillierte Beschreibung lesen, auf welche Weise Sie ein T, eine Acht und ein P kombinieren können, um ein Krocketspiel darzustellen, wären Sic nach wie vor nicht im Stande, es zu begreifen, ohne es zu visualisieren und zu zeichnen.

Wir wissen mehr, als wir mit Worten ausdrücken können. So kennen wir beispielsweise das Gesicht unseres besten Freundes oder unserer besten Freundin und könnten es unter einer Million Gesichter erkennen, sind aber nicht in der Lage zu erklären, wie wir Gesichter erkennen. Experimente haben sogar gezeigt, dass die schriftliche Beschreibung von Gesichtern die Fähigkeit, diese tatsächlich zu erkennen, stark verringert. Werden Menschen jedoch gebeten, ein bekanntes Gesicht zu zeichnen oder zu skizzieren, fällt es ihnen leichter, dieses später zu identifizieren.

Visuelles Brainstorming ist ein Versuch, mithilfe von Zeichnungen und Skizzen Ideen zu konzeptionalisieren und zu erfassen. Der Grundgedanke ist, eine Skizze möglicher Problemlösungen anzufertigen. Die Skizzen können abstrakt, symbolisch oder realistisch sein. Zeichnen Sie die Lösung Ihres Problems. Dann überprüfen und überarbeiten Sie sie, indem Sie sie abwandeln oder eine neue Skizze bzw. Zeichnung anfertigen. Setzen Sie diesen Prozess des Modifizierens bzw. der Neuanfertigung von Skizzen möglichst lange fort. Dann konstruieren Sie aus einer der Skizzen oder aus Elementen verschiedener Skizzen eine endgültige Lösung.

Arbeit in Gruppen

Die Teilnehmer haben fünf Minuten Zeit, um Skizzen einer Problemlösung anzufertigen. Die Skizzen können abstrakt, symbolisch oder realistisch sein. Unterhaltungen sind nicht erlaubt. Nach Ablauf von fünf Minuten reichen die Teilnehmer ihre Skizzen an die Person zu ihrer Rechten weiter. Diese überprüft die erhaltenen Skizzen, ergänzt, modifiziert sie oder fertigt auf derselben Seite eine oder mehrere neue Skizzen an. Dann gibt sie diese Skizzen an die rechts von ihr sitzende Person weiter. Dieser Prozess des Abänderns und Weiterreichens der Skizzen dauert etwa dreißig Minuten. Am Ende sammeln die Teilnehmer alle Zeichnungen ein, analysieren sie und wählen eine endgültige Lösung aus oder konstruieren eine abschließende Lösung aus einzelnen Elementen verschiedener Skizzen.

Teil II:

Denken, was kein anderer denkt

Die „Funktionsweise“ kreativer Genies entspricht vom Prinzip her der Darwinschen Evolutionstheorie. Darwin zufolge bringt die Natur viele Möglichkeiten durch „Blindversuche“ hervor und überlässt dann dem natürlichen Selektionsprozess die Entscheidung darüber, welche Arten überleben. In der Natur scheitern 95 Prozent der neuen Arten, sterben innerhalb kurzer Zeit aus. Der schöpferische Geist funktioniert insofern analog zum biologischen Evolutionsprozess, als er die Entwicklung einer nicht vorhersagbar großen Menge von Alternativen und Vermutungen erfordert. Aus dieser Masse an Alternativen und Mutmaßungen behält der schöpferische Geist die besten Ideen zwecks Weiterentwicklung und Weitervermittlung zurück. Die erste Strategie in Teil II dieses Buches – „Fließend“ Denken – zeigt auf, wie Genies außerordentliche Mengen von Ideen hervorbringen.

Ein wichtiger Aspekt dieser Theorie besteht darin, dass wie auch in der Evolution Variationen zu den Ideen existieren müssen und diese durch Zufall oder nicht zusammenhängende Faktoren produziert werden. Ein natürlicher Genpool, dem es an Variationen oder Vielfalt fehlt, wäre unfähig, sich wechselnden Bedingungen anzupassen, und die Art würde aussterben. Mit der Zeit würde sich das genetisch kodierte sinnvolle Wissen in Dummheit verwandeln. Ein vergleichbarer Prozess läuft in unseren Köpfen ab. Jeder Mensch besitzt die Fähigkeit, auf der Basis seiner erlernten Denkstrukturen Ideen zu entwickeln. Ohne die Fähigkeit zur Variation jedoch würden die Ideen schließlich stagnieren und ihre Anpassungsfähigkeit einbüßen.

Unser Geist konstruiert bestimmte Muster, die uns in die Lage versetzen, Dinge auf Basis unserer Lebenserfahrungen, unseres erlernten Wissens und unserer beruflichen Erfahrungen – Erfahrungen, mit denen wir in der Vergangenheit erfolgreich waren – zu vereinfachen und uns in einer komplexen Welt zurechtzufinden. Wir sehen „6x6“ und haben automatisch „36“ im Kopf, ohne bewusst nachzudenken. Wir überprüfen ein neues Erzeugnis für unsere Firma und wissen, dass es ein gutes Design und einen angemessenen Preis hat. Wir sehen einen Geschäftsplan und erkennen, dass finanzielle Probleme drohen. Wir tun diese Dinge routinemäßig, angestammten Denkstrukturen folgend.

Kreativität bedeutet ein Abrücken von angestammten Denkstrukturen, vergangenen Erfahrungen und Vorgehensweisen. Schneiden Sie beispielsweise einen Kuchen mit nicht mehr als drei Schnitten in acht Teile – damit haben die meisten Leute Schwierigkeiten. Um das Problem zu lösen, müssen Sie Ihre Vorstellungen über Kuchen, das Aussehen von Kuchenstücken und die Art und Weise, wie Sie Kuchen schneiden, ändern. Eine Lösung besteht darin, den Kuchen zu halbieren und eine Hälfte auf die andere zu legen. Schneiden Sie dieses Stück in zwei Hälften, stapeln Sie die Teile aufeinander und zerschneiden Sie sie. Oder teilen Sie den Kuchen in Viertel und schneiden Sie dann die Viertel horizontal durch. Sie können den Kuchen auch wie unten dargestellt zerteilen.

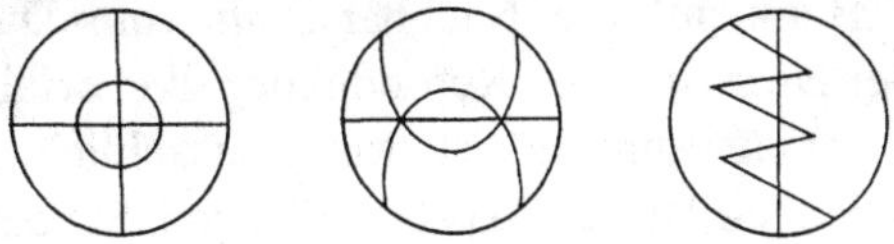

Wenn Sie aus Ihren etablierten Denkstrukturen ausscheren und über den Tellerrand konventionellen Wissens hinaussehen, stellen Sie fest, dass es viele Lösungen gibt.

In der Natur ist eine genetische Mutation das Ergebnis einer zufälligen Variation unter Außerachtlassen des konventionellen, in den parentalen Chromosomen kodierten Wissens. Dann überlässt die Natur dem natürlichen Selektionsprozess die Entscheidung darüber, welche Varianten überleben und gedeihen. Genauso entwickeln Genies eine reiche Vielfalt an neuen Ideen und Lösungen, weil sie konventionelle Denkstrukturen außer Acht lassen und nach anderen Denkweisen Ausschau halten. Diese anderen Denkmuster ermöglichen es ihnen, bei Betrachtung derselben Informationen etwas anderes wahrzunehmen.

Die in Teil II geschilderten Strategien haben kreative Genies in die Lage versetzt, durch Entwicklung anderer Denkstrukturen eine reiche Vielfalt an Ideen und kreativer Problemlösungen zu erzeugen. Zu ihnen zählen unter anderem folgende Strategien:

- Dinge neu kombinieren in „Innovative Kombinationen vornehmen"
- Sich zufällige Anreize zu Nutze machen in „Das Unverbundene verbinden"
- In Gegensätzen denken in „Der Blick auf die Kehrseite"
- In Metaphern und Analogien denken in „Der Blick in andere Welten"
- Sich aktiv auf die Suche nach zufälligen Entdeckungen begeben in „Finden, wonach Sie nicht gesucht haben"

Die Strategien reproduzieren die kreative Erfahrung nicht; sie schlagen sie nur vor. Um dies zu verdeutlichen, gehen wir einmal von der Annahme aus, Sie akzeptierten meine Ansicht, dass ich den besten Blick auf die Nachbarschaft vom Dach meines Hauses habe. Dies ist keine Reproduktion der Erfahrung, sondern ein Vorschlag. Um die Erfahrung tatsächlich zu machen, können Sie nicht einfach auf das Dach fliegen. Sie benötigen ein spezielles Hilfsmittel, wie beispielsweise eine Leiter, die es Ihnen ermöglicht, das Dach zu erklimmen und sich umzusehen. Wenn Sie meine Ansicht akzeptieren, dass Genies zu ihren Ideen gelangen, indem sie Dinge auf neuartige Weisen kombinieren, können Sie auch nicht durch einfache Willensanstrengung plötzlich anfangen, auf diese Art und Weise zu denken. Sie benötigen spezielle Techniken, die diese Fähigkeit vermitteln.

Diese Strategien setzen Ihre Kreativität frei, indem sie Ihre konventionellen Denkmuster aufbrechen und neue Denkstrukturen anregen, indem sie Informationen nebeneinander stellen, die keinen Bezug zueinander aufweisen. Abbildung A zeigt ein konventionelles Denkmuster, bei dem das Denken linear vom Problem zur Lösung verläuft. Das ist die Art und Weise zu denken, die uns beigebracht wurde. Mit einem Problem konfrontiert, wählen wir analytisch den vielversprechendsten Lösungsweg aus, basierend auf vergangenen Erfahrungen in Leben, Erziehung und Beruf, schließen andere Möglichkeiten aus und arbeiten in einer klar vorgezeichneten Richtung auf diese konventionelle Lösung hin.

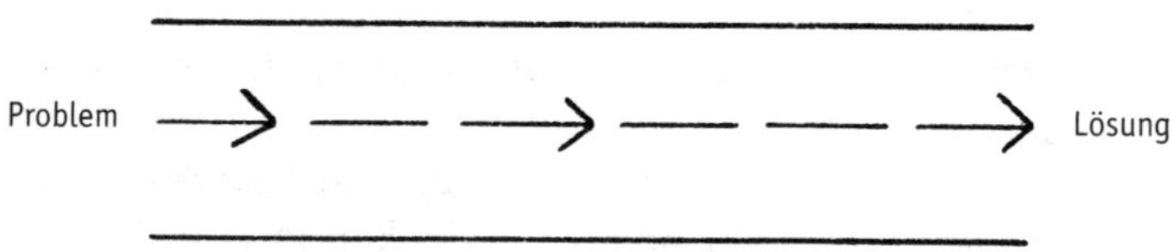

Abbildung B zeigt, wie ein genialer Mensch dieses traditionelle Denkmuster durchbricht, indem er zufällige Anregungen einbezieht. Dadurch erzeugt er neue Denkstrukturen, die zur Entwicklung neuer Ideen und Konzepte führten, zu denen man auf konventionellem Weg nicht gelangen kann.

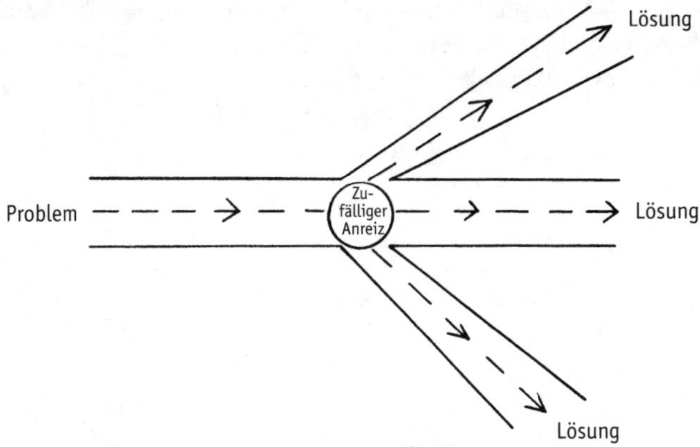

Dieser Buchteil schließt mit einer Strategie, die ich „Den Gemeinschaftsgeist wecken“ überschrieben habe. Hier werden Voraussetzungen für ein offenes, kollegiales Denken in Gruppen-Brainstorming-Sitzungen vorgestellt.

Strategie drei: „Fließendes" Denken

Hervorstechendes Merkmal kreativer Menschen ist ihre immense Produktivität. Bach schrieb jede Woche eine Kantate, auch dann, wenn er krank oder erschöpft war. Mozart komponierte über 600 Musikstücke. Einstein veröffentlichte neben der Relativitätstheorie 248 andere Arbeiten, ebenso Darwin, der mit seiner Evolutionstheorie berühmt wurde, jedoch in seinem Leben 119 weitere Arbeiten veröffentlichte. Freud publizierte 330 Werke, Maslow 165. Rembrandt schuf ungefähr 650 Gemälde und 2000 Zeichnungen, Picasso über 20.000. Shakespeare schrieb 154 Sonette. Einige davon waren Meisterwerke, andere nicht besser als die seiner Zeitgenossen, und einige waren schlicht und einfach schlecht. In der Tat stammten von den großen Poeten mehr schlechte Gedichte als von den unbedeutenderen Dichtern. Die Zahl ihrer schlechten Gedichte war höher, weil sie mehr schrieben.

Die allgemeine Annahme, herausragende kreative Genies hätten nur wenige ausgewählte Meisterwerke produziert, ist schlicht falsch. Thomas Edison mag für seine Glühbirne und seinen Phonographen berühmt sein, hält aber mit 1.093 Patenten nach wie vor den Rekord. Edison betrachtete Kreativität als gute, ehrliche, harte Arbeit. „Genialität", sagte er einmal, „ist ein Prozent Inspiration und 99 Prozent Transpiration." Er musste 9.000 Experimente durchführen, um die Glühbirne zu vollenden. Als Edison einmal von einem Assistenten gefragt wurde, weshalb er nach unzähligen Fehlschlägen immer noch fortfahre, nach einem lange haltbaren Glühfaden für die Glühbirne zu forschen, erklärte Edison, er verstünde die Frage nicht. Für seine Begriffe war er kein einziges Mal gescheitert, sondern hatte unzählige Dinge entdeckt, die nicht funktionierten.

Die Denkmethode des „geografischen Nordens"

Geniale Menschen sind produktiv, weil ihr Denken sich im Fluss befindet. Um „fließend" zu denken ist es nötig, dass Sie Ihr Denken um eine festgesetzte Anzahl von Prinzipien herum aufbauen – eine Art zu Denken, die ich als die „Denkmethode des geografischen Nordens" bezeichne. Die Nadel eines normalen Kompasses ist auf den magnetischen Norden gerichtet, der sich mit der Zeit verschiebt. Nur ein Kreiselmagnetkompass richtet sich nach dem geografischen Norden aus, einem unveränderlichen Punkt, der die Schiffe auf Kurs hält. Nur wenn Sie Ihr Denken bei der Suche nach Ideen um eine Reihe von „geografisch nördlichen" Prinzipien herum aufbauen, wird eine echte Ideenproduktion einsetzen. Diese Prinzipien sind fundiert und zeitlos. Die „geografisch nördlichen" Prinzipien des kreativen Denkens sind:

- Ideenbewertung verschieben
- Möglichst viele Ideen produzieren
- Ideen festhalten
- Ideen ausarbeiten oder verbessern

Ideenbewertung verschieben

Wenn Sie sich auf die Suche nach Ideen begeben – sei es allein oder in einer Gruppe –, ist es entscheidend, während ihres Entstehungsprozesses über die Ideen nicht zu urteilen, sie nicht zu bewerten oder zu kritisieren. Nichts zerstört Kreativität schneller oder gründlicher als kritisches, urteilendes Denken.
Es ist, als würden wir beim Autofahren mit einem Fuß auf das Gaspedal und mit dem anderen auf die Bremse treten. Als Folge unserer zur Kritik ermunternden Erziehung beschäftigen wir uns bei der Ideensuche die meiste Zeit damit, uns Gründe vorzustellen, warum eine Idee nicht funktionieren oder nicht verwirklicht wer-

den kann, anstatt möglichst viele Einfälle zu produzieren. Urteilen ist offenbar einfacher als etwas Neues zu versuchen. Schwierigkeiten ergeben sich dann, wenn Menschen Ideen zu früh beurteilen und verwerfen, bevor sie all ihre Dimensionen durchdacht haben.

Die folgende Abbildung zeigt eine Person, die Ideen bewertet, sobald sie ihr in den Kopf kommen. Die Person ersinnt Idee A und verwirft sie als unvernünftig, danach ebenso die Ideen B und C. Schließlich kommt die Person auf Idee D, eine sichere, konservative Idee ohne Risiko. Sobald eine Idee bewertet wurde, „kristallisiert" das kreative Denken zu fester Form und kommt zum Stillstand. Auf diese Weise werden nur wenige neue Ideen entwickelt, am Ende mündet das Denken fast immer in saft- und kraftlose, konservative Einfälle.

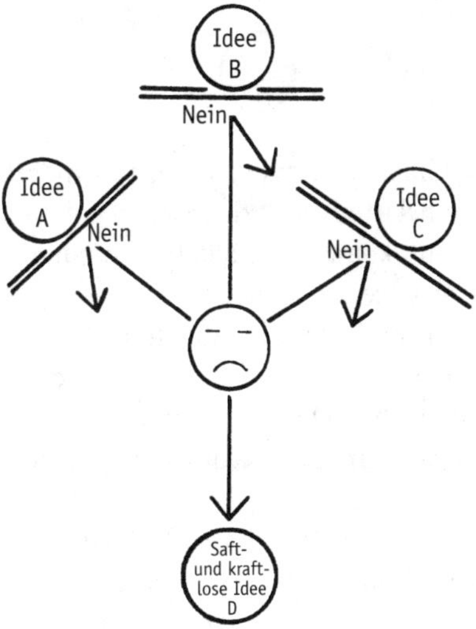

Die nächste Abbildung zeigt den Denkprozess einer Person, die kein Urteil über ihre Ideen fällt. Sie ist fähig, ihrem Gedankenfluss in alle Richtungen freien Lauf zu lassen, Ideen zu verknüpfen, daraus wieder neue Einfälle entstehen zu lassen, bis sie schließlich auf eine bahnbrechende Idee stößt.

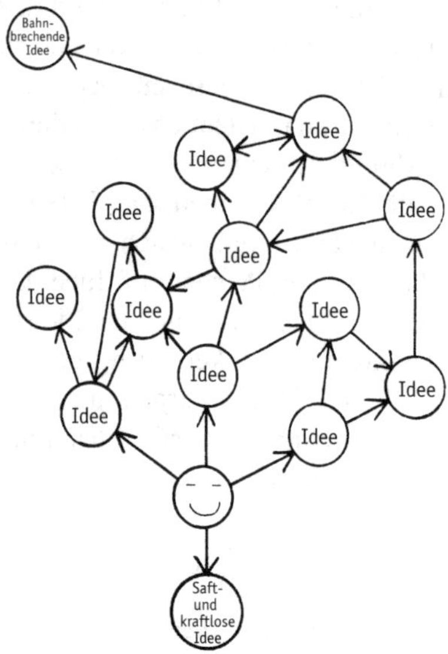

Francis Darwin, Charles Darwins Sohn, bewunderte die Fähigkeit seines Vaters, sein Urteil über die vielen unhaltbaren Theorien, die ihm in den Sinn kamen, zurückzuhalten, und sie nicht sofort zu verurteilen, wie seine Kollegen das taten. Seine Kollegen maßen neue Ideen und Theorien an ihren früheren Erfahrungsmustern. Passten die Ideen nicht dazu, verwarfen sie sie sofort. Im Gegensatz dazu dachte Darwin über alle Ideen und Theorien nach, um zu herauszufinden, wohin sie führten. Das Denken seiner Kollegen war statisch – das von Darwin war dynamisch und „fließend". Diese Bereitschaft, alle Aspekte in Betracht zu ziehen, die von anderen als „Experimente eines Verrückten" bezeichnet wurde, führte zu Darwins Evolutionstheorie.

Das Erdenken von Möglichkeiten

Um das Bewerten von Ideen aufschieben zu können, müssen Sie Ihr Denken in zwei Schritte unterteilen: das Ersinnen von Möglichkeiten und das praktische Denken. Beim Ersinnen von

Möglichkeiten handelt es sich um das pure Hervorbringen von Ideen, ohne Beurteilung oder Bewertung. Sie schalten Ihre innere kritische Stimme vollkommen ab.

Wenn Sie die maximal mögliche Anzahl von Ideen produziert haben, gehen Sie zum praktischen Denken über – der Bewertung und Beurteilung von Einfällen –, um die Ideen herauszufiltern, die am nützlichsten sind. Edison erklärte einmal, er habe für das elektrische Licht 3.000 verschiedene Theorien aufgestellt, jede davon vernünftig, bevor er sich für die praktikabelste und vorteilhafteste Theorie entschied. Sein erstes Ziel bestand darin, so viele mögliche Theorien aufzustellen wie er konnte; danach wandte er sich der Aufgabe der Bewertung zu, um die praktikabelste und nützlichste Theorie zu finden. Beim Ersinnen von Möglichkeiten und dem praktischen Denken handelt es sich um zwei voneinander getrennte gedankliche Prozesse ohne Zwischenstufen.

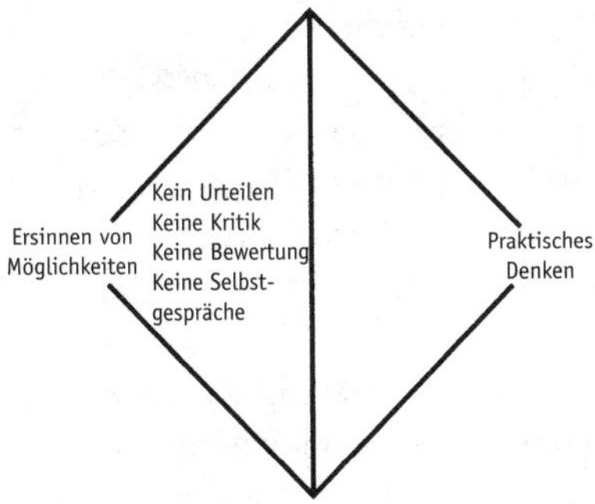

Quantität

Edisons historisches Labor in New Jersey enthält eine atemberaubende Sammlung von Schalltrichtern für Phonographen in jeder Form, Größe und aus allen möglichen Arten von Werkstoffen. Diese Sammlung verworfener Ideen legt ein sichtbares Zeugnis von Edisons Denkweise ab, die darin bestand, jede erkennbare Möglichkeit in Betracht zu ziehen.

Aus Quantität entsteht Qualität

Stellen Sie sich einen Perlentaucher auf einer Südseeinsel vor. Er stößt mit seinem Kanu von der Küste ab, paddelt in die Lagune, taucht, hebt eine einzige Auster vom Grund auf, taucht wieder empor, klettert in sein Boot, paddelt an die Küste und öffnet die Schalen der Auster. Als er nichts als eine Auster darin findet, stößt er sein Kanu wieder vom Ufer ab und paddelt in die Lagune hinein.

Was für eine unglaubliche Zeitverschwendung! Die vernünftige Lösung besteht darin, nicht mit einer einzigen Auster ans Ufer zurückzupaddeln, sondern immer wieder zu tauchen, das ganze Kanu mit Austern zu füllen und dann an die Küste zurückzukehren. Perlen sind rar – ein Taucher muss viele Austern öffnen, bevor er eine einzige Perle findet. Nur ein Dummkopf würde seine Zeit und Energie verschwenden, für jede Auster eine separate Fahrt zu unternehmen. Mit der Entwicklung von Ideen ist es ebenso. Häufig kommen wir auf ein oder zwei Ideen und verfahren so, als seien sie die Lösungen. Aber kreative Einfälle entstehen so unregelmäßig wie Perlen. Daher ist es vernünftig, viele Ideen zu produzieren, bevor wir zur Bewertung übergehen. So, wie eine gute Idee Sie unter Umständen daran hindern kann, zur Entdeckung einer großartigen Idee weiterzuschreiten, kann eine großartige Idee Sie möglicherweise davon abhalten, auf die richtige zu stoßen.

Es erfordert bewusste Anstrengung, Ihre Ideenproduktion zu erhöhen. Nehmen wir einmal an, ich bitte Sie, drei Minuten lang über eine alternative Nutzung des normalen Ziegelsteins nachzudenken. Zweifellos hätten Sie einige Einfälle, aber vermutlich nicht viele. Ein Erwachsener hat durchschnittlich drei bis sechs Ideen zu dieser Frage. Würde ich Sie jedoch bitten, so schnell wie möglich vierzig Beispiele für die Verwendung des Ziegelsteins aufzuzählen, würden Sie innerhalb eines kurzen Zeitraums einige hervorsprudeln.

Pensum

Die Vorgabe eines quantitativen und zeitlichen Rahmens bündelt Ihre Konzentration und garantiert einen lebhaften Gedankenfluss. Um das Pensum zu erfüllen, werden Sie sowohl sämtliche herkömmlichen Verwendungsarten von Ziegelsteinen aufzählen (Bauen einer Mauer, einer Feuerstelle etc.) als auch alle anderen Möglichkeiten, die Ihnen in den Sinn kommen (Anker, Wurfgeschoss bei Demonstrationen, Ballast, Beschwerer für Zeitungen, Material für Skulpturen, Türstopper etc.), da Sie Ihre Vorstellungskraft ausdehnen, um die Quote zu erfüllen.

Eine Methode, die Produktivität Ihres kreativen Denkens zu garantieren, besteht darin, sich selbst ein Ideenpensum vorzugeben – zum Beispiel ein Pensum von vierzig Einfällen, wenn Sie allein nach Ideen suchen, oder 120, wenn es sich um ein Gruppen-Brainstorming handelt. Indem Sie sich dazu zwingen, vierzig Ideen zu produzieren, bringen Sie Ihre innere kritische Stimme zum Schweigen und schreiben alles nieder, einschließlich offenkundiger und saft- und kraftloser Ideen. Das erste Drittel wird aus den alten, ewig gleichen Ideen bestehen. Das zweite Drittel wird interessanter sein, und das letzte Drittel wird mehr Ausgefallenheit und Komplexität aufweisen.

Anfangsideen sind für gewöhnlich keine echten Ideen. Es gibt eine Hypothese, die besagt, dass vertraute und sichere Antworten am dichtesten unter der Oberfläche unseres Bewusstseins liegen und uns daher zuerst in den Sinn kommen. Kreatives Denken hängt davon ab, den Gedankenfluss lange genug in Gang zu halten, um diese „Schlacke" abzutragen und ungewöhnlichere, orginelle Antworten zu Tage zu fördern.

Im Folgenden finden Sie eine Liste mit fünf Wörtern. Notieren Sie die erste Assoziation, die Ihnen zu jedem einzelnen Wort in den Sinn kommt. Wiederholen Sie dies weitere fünf Male und notieren Sie jeweils eine neue Assoziation zu allen Wörtern.

	1	2	3	4	5	6
Fisch						
Militär						
Regierung						
Ozean						
Automobil						

Sie werden feststellen, dass die späteren Assoziationen wesentlich origineller und einzigartiger sind als die ersten. Die erste Reaktion sind Assoziationen, die für das jeweilige Wort üblicherweise dominieren. Erst danach wird es spannender.

Wenn wir etwas Neues schaffen oder eine kreative Lösung für ein Problem finden möchten, ist es häufig notwendig, dass wir von den Ideen, die uns zuerst in den Sinn kommen, abrücken, die Grenze unserer normalerweise üblichen Antworten überwinden.

Ideen auflisten

Leonardo da Vinci hatte die Angewohnheit, seine Gedanken in kleinen Notizbüchern festzuhalten, die er überall mit hinnahm – eine Angewohnheit, die auch Sie bewusst pflegen können. Die Auflistung von Gedanken und Ideen, die Ihnen bei einem Brainstorming kommen, hilft, diese konsequent einzufangen, Ihren Gedankenfluss zu beschleunigen, Ihre Konzentration aufrecht zu erhalten und zwingt Sie dazu, länger über Alternativen nachzudenken.

Das Auflisten von Einfällen hilft auch, sie im Gedächtnis zu behalten. Wir haben schon alle die Erfahrung gemacht, dass wir einen Blick auf eine Telefonnummer geworfen haben, dann abgelenkt wurden, bevor wir sie wählen konnten, und die Nummer innerhalb von Sekunden vergessen hatten. Die neue Information verdrängt die alte, bevor das Gehirn auf weiter zurückliegende Informationen zurückgreifen und sie im Langzeitgedächtnis speichern kann.

Psychologen haben nachgewiesen, dass das menschliche Gehirn nur fünf bis neun Informationseinheiten zugleich behalten kann. Der Vorgang des Schreibens signalisiert dem Gehirn, dass eine Information wichtiger ist als andere und im Langzeitgedächtnis gespeichert werden soll. Wenn Sie Ihre Ideen nicht auflisten, vergeuden Sie viel Zeit und geistige Kapazität damit, „alte" Gedanken wieder an die Oberfläche Ihres Gedächtnisses zu holen, anstatt neue zu entwickeln.

Das schriftliche Fixieren oder umgehende Auflisten Ihrer Ideen beschleunigt zudem Ihren Denkprozess und konzentriert Ihre Aufmerksamkeit auf Ihr Thema.

- **Geschwindigkeit.** Ideen schriftlich festzuhalten beschleunigt den Denkprozess. Stellen Sie sich das Alphabet bildlich in Großbuchstaben vor. Wie viele Buchstaben haben geschwungene Linien? Analysieren Sie Ihren Denkvorgang ganz genau. Sie sehen zuerst das A, dann das B und so weiter – wie bei einer Dia-Show. Ein Buchstabe nach dem anderen, bis das gesamte Alphabet Revue passiert ist. In diesem Tempo denkt unser Gehirn. Der Denkprozess vollzieht sich nicht schneller als das Leben. Stellen Sie sich ein Tennismatch vor – dann steigern Sie das Tempo des Matches auf das Hundertfache. Schwierig, nicht wahr? Wir denken in Sequenzen, nicht simultan. Übrigens hat das Alphabet elf Buchstaben mit geschwungenen Linien.
- **Konzentration.** Ideen aufzuschreiben bündelt Ihre Konzentration. Eine weitere allgemein verbreitete Illusion ist die Annahme, wir könnten mehrere verschiedene Aufgaben zur gleichen Zeit erledigen – zum Beispiel gleichzeitig einen Arbeitsbericht verfassen, der Übertragung eines Fußballspiels im Radio zuhören und auf ein Kind aufpassen. Wenn Sie das glauben, versuchen Sie, vorwärts bis sieben und zugleich rückwärts bis drei zu zählen. Sie werden feststellen, dass Sie diese Aufga-

ben nur lösen können, indem Sie sich abwechselnd mit der einen und der anderen beschäftigen. Ihr Denken wird so lange von einem einzigen Thema in Anspruch genommen, bis es auf eine andere Aufgabe gerichtet wird. Versuchen Sie daran zu denken, was Sie gestern getan haben und was Sie morgen tun werden. Beobachten Sie, wie Sie diese gedanklichen Schritte hintereinander vollziehen und nicht gleichzeitig.

Das Auflisten von Ideen ist eine der einfachsten Methoden, da es keine Änderung des Verhaltens verlangt. Und sie ist erstaunlich effektiv, weil sie die zwanghafte Seite, die die meisten Menschen besitzen, ausnutzt, um unser Denken „fließender" und flexibler zu gestalten.

Ideen ausarbeiten

Peter Tschaikowsky, der brillante russische Komponist, hielt seine Ideen in Momenten intensiver Leidenschaft fest und verbrachte dann viele Tage damit, sie zu verbessern, zu ergänzen oder in eine kompaktere Form zu bringen. Der französische Dichter Paul Valéry versicherte, beharrliches Ausarbeiten sei ein wichtiger Bestandteil von Kreativität, und wehrte sich gegen die Behauptung, Dichter würden den besten Teil ihrer Arbeit von Musen empfangen.

1845 publizierte Edgar Allan Poe sein Gedicht „Der Rabe", ein Jahr später die kritische Abhandlung „Die Philosophie der Komposition", die den Entstehungsprozess dieses Gedichts schildert. Da Poe ein Dichter der Romantik war, könnte man vielleicht erwarten, dass er den Blitz göttlicher Inspiration beschreibt, durch den das Gedicht auf einen Schlag ins Leben gerufen wurde – in einer Art ekstatischer Raserei. Aber Poe sagt, dass kein Teil seines Gedichts auf göttliche Eingebung zurückzuführen sei. Vielmehr habe sich der Entstehungsprozess methodisch, Schritt für Schritt, vollzogen, wobei er beständig

Änderungen vornahm – von der Länge des Gedichts über seine Thematik bis hin zu einzelnen Wörtern.

Selbst kleine Veränderungen spielen eine Rolle. Sie treffen einen Freund, den Sie lange nicht gesehen haben. Der Freund sieht verändert aus. Sie sagen: „Was ist los? Hast du abgenommen?" Aber Sie irren sich. Seine Veränderung rührt daher, dass er jetzt einen Schnurrbart trägt oder seine Haarfarbe geändert hat. Natürlich – wie haben Sie das nur übersehen können?

Sie haben es übersehen, weil Sie Ihren Freund als Ganzes betrachtet haben, wodurch jeder Teil Ihres inneren Bildes zwangsläufig alle übrigen Teile beeinflusst. Sobald Sie einen Teil ändern, erscheint das Ganze verändert. Das Gleiche geschieht bei Ideen und Konzepten. Wir betrachten Ideen in ihrer Gesamtheit, als „Gestalt", so dass jede noch so kleine Veränderung das Ganze und unsere Sichtweise des Ganzen beeinflusst.

KAUFE

Benützen Sie zur Bearbeitung Ihrer Ideen eine Checkliste mit folgenden Prinzipien kreativen Denkens.[1]

K = Kombinieren?
A = Anpassen? Ausweiten? Abwandeln?
U = Umstellen? Umkehren?
F = In anderer Form verwenden?
E = Ersetzen? Eliminieren?

KAUFE basiert auf der Vorstellung, dass alles Neue eine Ergänzung oder Abwandlung von etwas bereits Existierendem sei. Sie nehmen einen Gegenstand und verwandeln ihn in etwas anderes. Gebohrtes Öl wird zu einem chemischen Grundstoff, aus diesem wird synthetischer Gummi und dieser wird zu

1. Im Originaltext „SCAMPER": S = Substitute?; C = Combine?; A = Adapt?; M = Magnify? Modify?; P = Put to other uses?; E = Eliminate?; R = Rearrange?. Es handelt sich um eine Technik, die zunächst von Alex Osborn formal vorgeschlagen und später von Bob Eberle in die Form dieses Merkverses gebracht wurde. (Anm. d. Ü.)

Autoreifen. Aus der Mine gewonnenes Erz wird Draht, und dieser Draht wird zu Bestandteilen eines Motors.

Kristallisieren Sie das Thema heraus, über das Sie nachdenken wollen, und gehen Sie eine Checkliste mit Fragen durch, um herauszufinden, welche neuen Ideen und Gedanken sich daraus ergeben. Greifen Sie irgendein Thema heraus – sei es nun die Verbesserung der gewöhnlichen Büroklammer oder die Umstrukturierung Ihrer Firma –, und benützen Sie die KAUFE-Checkliste. Sie werden feststellen, dass Ihnen fast zwangsläufig Ideen kommen, wenn Sie die richtigen Fragen stellen:

- Kann ich etwas ersetzen?
- Kann ich es mit etwas anderem kombinieren?
- Kann ich etwas auf mein Thema übertragen?
- Kann ich es ausweiten oder ergänzen?
- Kann ich es in irgendeiner Form modifizieren oder verändern?
- Kann ich es für einen anderen Zweck verwenden?
- Kann ich Aspekte eliminieren?
- Kann ich es umstrukturieren?
- Was geschieht, wenn ich es in sein Gegenteil verkehre?

Etwas ersetzen? Dinge zu ersetzen ist eine sinnvolle Methode zur Entwicklung alternativer Ideen, egal in welchem Bereich. Der Wissenschaftler Paul Ehrlich tauschte so lange eine Farbe gegen eine andere aus – weit über fünfhundert Farben –, bis er die richtige Farbe fand, um die Venen der Mäuse in seinem Laboratorium einzufärben. Sie können Dinge, Örtlichkeiten, Vorgehensweisen, Menschen, Ideen und sogar Emotionen austauschen. Fragen Sie sich:

- Kann ich etwas ersetzen? Wen noch? Was noch?
- Können die Regeln geändert werden?
- Eine andere Zutat? Anderes Material? Andere Energie? Ein anderer Ort? Eine andere Annäherungsweise?
- Was stattdessen? Welcher andere Bestandteil statt diesem?

Mit etwas anderem kombinieren? Die Verknüpfung zuvor unzusammenhängender Ideen oder Gegenstände, um etwas Neues zu kreieren, bildet einen wesentlichen Bestandteil kreativen Denkens. Dieser Prozess wird als Synthese bezeichnet und von vielen Experten als die Essenz der Kreativität angesehen. Gregor Mendel schuf eine ganz neue wissenschaftliche Disziplin, die Genetik, indem er die Mathematik mit der Biologie verknüpfte. Fragen Sie:

- Was kann miteinander verknüpft werden?
- Können Ziele miteinander verbunden werden?
- Wie steht es mit einem Sortiment? Einer Fusion? Einer Legierung? Einem Ensemble?
- Kann ich Einheiten miteinander verbinden? Materialien? Welches andere Produkt könnte hiermit kombiniert werden?
- Wie könnte eine Kombination verpackt werden?
- Was könnte für eine Mehrzweckverwendung kombiniert werden?
- Vorzüge kombinieren?

Etwas übertragen? Ein Paradoxon der Kreativität liegt darin, dass wir uns zuerst mit den Konzepten anderer Menschen vertraut machen müssen, um originelle Ideen hervorzubringen. Thomas Edison drückte das folgendermaßen aus: „Machen Sie es sich zur Gewohnheit, nach innovativen, interessanten Ideen Ausschau zu halten, mit denen andere Menschen Erfolg hatten. Ihre Idee muss lediglich in Hinsicht auf das Problem, was Sie bearbeiten, originell sein." Fragen Sie sich:

- Was ist noch so? Auf welche anderen Ideen bringt mich das?
- Bietet die Vergangenheit Parallelen?
- Was könnte ich kopieren? Wem könnte ich nacheifern?
- Welche Idee könnte ich integrieren?
- Welche andere Vorgehensweise könnte ich übernehmen? Was könnte ich sonst übernehmen?
- In welche unterschiedlichen Kontexte kann ich mein Konzept stellen?
- Welche außerhalb meines Fachgebiets liegenden Ideen kann ich integrieren?

Es ausweiten? Eine einfache Methode, eine neue Idee zu kreieren, besteht darin, ein Subjekt zu nehmen und ihm etwas hinzuzufügen. Der japanische Ingenieur Yuma Schiraischi löste die Videorekorder-Revolution aus, indem er eine Methode zur Verlängerung von Videobändern fand, so dass ihre Länge für Videos in Spielfilmlänge ausreichte. Fragen Sie:

- Was kann vergrößert, verlängert oder ausgedehnt werden?
- Was lässt sich übertreiben?
- Was kann man hinzufügen? Zeit? Kraft? Höhe? Länge?
- Wie steht es mit einer größeren Häufigkeit? Zusätzlichen Beiträgen? Was kann man vervielfältigen?
- Wodurch lässt sich ein Wertzuwachs erreichen?
- Wie kann ich es zum Extrem treiben?

Es modifizieren? Was kann abgewandelt werden? Die Antwort: fast alles. Fragen Sie sich:

- Wie kann das zum Besseren verändert werden? Was lässt sich modifizieren? Ein neuer Kniff?
- Bedeutung, Farbe, Bewegung, Klang, Geruch oder Form verändern? Den Namen verändern?
- Welche Veränderungen lassen sich am Design vornehmen? An der Herstellung? Beim Marketing? Bei anderen Aspekten?
- Welche andere Form kann es annehmen? Welche andere Verpackung? Kann die Verpackung mit der Form kombiniert werden?

Es für einen anderen Zweck verwenden? Die Bedeutung eines Subjekts hängt von seinem Kontext ab. Mit der Veränderung des Kontexts ändert sich die Bedeutung. Der Botaniker und Chemiker George Washington Carver entdeckte über 300 Verwendungsmöglichkeiten für die einfache Erdnuss. Fragen Sie sich:

- Wofür kann dies noch benutzt werden?
- Kann man dies, so wie es ist, in einer anderen Art und Weise verwenden?
- Andere Anwendungsmöglichkeiten nach Modifikation?
- Was lässt sich noch daraus machen?
- Andere Erweiterungsmöglichkeiten? Andere Märkte?

Aspekte eliminieren? Manchmal ergeben sich neue Ideen, wenn Sie etwas von Ihrem Subjekt wegnehmen. Ideen, Objekte und Prozesse zu beschneiden kann das Subjekt auf seinen wirklichen Kern oder seine wesentliche Funktion begrenzen – oder für einen anderen Zweck geeignete Aspekte beleuchten. Fragen Sie sich:

- Was wäre, wenn dies kleiner wäre? Dezenter?
- Was sollte ich vermeiden? Streichen? Subtrahieren? Was ist nicht notwendig?
- Sollte ich es aufteilen? Rationalisieren? Minimieren? Komprimieren?
- Könnten die Regeln eliminiert werden?

Es umstrukturieren? Kreativität besteht zu einem großen Teil darin, Bekanntes neu zu strukturieren, um Unbekanntes zu entdecken. Auf diese Weise werden zahllose Alternativen zu existierenden Ideen, Produkten oder Serviceleistungen geschaffen. Fragen Sie:

- Welche alternativen Arrangements könnten eventuell besser sein?
- Könnte oder sollte man einzelne Komponenten gegeneinander austauschen?
- Wäre eine andere Struktur besser? Ein anderes Layout? Eine andere Reihenfolge?
- Lassen sich Ursache und Wirkung vertauschen?
- Könnte oder sollte man die Geschwindigkeit verändern? Den Zeitplan?

Es in sein Gegenteil verkehren, um zu sehen, was geschieht? Ihre Perspektive umzukehren eröffnet Ihnen neue gedankliche Horizonte. Der historische Durchbruch eines Kolumbus und Kopernikus markierte das exakte Gegenteil des allgemein verbreiteten Glaubens ihrer Tage. Fragen Sie sich:

- Was ist das Gegenteil?
- Was ist die Kehrseite?
- Kann ich positive und negative Seite miteinander vertauschen?
- Sollte ich es auf den Kopf stellen?
- Sollte ich es andersherum betrachten?

- Kann man die Rollen vertauschen?
- Das Unerwartete tun?

Sämtliche Ideen lassen sich durch Bearbeitung verbessern. Genies benötigen keinen Mangel oder Fehler als Rechtfertigungsgrund, etwas verbessern zu wollen. Sie forschen unentwegt nach Wegen, Ideen auszuarbeiten, zu verbessern, zu verfeinern.

In Einzelteile zerlegen

Eine einfache Methode, Ihre Ideen zu bearbeiten, besteht darin, sie zu zerlegen und jeweils einen Aspekt zu verbessern oder zu verändern. Stellen Sie sich vor, Sie renovieren ein Haus mit vielen Zimmern. Jeder Raum gehört zur Funktion des Hauses und wir denken normalerweise in dem Begriff „ein Haus" anstatt „eine Zusammenstellung vieler Zimmer". Um das Haus zu verändern, sprengen Sie es nicht in die Luft und bauen ein anderes. Es ist wesentlich produktiver, Ihre Betrachtungsweise von „einem Haus" auf die „vielen einzelnen Zimmer" zu verschieben und jeweils einen Raum auf einmal zu verbessern. Jede Idee ist wie ein Haus mit vielen Zimmern. Um sie zu bearbeiten, gliedern Sie sie in ihre einzelnen Aspekte auf.

Die nachfolgende Abbildung zeigt eine in zwei Hälften zerlegte Schießscheibe mit einem weißen Viereck in der Mitte. Durch die Zerlegung der Zielscheibe in zwei Teile entsteht etwas Neues.

Sehen ist einer der am schnellsten ablaufenden Prozesse überhaupt: Man nimmt eine unendliche Zahl von Formen wahr, konzentriert sich aber nur auf jeweils ein einziges Objekt gleichzeitig. Beim Lesen eines Textes muss man jedes Wort einzeln für sich erfassen, dann die aus den Wörtern gebildeten Sätze. Leonardo da Vinci glaubte, dass man ein Detail oder Attribut nach dem anderen betrachten müsse, um Zusammenhänge zu begreifen.

Listen Sie sämtliche Attribute (Attribute sind charakteristische Merkmale, Teile oder Dimensionen) Ihres Subjektes auf und konzentrieren Sie sich dann jeweils nur auf ein Attribut gleichzeitig. Überlegen Sie sich Methoden zur Veränderung oder Verbesserung der einzelnen Attribute, indem Sie sich die KAUFE-Fragen stellen.

Nehmen wir an, Sie wollen den herkömmlichen Toaster verbessern. Sie würden folgendermaßen vorgehen:

1. Sie würden die Attribute des Gegenstandes auf einem Blatt Papier auflisten. Ein Toaster zeichnet sich unter anderem dadurch aus,
   - dass er aus Metall oder Plastik hergestellt ist;
   - dass er auf eine äußere Stromquelle angewiesen ist;
   - dass er in Betrieb gesetzt wird, indem man einen Hebel nach unten schiebt;
   - dass der Toast nach oben springt, wenn er fertig geröstet ist;
   - dass er über Heizspiralen verfügt;
   - dass er Brot in vertikaler Position toastet.
2. Stellen Sie sich in Bezug auf jedes Attribut die Fragen: „Auf welche Art und Weise kann das noch erreicht werden?" und „Weshalb muss das so sein?" Lassen Sie sich für jedes Attribut so viele Alternativen wie möglich einfallen.
3. Finden Sie heraus, ob Sie die einzelnen Attribute durch das Stellen der KAUFE-Fragen ändern oder verbessern können. Eventuell entdecken Sie am Ende einen durchsichtigen Toaster mit hitzebeständiger Seitenverkleidung, durch die man das Brot während des Toastens

sehen kann. Die Seitenteile sind abnehmbar und können daher leicht gereinigt werden. Außerdem ist der Toaster drehbar, so dass man das Brot sowohl in vertikaler als auch in horizontaler Position rösten kann.

Das Auflisten von Attributen hilft, über stereotype Vorstellungen von den Dingen hinaus zu denken. Normalerweise definieren wir ein Objekt über seine Funktion – eine Beschreibung, die aufgrund unserer Erfahrung und Beobachtung zu Stande kommt. Aber die Funktion eines Objekts ist diesem nicht inhärent, sondern entsteht aus unseren mit diesem Objekt verbundenen Assoziationen. In einem Experiment wurde eine Gruppe von Versuchspersonen angeleitet, Werkzeuge ihrer üblichen Verwendung entsprechend zu benutzen – beispielsweise eine Zange zum Fassen und Lösen befestigter Drähte, Büroklammern zum Zusammenhalten von Papieren. Dann wurde sie gebeten, Probleme zu lösen, die nur durch den unkonventionellen Gebrauch der Werkzeuge gelöst werden konnten. Die Gruppe löste elf Prozent der gestellten Probleme. Einer anderen Gruppe von Testpersonen wurden dieselben Werkzeuge ohne Gebrauchsanweisung zur Verfügung gestellt und dieselben Probleme vorgegeben. Sie erreichte eine 97-prozentige Erfolgsquote.

Weil die eine Gruppe auf den konventiellen Gebrauch der Werkzeuge fixiert war, war es ihr nicht möglich, die Werkzeuge auf unkonventielle, neuartige Weise zu benutzen, um die Probleme zu lösen. Die Konzentration auf einzelne Attribute hilft, diese Fixierung auf stereotype Funktionen zu beseitigen.

Wenn wir „stählerner Stiel" als Attribut definieren, können wir von unserer stereotypen Betrachtungsweise eines Schraubenziehers abrücken und auf neue Verwendungsarten kommen.

Schon das bloße Auflisten von Attributen bündelt Ihre Konzentration und hilft Ihnen, tief verwurzelte Denkmuster zu überwinden. Nehmen wir einmal an, Sie bekommen eine Kerze, eine Korkpinnwand und eine Schachtel Reißnägel. Können Sie die Kerze so an der Wand befestigen, dass kein Wachs auf den Boden tropft?

Im Allgemeinen bereitet es Leuten große Schwierigkeiten, eine Lösung zu finden. Gibt man Leuten jedoch eine Kerze, eine Korkpinnwand, die Reißnägel und die Schachtel einzeln, lösen die meisten das Problem schnell. Im ersten Fall ist die Schachtel, in der die Reißzwecke enthalten sind, mit einer bestimmten Assoziation verknüpft. Die Versuchspersonen sehen sie nur als ein Behältnis für die Reißnägel und nicht als eine mögliche Wandbefestigung für die Kerze. Werden die Reißzwecke aus der Schachtel genommen, sind die Testpersonen rasch in der Lage, zu erkennen, dass sie das Problem lösen können, indem sie die Schachtel als eine Plattform an der Wand befestigen und die Kerze darauf stellen können.

In der unten stehenden Abbildung betrachten wir den Punkt, auf den der Pfeil zeigt, als Teil der diagonalen Linie, obwohl er sich näher an der vertikalen Linie befindet. In der Regel ignorieren wir den Bezug zur vertikalen Linie und nehmen den Punkt nur als eine Fortsetzung der diagonalen Linie wahr. Geschehnisse, die kontinuierlich zu sein scheinen, betrachten wir mit großer Wahrscheinlichkeit als eine Einheit und nicht als separate Ereignisse.

Die Genialität der französischen Künstler Georges Seurat und Paul Cézanne lag in ihrer Erkenntnis, dass selbst Farbe nicht kontinuierlich ist. Dies stand im Gegensatz zur vorherrschenden künstlerischen Technik, durch Mischtöne Übergänge zwischen Farben zu schaffen – als sei die Natur ein zusammenhängendes Ganzes. Seurat und Cézanne waren der Ansicht, dass in der Natur keine Farbübergänge existierten, sondern jeder kleine Farbtupfer ein für sich allein stehendes Erfahrungselement sei, das unabhängig gemalt werden müsse. Um diese nicht zusammenhängenden Naturerfahrungen wiederzugeben, splitterten sie ihre Motive in winzige separate Punkte auf und kombinierten diese dann auf verschiedene Arten, wodurch sie verblüffend neue künstlerische Erfahrungen schufen, die die künstlerische Betrachtungsweise der Welt revolutionierten.

Die Natur in separate Teilchen zu zergliedern und sich dann jeweils nur auf ein einziges Teilchen zu konzentrieren, half Seurat und Cézanne, ihre stereotypen Vorstellungen zu durchbrechen, neue Beziehungen zu entdecken und neue Erfahrungen zu machen. In gleicher Weise hilft uns das Auflisten der Attribute von Subjekten und die anschließende Konzentration auf jeweils nur ein einzelnes Attribut, unsere stereotype Wahrnehmung des Subjekts als ein zusammenhängendes Ganzes zu durchbrechen. Nehmen wir beispielsweise an, wir wollten die Drehtür verbessern. Wir würden ihre Attribute auflisten und uns dann jeweils nur auf ein Attribut gleichzeitig konzentrieren. Unsere Liste könnte die folgenden Attribute enthalten:

- Hat einzelne Abteilungen
- Manuelles Anschieben erzeugt die Energie, die sie in Bewegung setzt
- Ist aus Glas gefertigt, damit man hindurchsehen kann
- Wird von einer oder mehreren Personen zugleich angestoßen

Das Attribut „Das manuelle Anschieben erzeugt die Energie, die sie in Bewegung setzt" regt uns dazu an, uns Methoden auszudenken, die ganze Energie nutzbar zu machen, die von den tausenden Menschen erzeugt wird, die täglich durch diese Tür gehen. Daraus entsteht die Idee, die Drehtür entsprechend umzuwandeln, um aus der Energie der Menschen, die sie in Bewegung setzen, Strom zu gewinnen. Die Drehtür in einzelne Attribute zu zergliedern hat unsere stereotype Vorstellung von einer Drehtür aufgebrochen und uns dazu angeregt, an Energie und eine kreative Nutzungsmöglichkeit der Tür zu denken.

Schriftliche Aufzeichnungen

Eine andere nützliche Angewohnheit, die es sich zu pflegen lohnt, besteht darin, Ihre kreativen Versuche in einem Notizbuch, auf Karteikarten oder in Ihrem Computer schriftlich festzuhalten. Eine Niederschrift garantiert nicht nur, dass die Gedanken und Ideen erhalten bleiben werden, sondern wird Sie zu anderen Gedanken oder Einfällen anregen.

Walt Whitmans Tagebücher enthüllen eine geniale Methode, die er zum Festhalten von Ideen entwickelt hatte. Immer wenn dem Dichter eine Idee in den Sinn kam, notierte er sie auf einem kleinen Zettel. Die einzelnen Zettel steckte er in verschiedene Umschläge, die er entsprechend des Themengebietes der darin enthaltenen Zettel beschriftete.

Hatte er den Eindruck, neue Gedanken oder Perspektiven ausarbeiten zu müssen, suchte er die verschiedenen Umschläge heraus, die sein aktuelles Thema oder Interessengebiet betrafen. Manchmal zog er aufs Geratewohl Ideen aus den Umschlägen hervor, dann wiederum nur solche, die für sein Thema relevant waren. Dann „webte" er diese Ideen wie eine Art „Ideen-Wandteppich" zusammen. Diese „Ideenteppiche" bildeten häufig die Grundlage für ein neues Gedicht oder einen neuen Aufsatz.

Im Folgenden einige Richtlinien für das Erstellen schriftlicher Aufzeichnungen:

1. Sammeln Sie alle interessanten Ideen, die Sie aus Brainstorming-Sitzungen gewinnen, über die Sie lesen oder auf die Sie selbst kommen.
2. Halten Sie sie nach Themengebieten sortiert in einem Notizbuch, im Computer oder auf Karteikarten fest, und legen Sie sie dann thematisch geordnet in Akten-

ordnern ab. Geben Sie die Quellen Ihrer Ideen an, für den Fall, dass Sie weitere Informationen brauchen. Machen Sie Querverweise auf Ideen, die sich mehreren unterschiedlichen Kategorien zuordnen lassen.
3. Wenn Sie eine einigermaßen umfangreiche Ideen-Datenbank aufgebaut haben, greifen Sie auf sie zu, wann immer Sie ein Problem haben.

Suchen Sie in Ihren Unterlagen nach Ideen, die Ihren jeweiligen Bedürfnissen entsprechen. Lassen Sie sich bei der Suche nach den passendsten Ideen von folgenden Vorschlägen leiten:

1. Wählen Sie Ideen mit Attributen aus, die mit den Attributen Ihres Subjektes eng verbunden sind.
2. Nachdem Sie aus einer größeren Gruppe von Ideen einige ausgewählt haben, beginnen Sie damit, die Ideen Ihrem Bedarf anzupassen. Möglicherweise stellen Sie fest, dass die ganze Idee passend ist, vielleicht aber auch nur ein Aspekt der Idee. Ebenso müssen Ideen eventuell abgewandelt werden, um sie der entsprechenden Situation anzupassen.
3. Kombinieren Sie passende Attribute oder Vorgehensweisen von zwei oder mehr Ideen und wenden Sie sie an.

Viele Ideen sind auf diese Weise aus „zweiter Hand" entstanden, bewusst oder unbewusst aus einer Million äußerer Quellen gewonnen und stolz vom jeweiligen Ideensammler präsentiert worden. Henry Ford, der Vater der Automarke, sagte einmal, dass seine Genialität ganz einfach in der Fähigkeit bestünde, etwas Neues aus den Ideen und Erfindungen anderer zu schaffen.

Der Geistesblitz

Wenn Sie über einen längeren Zeitraum hinweg Ihre Ideen und Probleme schriftlich aufzeichnen, initiieren Sie ein Phänomen, das George Mandler, ein führender Forscher auf dem Gebiet des menschlichen Bewusstseins, als „Geistesblitz" („Mind Popping") bezeichnet. Darunter versteht man das spontane Auftauchen einer Idee, scheinbar aus dem Nichts, nach einer bestimmten „Inkubationszeit".

Während das Bewusstsein die führende Rolle in unserem Alltagsleben spielt, indem es den Rahmen unserer Handlungen bestimmt, ermöglicht uns das Unterbewusstsein, unbegrenzt Informationen zu aktivieren. Im Langzeitgedächtnis gespeicherte Informationen können zugleich im Unterbewusstsein bearbeitet werden und sich einen Weg ins bewusste Denken bahnen. Eine innovative Idee entsteht nicht zu einem bestimmten Zeitpunkt, sondern explosionsartig in Form eines denkerischen Durchbruchs, eines „Geistesblitzes".

Nehmen wir an, Ihr Notizbuch enthält:

- Informationen über das Problem, an dem Sie momentan arbeiten
- Informationen über andere Ideen, Konzepte und Probleme, die Sie zurzeit bearbeiten

Indem Sie Ihr Notizbuch regelmäßig durchgehen, aktivieren Sie alle in Ihrem Bewusstsein und Unterbewusstsein gespeicherten Informationen. Sie haben ein mentales Netzwerk aufgebaut, in dem Ideen, Bilder und Konzepte unterschiedlicher Problemstellungen gesammelt sind, um den sich anbahnenden Geistesblitz zu beschleunigen. Dieser notwendigerweise nicht linear verlaufende Prozess kann jederzeit aus dem Unterbewusstsein hervorbrechen.

Konzepte verbinden sich wie Lichtstrahlen, die sich in einem Punkt bündeln, und bahnen sich den Weg in Ihr Bewusstsein. Die unten stehende Abbildung A zeigt die Vernetzungen von Hirnzellen in einem durchschnittlichen Gehirn, das mit der Bearbeitung eines Problems beschäftigt ist; in Abbildung B sehen wir die Vernetzungen von Zellen eines Gehirns, das beständig durch die Niederschrift und das erneute Durchlesen von Informationen stimuliert wird.

A B

Ihr schriftliches Festhalten verankert Informationen im Unterbewusstsein und aktiviert relevante Strukturen, so dass die Informationen zu Lösungen verarbeitet werden können, die blitzartig ins Bewusstsein durchbrechen, auch wenn Sie das Problem lange Zeit vergessen hatten.

Archimedes erlangte seine plötzliche Einsicht in das Prinzip der Verdrängung, während er in seinem Bad tagträumte. Der Legende nach war er so begeistert, dass er nackt durch die Straßen rannte und „Heureka!" (Ich habe es gefunden) rief. Henri Pointcaré, ein französisches Genie, sprach von unglaublichen Einsichten, die ihn schlagartig aus heiterem Himmel überkamen. Darwin war in der Lage, den genauen Platz auf einer Straße zu erinnern, an dem ihm die Lösung des Ursprungs der Arten einfiel, während er in seiner Kutsche fuhr und an etwas anderes dachte. Andere Genies berichten von ähnlichen Erfahrungen.

Laut einer mit bekannten Wissenschaftlern vor über einem halben Jahrhundert durchgeführten Untersuchung handelt es sich dabei um ein durchaus alltägliches Phänomen. Die Mehrzahl berichtete, dass sie ihre besten Ideen und Einsichten hatten, als sie nicht aktiv über das Problem nachdachten, mit dem sie sich beschäftigten, sondern spazieren gingen, sich erholten oder an einem anderen Problem arbeiteten. Dies legt nahe, weshalb der kreative Akt mit „göttlicher Inspiration" in Verbindung gebracht wurde.

Je mehr Probleme, Ideen und Gedanken Sie niederschreiben und von Zeit zu Zeit erneut durchlesen, desto komplexer wird Ihr geistiges Informationsnetzwerk. Stellen Sie sich Ihre Gedanken als Atome vor, die an Haken an den Wänden Ihres Gedächtnisses hängen. Wenn Sie über ein Thema nachdenken, werden einige dieser Gedanken freigesetzt und in Ihrem Unterbewusstsein in Bewegung gebracht. Ihr Unterbewusstsein schläft nie. Auch wenn Sie aufhören, über das Problem nachzudenken, und sich entschließen, es zu vergessen, stellt es seine Arbeit nicht ein. Die Gedanken wandern weiterhin kreuz und quer durch Ihr Unterbewusstsein, stoßen zusammen, verbinden sich und gehen wieder neue Verbindungen ein – Millionen von Malen. Gelegentlich kommt dabei eine Verbindung zu Stande, die von Ihrem Unterbewusstsein als gute Kombination bewertet und an das Bewusstsein als eine Idee, die den Durchbruch bedeutet, weitergeleitet wird.

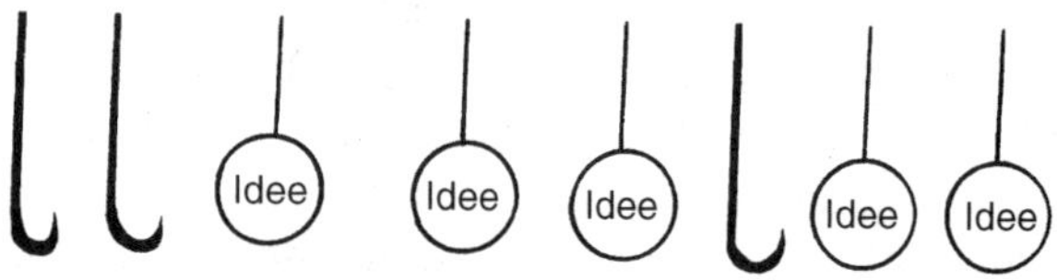

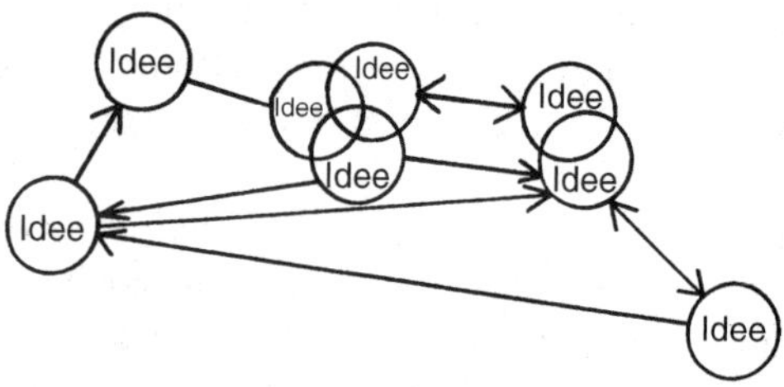

Manchmal wird unser Bewusstsein durch eine zu starke Fixierung an der Entwicklung neuer Ideen gehindert. Wenn wir die Bearbeitung des betreffenden Problems eine Zeit lang ruhen lassen, lässt die Fixierung nach und versetzt unser Unterbewusstsein in die Lage, uneingeschränkt neue Möglichkeiten zu kreieren.

Um die Erfahrung eines „Geistesblitzes" nachzuvollziehen, führen Sie das folgende Experiment durch. Schreiben Sie Ihrem

Unterbewusstsein einen Brief über ein Problem, an dem Sie gerade arbeiten. Schildern Sie das Problem, die Lösungsschritte, die Sie bisher unternommen haben, die Defizite, was Sie benötigen, welche Hindernisse es gibt, die ideale Lösung und so weiter. Beauftragen Sie Ihr Unterbewusstsein, die Lösung zu finden. Schreiben Sie: „Deine Aufgabe ist es, die Lösung des Problems zu finden. Ich möchte die Lösung in zwei Tagen." Kleben Sie den Brief zu, und legen Sie ihn beiseite. Vergessen Sie ihn. Öffnen Sie den Brief zwei Tage später. Ist das Problem noch nicht gelöst, schreiben Sie unter den Brief: „Informiere mich über den Augenblick, in dem du das Problem löst." Früher oder später, wenn Sie vollkommen entspannt und mit den Gedanken ganz woanders sind, werden Ideen und Lösungen aus Ihrem Unterbewusstsein hervorbrechen.

Unser Denkprozess vollzieht sich auch, wenn wir schlafen. Der Grund, weshalb die meisten Genies gern morgens arbeiten, wurde von dem großen französischen Romancier Balzac erläutert, der sagte, er wolle sich den Vorteil zu Nutze machen, dass sein Gehirn arbeite, während er schlafe. Als Johann Sebastian Bach einmal gefragt wurde, wo er seine Melodien fände, entgegnete er, das Problem sei nicht, sie zu finden, sondern am Morgen aufzustehen und nicht auf sie zu treten. Thomas Edison schlief manchmal auf einem Tisch in seinem Laboratorium, damit er seine Arbeit sofort nach seinem Erwachen beginnen konnte und nichts vergessen würde.

Probieren Sie die folgende Übung aus, bevor Sie schlafen gehen. Nehmen Sie sich einige Minuten Zeit, ein Problem zu überdenken, bei dem Sie nicht weiterkommen. Schreiben Sie die Schlüsselwörter auf ein Stück Papier und legen Sie das Papier auf Ihren Nachttisch. Vergessen Sie das Problem, und legen Sie sich schlafen. Wenn Sie aufwachen, schauen Sie sich das Papier an. Wahrscheinlich werden Sie zu neuen Einsichten kommen, das Problem klarer sehen und unter Umständen einen Geistesblitz haben.

Zusammenfassung

Wir stellen uns ein Genie als geheimnisvolle Person vor, die aus dem Blauen he-raus Ideen „hervorsprudelt“. Dem ist nicht so. Genies gelangen durch harte Arbeit und die Anwendung wohlüberlegter Denkmethoden zu ihren Ideen.

Das Denken kreativer Menschen ist „fließend“ und flexibel. „Fließend“ bedeutet, eine gewisse Anzahl von Ideen hervorzubringen; flexibel zu denken heißt, über die normale, konventionelle Betrachtungsweise der Dinge hinauszugehen. Dem „fließenden“ Denken von Genies liegen folgende Methoden zu Grunde:

- Sie schieben die Bewertung ihrer Ideen auf.
- Sie entwickeln möglichst viele Ideen.
- Sie halten ihre Ideen schriftlich fest.
- Sie bearbeiten und verbessern ihre Ideen ständig.
- Sie ermöglichen es ihrem Unterbewusstsein, Ideen hervorzubringen, indem sie ihnen eine Inkubationszeit gewähren.

Genies sind flexible Denker, weil sie zufällige Faktoren und solche, die nicht unmittelbar mit ihrem Subjekt zusammenhängen, in ihren Denkprozess einbeziehen. Im Folgenden werden wir zeigen, wie sie das im Einzelnen tun.

Strategie vier: Innovative Kombinationen vornehmen

In seinem Buch Scientific Genius stellt Dean Keith Simonton, ein Psychologe der University of California, die Behauptung auf, dass geniale Menschen deshalb genial seien, weil sie eine größere Anzahl neuartiger Kombinationen erstellten als der Durchschnittsmensch. „Genie“ und „Zufall“ sind für ihn in weiterem Sinne synonym. Seine Theorie gründet auf etymologischen Wurzeln: cogito – „ich denke“ – bedeutete ursprünglich „zusammenschütteln“; intellegere – die Wurzel des Wortes „Intelligenz“ – bedeutet „unter etwas auswählen“. Das ist eine deutliche, frühe Intuition in Hinblick auf den Nutzen, zufällige Kombinationen von Ideen und Gedanken zuzulassen und aus der Vielzahl die wenigen auszuwählen, die man behalten möchte.

Das Quadrat in der unten stehenden Abbildung scheint deformiert (die Kanten wirken gebogen), ist es aber nicht. Die Kanten des Quadrates sind gerade. Die Kombination eines geometrischen Quadrates mit einem aus Kreisen bestehenden Hintergrund verändert unsere Wahrnehmung der Figur.

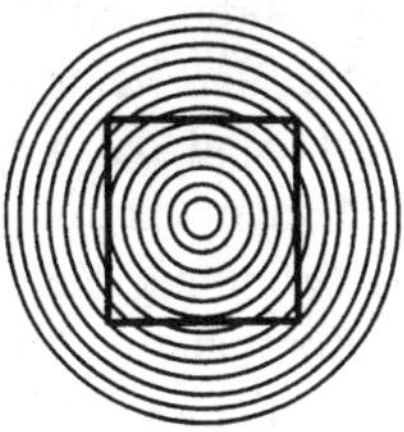

Der kreative Prozess spielt sich in der Wahrnehmungsphase des Denkens ab, dem Stadium, in dem unsere Wahrnehmungen und Vorstellungen geformt und verändert werden. Ebenso wie die Kombination eines Quadrates mit einem Hintergrund aus Kreisen unsere Wahrnehmung des Quadrates verändert, erweitern neuartige Kombinationen von Informationen unsere Wahrnehmungsfähigkeit und damit unsere innovativen Fähigkeiten.

Denken Sie an Einsteins Gleichung E=mc2. Einstein erfand nicht die Konzepte von Energie, Masse oder Lichtgeschwindigkeit, sondern kombinierte diese Konzepte auf neuartige und nützliche Weise. Er bezeichnete seine Denkweise als eine Art „Kombinationsspiel", Bezug nehmend auf eine von dem hervorragenden französischen Mathematiker Jacques Hadamard 1945 durchgeführte Untersuchung. Für Einstein schien dieses „Kombinationsspiel" das wesentliche Merkmal seines kreativen Denkens zu sein.

Wie ein hochintelligentes Kind, dem man Eimer voller Legosteine gibt, setzt auch ein genialer Mensch Ideen, Bilder und verschiedene andere Gedanken zu immer wieder neuen Varianten zusammen.

Aufgrund ihrer Bereitschaft, innovative Kombinationen in Erwägung zu ziehen, sind geniale Menschen im Stande, von allgemein anerkannten Vorstellungen darüber, was richtig und was falsch ist, abzurücken und sich vorzustellen, was tatsächlich möglich ist. 1448 kombinierte Johannes Gutenberg den Mechanismus zum Pressen von Wein und die Vorrichtung zum Prägen von Münzen, um bewegliche Buchstaben zu schaffen, wodurch die Druckerpresse möglich wurde. Seine Methode der beweglichen Typen hielt sich fünf Jahrhunderte lang in nahezu unveränderter Form. Die Gesetze der Vererbung, auf die sich die moderne Genetik gründet, sind das Ergebnis der Arbeit von Gregor Mendel, der die Mathematik mit der Biologie kombinierte. Zu Thomas Edisons Erfindung einer praktischen Beleuchtungsanlage gehörte die Kombination von parallelen Stromkreisen mit hoch widerstandsfähigen Glühfäden in seinen Glühbirnen, zwei Dinge, die man damals für unmöglich gehalten hatte.

Stellen Sie sich vor, Ihr Kopf sei eine Schüssel voller Eiskrem mit einer glatten Oberfläche. Stellen Sie sich nun weiterhin vor, Sie würden heißes Wasser von einem Löffel auf das Eis tropfen lassen und die Schüssel ein wenig kippen, so dass das Wasser herunterrinnt. Wenn Sie diesen Prozess viele Male wiederholt haben, ist die Oberfläche des Eises voller Furchen. Wenn unser Gehirn Informationen empfängt, fließen sie, wie Wasser, in die vorgeformten Furchen. Nach einer Weile sind nur kleine Informationseinheiten nötig, um eine ganze Furche zu aktivieren. Dies ist der Prozess des Erkennens und Ergänzens von Mustern, der sich in unserem Gehirn abspielt. Auch dann, wenn ein großer Teil der Information nicht in die Furche fließt, korrigiert und vervollständigt das Gehirn automatisch die Information, um ein Muster auszuwählen und zu aktivieren.

Wenn wir uns darauf konzentrieren, aus eigener Willensanstrengung heraus neue Ideen oder Lösungen zu entwickeln, stoßen wir in der Regel auf dieselben alten Ideen. Die Informationen aktivieren dieselben alten Furchen, stellen dieselben alten Verknüpfungen her und produzieren dadurch die immer gleichen Ideen. Oder anders ausgedrückt: Wenn Sie immer dasselbe denken, werden Sie immer dasselbe Ergebnis erhalten.

Kreativität stellt sich ein, wenn wir die Schüssel mit der Eiskrem kippen und das Wasser (die Informationen) zwingen, die Furchen zu verlassen und in eine neue Richtung zu fließen. Sie kippen die Schüssel, indem Sie Informationen auf neue Art und Weise verknüpfen. Durch diese neuen Kombinationen erhalten Sie neue Möglichkeiten, sich auf etwas zu konzentrieren, und neue Möglichkeiten, das, worauf Sie sich konzentrieren, zu interpretieren, wodurch Sie zu neuen Erkenntnissen, originellen Einfällen und kreativen Lösungen gelangen.

Eine Reihe der im Folgenden dargestellten Techniken ist darauf ausgerichtet, Ihnen zu helfen, durch die Kombination ungleicher Objekte, Ideen, Konzepte und Gedanken auf originelle und innovative Ideen zu kommen. Die erste Technik folgt dem Vorbild einer der von Leonardo da Vinci bevorzugten Denkstrategien. Schlüsselelemente zu kombinieren, um etwas Neues zu schaffen, war ein Grundpfeiler seiner Genialität.

Leonardo da Vincis Methode

Leonardos groteske Köpfe und berühmte Karikaturen sind Beispiele für zufällig entstandene Varianten des menschlichen Gesichts durch unterschiedliche Kombinationen einer Reihe von Merkmalen. Er erstellte zunächst eine Liste der Teile des Gesichts (Köpfe, Augen, Nasen etc.) und zählte dann unter jedem Teil Varianten auf. Als Nächstes mischte er die verschiedenen Varianten und kombinierte sie, um originelle und groteske Karikaturen zu schaffen. Im Folgenden finden Sie eine Tabelle, die dem Beispiel da Vincis angenähert ist:

Köpfe	**Augen**	**Nasen**	**Münder**	**Unterkiefer**
Rund	Glotzaugen	Schnabelartig	Verkniffen	Doppelkinn
Knochig	Eingesunken	Spitz	Hasenscharte	Schlaff
Hohe Stirn	Hervorquellend	Hakennase	Schmal wie ein Strich	Unregelmäßig
Buschige, zusammengewachsene Augenbrauen	Schielend	Stupsnase	Schlaff	Schmäler werdend
Glockenförmig	Kulleraugen	Zinken	Schwulstig	Hängend
Eiförmig	Schräg	Zigarrenförmig	Geschwungen	Kantig
Gefurchte Stirn	Geschwollen	Fleischig	Fleischig	Gedrungen
	Gerötet	Fibrös	Verzerrt	Hervorstehend
				Fliehend

Zwar ist die Anzahl der in jeder Kategorie aufgelisteten Aspekte relativ klein, doch gibt es tausende von Kombinationsmöglichkeiten. Die umkreisten Merkmale stellen lediglich eine von tausend verschiedenen Kombinationmöglichkeiten von Eigenschaften dar, die für die Zeichnung eines originellen grotesken Kopfes verwendet werden können.

Aus da Vincis Notizbüchern geht hervor, dass er diese Methode bei seiner künstlerischen Arbeit und seinen Erfindungen angewandt hat. Er empfahl, nach den positivsten Elementen vieler schöner Gesichter Ausschau zu halten, anstatt etwas zu kreieren, was der eigenen Ansicht nach ein schönes Gesicht war. Es ist faszinierend, darüber zu spekulieren, ob die Mona Lisa, das wahrscheinlich am meisten bewunderte Porträt der Welt, aus der Kombination der positivsten Elemente der schönsten Gesichter der Welt hervorgegangen ist, die da Vinci beobachtet und systematisiert hat. Vielleicht entdecken die Bewunderer des Bildes deshalb so viele verschiedene Ausdruckselemente in der Mischung der Gesichtszüge der Frau auf dem Gemälde, deren Identität nie geklärt wurde.

Man kann Leonardo fast vor sich sehen, wie er eine Matrix von Elementen zusammenstellte (Apostel, Reaktionen, Umstände, Gesichtsausdrücke, Situationen) und so lange variierte und kombinierte, bis er die richtige Konfiguration fand, um sein einmaliges Meisterwerk Das letzte Abendmahl zu kreieren. Viele Künstler vor ihm hatten ihre Versionen des letzten Abendmahls geschaffen. In Leonardos Gemälde jedoch lebte die Szene mit einer neuen Bedeutung auf, die kein anderer ihr jemals zuvor oder später hatte geben können.

Leonardo analysierte die Struktur eines Objektes und unterteilte sie dann in die wesentlichen Parameter (unter „Parameter" versteht man ein charakteristisches Merkmal, einen Faktor, eine Variable oder einen Aspekt). Dann listete er für jeden Parameter Varianten auf und kombinierte sie. Indem er verschiedene Kombinationen der Varianten der Parameter erstellte, schuf er neue Ideen.

Um da Vincis Technik anzuwenden, gehen Sie folgendermaßen vor:

1. Spezifizieren Sie Ihre Aufgabe.
2. Zerlegen Sie die Aufgabe in ihre einzelnen Parameter. Die Parameter sind der grundlegende Rahmen der Aufgabe. Der Umfang der Tabelle wird durch die Anzahl der Parameter und die Menge der erstellten Kombinationen bestimmt. Je mehr Varianten es gibt und je größer die Vielfalt der Varianten der einzelnen Parameter ist, desto wahrscheinlicher ist es, dass die Tabelle eine brauchbare Idee enthält. Eine Tabelle mit zehn Parametern mit jeweils zehn Varianten würde zehn Billionen Kombinationsmöglichkeiten der Parameter und Varianten enthalten.
3. Wenn Sie mit dem Auflisten der Varianten fertig sind, kombinieren Sie die Parameter und ihre Varianten beliebig, wobei Sie einen oder mehrere aus jeder Spalte auswählen, und stellen Sie die Kombinationen zu völlig neuen Ausdrucksformen zusammen. Wenn Sie mit zehn oder mehr Parametern arbeiten, kann es möglicherweise hilfreich für Sie sein, zunächst beliebig die ganze Gruppe unter die Lupe zu nehmen und sich dann allmählich auf einzelne Elemente zu konzentrieren, die besonders viel versprechend erscheinen.

Ein Beispiel: Der Besitzer einer Autowaschanlage möchte eine Idee für einen neuen Markt oder für den Einstieg in einen neuen Markt finden. Er analysiert den Vorgang des Waschens und entscheidet sich, mit vier Parametern zu arbeiten: „Waschmethode", „zu waschende Produkte", „benötigte Ausstattung" und „andere zum Verkauf angebotene Produkte".

Er erstellt eine Liste der Parameter und zählt für jeden Parameter fünf Varianten auf. Vier Parameter stellt er obenan und listet jeweils fünf Varianten für jeden Parameter auf. Dann wählt er einen oder mehrere beliebige Varianten jedes Parameters aus und verbindet sie zu einer neuen Geschäftsidee.

Ausweitung Autowaschanlage				
	Methode	Was wird gewaschen?	Maschinen und Geräte	Zum Verkauf angebotene Produkte
1	Vollwäsche	Autos	Berieselungsanlagen	Verwandte Produkte
2	Selbstbedienung	Lastwagen	Förderbänder	Neuheiten
3	Handwäsche	Häuser	Gestelle	Bücher im Sonderangebot
4	Mobil	Kleidung	Trockner	Esswaren
5	Kombiniert	Hunde	Bürsten	Zigaretten

Neue Geschäftsidee: Die beliebige Kombination von Parametern („Selbstbedienung", „Hunde", „Bürsten", „Gestelle", „Berieselungsanlagen", „Trockner", „Verwandte Produkte") bringt den Besitzer der Autowaschanlage auf eine neue Geschäftsidee. Er kreiert den neuen Geschäftszweig Hundewäsche mit Selbstbedienung. Die Hundewaschanlage verfügt über Rampen, die zu hüfthohen Wannen führen, wo die Besitzer die Hunde abduschen, mit Bürsten schrubben, einschamponieren und trocken föhnen. Zusätzlich verkauft der Besitzer der Anlage seine eigenen Hundeprodukte, wie zum Beispiel Schampoos und Pflegespülungen. Hundebesitzer waschen nun ihre Tiere, während ihre Autos eine Vollwäsche in der Autowaschanlage erhalten.

Aus fünf Alternativen für jeden Parameter ergeben sich 3.125 verschiedene Kombinationsmöglichkeiten. Wenn sich nur zehn Prozent als brauchbar erweisen, würde dies zu 312 neuen Ideen führen. Theoretisch sollten Ihnen sämtliche Kombinationsmöglichkeiten für eine gestellte Aufgabe zur Verfügung stehen, wenn Sie die entsprechenden Parameter und Varianten aufgelistet haben. In der Praxis kann es sein, dass Ihre Parameter unvollständig sind oder wesentliche Varianten nicht berücksichtigen. Wenn Sie glauben, das könnte der Fall sein, sollten Sie Ihre Parameter noch einmal überprüfen und entsprechend korrigieren beziehungsweise ergänzen.

Der deutsche Gestaltpsychologe Wolfgang Köhler demonstrierte den Vorgang der Neustrukturierung der Wahrnehmung anhand von Tieren. Bei einem Experiment mit einem Affen legte er eine Banane außer Reichweite des Tieres, so dass der Affe die Frucht nur durch das Erproben neuer Methoden, die er nicht kannte, erreichen konnte. Köhler gab dem Affen beispielweise ein paar Tage lang Kisten, mit denen das Tier spielen konnte. Dann hängte er Bananen an die Decke außerhalb der Reichweite des Affen. Wenn Köhler die Kisten hinter das Tier stellte, probierte es sämtliche gewohnten Methoden aus, die Frucht zu erreichen, und scheiterte. Stellte er die Kisten vor den Affen, so dass dieser sie sehen konnte, setzte sich das Tier hin, dachte nach und benutzte nach einer plötzlichen Erkenntnis die Kisten, um sich darauf zu stellen und die Bananen zu erreichen. Dadurch dass die Information sichtbar war, wurde die Wahrnehmung des Affen neu strukturiert. Er sah die Kisten nicht mehr als Spielsachen, sondern als Hilfsmittel zur Errichtung eines Stapels. Er nahm die Beziehung zwischen den Kisten und den Bananen wahr.

In gleicher Weise verändern Sie Ihre Wahrnehmung von Informationen, wenn Sie die Informationen zu immer wieder neuen Varianten kombinieren. Außerdem ist es umso wahrscheinlicher, dass einige Kombinationen als assoziative Bindeglieder zu Ideen dienen, auf die Sie mit Ihrer gängigen Denkweise nicht gekommen wären, je mehr Kombinationen Sie zu bilden im Stande sind (A, B und D könnten möglicherweise assoziativ verknüpft werden, weil sie alle assoziativ mit C verbunden sind). So dient beispielsweise die Kombination der drei Wörter „Überraschung", „Leitung" und „Geburtstag" als ein assoziatives Bindeglied zum Wort „Party", das heißt, zu den Begriffen „Überraschungsparty", „Partyleitung" und „Geburtstagsparty". Im Falle der oben erwähnten Autowaschanlage stellte man eine assoziative Verbindung von den aufgelisteten Punkten zur Idee einer Vogel-Waschanlage her. Dabei handelt es sich um eine Miniatur-Klemmvorrichtung, in der der Vogel sicher in aufrechter Position gehalten wird, so dass er sanft gewaschen und abgeduscht werden kann (sehr ähnlich einer Autowäsche). Die Anlage ist dazu konzipiert, Arbeitern beim Waschen von Vögeln zu helfen, die von ins Meer ausgelaufenem Öl verschmutzt sind. Man erwartet, dass die Konstruktion hilft, tausende von Vögeln zu retten, die derzeit die rauen Säuberungsaktionen nicht überstehen.

Eine Nahrungsmittelfirma suchte nach neuen Ideen für Tunfischprodukte und Absatzmärkte für Tunfisch. Im Folgenden sind die Parameter und ihre Varianten aufgelistet, die die Firma benutzte. Sie verwendete die Parameter „Verwendungsarten für Tunfisch", „Arten von Behältern/Verpackungen", „Produkte, die mit Tunfisch verwendet werden" und „Würzen von Tunfisch".

Aus diesen Variablen entstanden viele neue Einfälle. Eine Idee waren Fertigpackungen für eine Mahlzeit, die mit einem Ring zu öffnen waren und die in Wasser eingelegten Tunfisch, Päckchen mit Majonäse und Pickles-Soße, Weizenvollkorn-Kräcker und einen Löffel enthielten.

Verwendungsarten	**Behälter/ Verpackung**	**Produkte, mit denen Tunfisch zusammen verwendet wird**	**Gewürze**	**Absatzmärkte**
Sandwich Geschmort Appetithappen Salat Imbiss Mit anderen Zutaten gemischt Mittagessen	Kleine Büchsen Große Konservendosen In Öltunke eingelegt In Wasser eingelegt Beutel Schachtel Konserven mit Ring zum Öffnen	Kräcker Brot Salat Nudeln Pickles Soßen Zwiebeln Jalapeño Majonäse	Salz Pfeffer Chili Soja Fettarm	Familien Singles Schüler Behörden Militär

Die Firma entdeckte auch ein assoziatives Bindeglied zwischen Majonäse und Tunfisch, das sie dazu anregte, an der Herstellung synthetischer Majonäse zu arbeiten, die mit dem Tunfisch gemischt und abgefüllt werden kann und nicht mehr separat verpackt werden muss. Die Firma unterteilte ihre Aufgabe in einzelne Elemente, was ihr ermöglichte, diese von allen Seiten zu betrachten und auf neue Art und Weise zu kombinieren.

Auf dem Gebiet der Kunst repräsentiert Pablo Picassos kubistisches Werk Les Demoiselles d'Avignon die restlose Zergliederung des Gemäldes und der Welt in einzelne Teile, was Picasso die Möglichkeit gab, diese Elemente auf neue und überraschende Arten zu kombinieren. Die Figuren dieses Gemäldes empfand man als die ersten Figuren in der Kunst der westlichen Welt, die von allen Seiten zugleich gemalt wurden.

Als der Kubismus die Ausstellungshallen eroberte, zeigte Picasso auch, wie man die Elemente eines Gemäldes mit Elementen der Welt zu einer neuen Kunstrichtung kombinieren konnte, die er Collage nannte.

Einfallsreiche Problemlösungen

Der Mathematiker Henri Poincaré war der Ansicht, dass zu einer einfallsreichen Problemlösung die Erstellung zahlreicher unterschiedlicher Kombinationsmöglichkeiten gehörte sowie die grundlegende Fähigkeit, die wahrscheinlich nützlichsten Kombinationen auszuwählen.

Eine nützliche Methode, der Fixierung auf einzelne Aspekte eines Problems zu entgehen, besteht darin, die einzelnen Aspekte in noch kleinere Elemente zu untergliedern und dann diese kleineren Teile auf neue Weise zu kombinieren, um neue komplexere Elemente zu schaffen. Es ist in der Regel einfacher, untergeordnete Elemente zu neuen Einheiten zusammenzusetzen als die Situation gleich von Beginn an in neue Einheiten aufzugliedern.

Die Anzahl der verschiedenen Betrachtungsmöglichkeiten wird nicht nur durch die Menge der Merkmale begrenzt, die man definieren kann, sondern auch durch die Anzahl der Beziehungen, die sich zwischen diesen Merkmalen herstellen lassen. Je umfangreicher das Repertoire an Verbindungsmöglichkeiten zwischen den einzelnen Elementen, desto origineller können die Kategorien – die Sichtweisen einer Situation – ausfallen.

1. Wählen Sie als Erstes beliebig viele Parameter bzw. Aspekte aus. Das Minimum sind vier Parameter.
2. Listen Sie für jeden Parameter so viele Varianten wie möglich auf (siehe unten stehendes Beispiel).

3. Gehen Sie die Parameter durch und kombinieren Sie willkürlich eine oder mehrere Varianten jeder Spalte mit einer oder mehreren Varianten anderer Spalten.
4. Bemühen Sie sich, aus jeder dieser willkürlichen Kombinationen von Varianten neue Ideen zu entwickeln.
5. Setzen Sie Ihre Versuche mit unterschiedlichen Kombinationen fort.

So suchte man in einer Stadt im mittleren Westen der USA nach einem verlässlicheren Weg, die Menschen vor bevorstehenden Gefahren wie Überschwemmungen, Tornados, Erdbeben etc. zu warnen. Folgende Parameter wurden ausgewählt:

- Wie lokalisiert man die Menschen?
- Wie gewinnt man ihre Aufmerksamkeit?
- Wie vermittelt man die beabsichtigte Botschaft?
- Wie erreicht man die gewünschte Reaktion?

Man erstellte willkürliche Kombinationen der Varianten, um Ideen zu entwickeln. Aus einer der Kombinationen („Glocken“, „Telefon“, „Schutz suchen“, „Information“) mit „sämtliche Möglichkeiten, Menschen zu lokalisieren“ entstand die Idee, ein Arrangement mit der Telefongesellschaft zu treffen, um sämtliche Telefone der Stadt (einschließlich der öffentlichen Fernsprecher) klingeln zu lassen. Hob man ab, wurde eine Bandaufnahme abgespielt, die die Menschen über die betreffende Gefahr unterrichtete und sie instruierte, was sie tun sollten. Zusätzlich startete man eine Informationskampagne in den Medien, die die Bevölkerung über das Gefahrenwarnsystem und seine Funktionsweise unterrichtete.

Nehmen wir an, Sie möchten die Werbung für ein Produkt neu gestalten. Die Parameter für eine neue Marketing-Kampagne könnten folgende sein:

- Möglichkeiten, Aufmerksamkeit zu erwecken
- Möglichkeiten, Menschen zum Handeln zu bewegen
- Themen
- Absatzmärkte
- Möglichkeiten, Menschen zu überraschen

Menschen lokalisieren	**Aufmerksamkeit gewinnen**	**Vermittlung der Botschaft**	**Gewünschte Reaktionen**
Zu Hause	Glocken	Telefon	Schutz suchen
Schulen	Boten	Öffentliche Bekanntmachungen	Hilfe suchen
Krankenhäuser	Feuerwehrsirenen	Persönlich	Evakuieren
Pflegeheime	Presse	Zeitungen	Anderen helfen
Büro- und Geschäftsgebäude	Medien	Funk/Pieper	Information
Öffentliche Verkehrsmittel	Ampeln	E-Mail	Information weitergeben
Private Verkehrsmittel	E-Mails	Radio und Fernsehen	Nichts tun
Öffentliche Parks	Elektrische Beleuchtung	Web-Sites	

Listen Sie unter jeden Parameter so viele Varianten wie möglich auf. Dann gehen Sie das Ganze durch und verbinden eine oder mehrere beliebige Varianten jeder Spalte mit einer oder mehreren Varianten in anderen Spalten. Experimentieren Sie so lange, bis Sie auf die von Ihnen gewünschten Ideen kommen.

Wenn Sie in ein Kaleidoskop blicken, sehen Sie ein Muster. Wenn Sie ein neues Stückchen Glas hinzufügen, haben Sie eine Vielzahl neuer Muster. Das willkürliche Kombinieren von Varianten ist wie das Hinzufügen von Glasstückchen in ein Kaleidoskop. Sie schaffen eine Vielzahl neuer Möglichkeiten.

Das Kombinieren von Schlüsselbegriffen

Kreatives Denken ist häufig eine Frage des Erzeugens neuer Assoziationen, neuer Synthesen oder neuer Kombinationen von Elementen bereits vorhandenen Wissens. Mit dem Schaffen von etwas gänzlich Neuem hat es weniger zu tun.

Suchen Sie nach neuen Ideen für Ihr Unternehmen, indem Sie die Variablen Ihres Geschäfts analysieren, die einzelnen Komponenten auflisten und willkürliche Kombinationen erstellen:

1. Fragen Sie sich zuerst: „Worin besteht unser Geschäft?" und „Wie sollte unser Geschäft aussehen?" Diese Fragen helfen, Ihre Aufmerksamkeit zu bündeln. Zum Beispiel besteht die Aufgabe eines Verlegers nicht in der Produktion von Büchern, sondern in der Vermittlung von Information und Unterhaltung; und die Aufgabe einer Telefongesellschaft ist nicht die Bereitstellung von Telefonen, sondern von Serviceleistungen.
2. Als Nächstes definieren Sie die Variablen Ihres Unternehmens. Typische Variablen sind beispielsweise Produkte, Service, Absatzmärkte, Funktionen, Technologien, Preise, Lieferung, Management und so weiter. Wählen Sie vier oder fünf Ihnen besonders wichtig erscheinende Variablen aus.
3. Listen Sie unter jeder Variablen die Attribute oder Komponenten auf. Erstellen Sie ein Verzeichnis von Schlüsselbegriffen und verwenden Sie diese zur Beschreibung der Komponenten bzw. Attribute jeder Variablen.

Im Folgenden finden Sie ein Verzeichnis von Schlüsselbegriffen für einen Fachbuchverleger:

Produkte	**Absatzmärkte**	**Technologie**	**Funktionen**	**Serviceleistungen**
Gebundene Bücher	Leihbüchereien	Druck	Information	Buchklubs
Taschenbücher	Buchhandlungen	Elektronisch	Unterhaltung	Mitteilungsschreiben
Floppy Disks	Universitäten	Audio	Erziehung	Seminare
CD-Roms	Industrie	Modular	Bildung	Web-Site
Kassetten		Video	Quellen	Informationsdienste
Elektronische Netzwerke	Militär	Internet		Sonderrabatt für Branchenangehörige
	Internet	Intranet		
	Ausland			

4. Mischen und kombinieren Sie Ihre Produkte, Funktionen, Absatzmärkte, Technologien und Serviceleistungen auf verschiedene Arten, um neue Ideen auszuprobieren – verbinden Sie zum Beispiel elektronische Netzwerke, Information, Quellen, Internet, Druck und Informationsdienste zur Idee einer elektronischen Datenbank. Diese Datenbank würde sämtliche Informationen der Liste der erschienenen Fachbücher enthalten. Diese Informationen können als eine Quelle für Geschäftsleute über ein Computernetzwerk für Unternehmen und über das Internet verkauft werden.
   Eine andere interessante Übung besteht darin, sämtliche möglichen charakteristischen Merkmale, Komponenten oder Dimensionen Ihres Unternehmens als Schlüsselbegriffe auf Karten oder kleine Zettel zu schreiben, jeweils einen Begriff pro Karte oder Zettel.

Finden Sie möglichst viele Begriffe und ziehen Sie die Karten bzw. Zettel dann aufs Geratewohl aus einem Glas, einer Schachtel oder einem ähnlichen Behälter. Im Folgenden finden Sie einige typische Schlüsselbegriffe:

Kommunikation
Menschen
Zusammenhalt
Design
Bewegung
Position
Materialien
Funktionen
Hindernisse
Information
Unkosten
Technologie
Preise
Personal

Charakter
Farbe
Form
Verpackung
Format
Teile
Image
Trends
Forschung
Umwelt
Produkte
Vorteile
Märkte
Management
Platz

Energie
Qualität
Charakt. Merkm.
Dimensionen
Strukturen
Zweck
Gelegenheiten
Optionen
Konkurrenz
Wert
Partnerschaft
Erfolg
Service
Lieferung
Verfahren

Wenn Sie über ein geschäftliches Problem nachdenken, ziehen Sie drei bis sechs beliebige Karten aus der Schachtel. Listen Sie sämtliche Gedanken auf, die Ihnen beim Lesen der Karten in den Sinn kommen, und kombinieren Sie diese Gedanken dann. Nehmen wir an, Sie suchen eine neue Werbung für ein Produkt und haben die Karten „Design", „Vorteile" und „Image" gezogen. Listen Sie unter jedem Begriff, der sich auf der jeweiligen Karte befindet, die durch ihn inspirierten Gedanken auf. Suchen Sie nach Möglichkeiten, den Anforderungen, die in den Begriffen „Design", „Vorteile" und „Image" stecken, bei der Gestaltung einer neuen Produktwerbung gerecht zu werden. Erweitern Sie Ihren gedanklichen Horizont, indem Sie möglichst viele Gedanken auflisten.

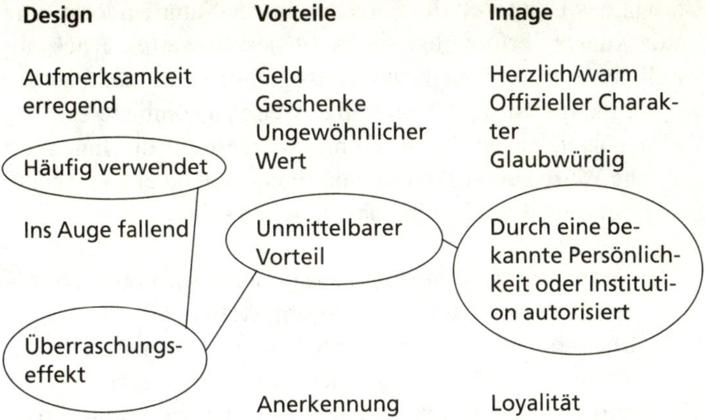

Lesen Sie sich die Gedanken durch und benutzen Sie Ihre Vorstellungskraft, um Ideen daraus zu entwickeln. Erstellen Sie dann beliebige Kombinationen der verschiedenen Gedanken und bemühen Sie sich, aus diesen Kombinationen neue Ideen zu bilden. Fahren Sie so lange fort, bis Sie die Ideen gefunden haben, die Sie suchen. Aus den Schlüsselbegriffen „häufig verwendet", „Überraschungseffekt", „unmittelbarer Vorteil" und „durch eine bekannte Persönlichkeit oder Institution autorisiert" entwickelte die Firma die Idee einer großen Lotterie zugunsten der Alzheimer-Stiftung. Die Werbung für die Lotterie, die Lose, die Siegerehrung werden alle in die Werbung für das Produkt eingebunden.

Die Kombination bereits vorhandenener Informationen

Man pflegte eine Weile die Vorstellung, Genies würden Elemente bereits vorhandenen Wissens kombinieren, weil sie gewisse Parallelen oder Überschneidungen zwischen ihnen erkannten. William James war in diesem Punkt sehr entschieden. Er behauptete, Newton hätte so das Gesetz der Quadratzahlen und

Darwin das Überleben der Stärksten in der Natur entdeckt. Ihre Entdeckungen erforderten einen bemerkenswerten Blick für Parallelen zwischen Elementen existierender Informationen sowie die Fähigkeit, sie auf innovative Weise zu kombinieren.

Im Folgenden wird eine Technik dargestellt, die Ihnen auf ähnliche Weise beim Erkennen von Elementen bereits vorhandenen Wissens und ihrer Kombination helfen soll:

1. Sammeln Sie sämtliche verfügbare Informationen, die mit Ihrem Problem in Beziehung stehen.
2. Überlegen Sie, welche Faktoren mit Ihrem Problem in Beziehung stehen – egal, wie wichtig diese sind –, und notieren Sie jeden dieser Faktoren auf einer kleinen Karte.
3. Suchen Sie nach Verbindungen zwischen den Karten. Teilen Sie sie in übergeordnete Kategorien ein.
4. Gruppieren Sie sie so lange, bis Sie sie in vier bis sechs Hauptkategorien eingeteilt haben. Legen Sie eine neue Karte über jede Gruppe, die die übergeordnete Kategorie definiert (die Titelkarte). Diese Hauptgruppen sind die grundlegenden Dimensionen bzw. Parameter des Problems.
5. Die Parameter oben auf ein leeres Blatt Papier schreiben und die dazugehörigen Komponenten spaltenweise darunter auflisten.
6. Das Blatt in vertikale Streifen schneiden. Auf jedem Streifen befinden sich jetzt jeweils ein Parameter und dessen Komponenten.
7. Legen Sie die Streifen nebeneinander. Wenn Sie einen Streifen nach oben oder unten verschieben, erkennen Sie neue Beziehungen zwischen den Komponenten, aus denen sich wiederum neue Ideen oder kreative Lösungen ergeben könnten.

Sie können die Titelkarten und die dazugehörigen Komponentenkarten auch an die Wand heften. Gehen Sie die Parameter und ihre Komponenten durch, wählen Sie eine oder mehrere Komponenten aus jeder Spalte aus und bilden Sie neue Kombinationen daraus.

Die Kombination unzusammenhängender Informationen

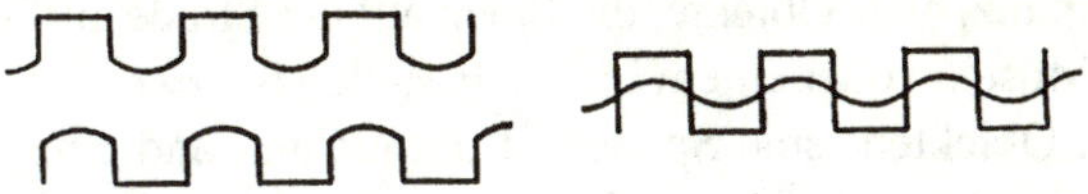

Kombinieren wir die links dargestellten Linien zu der rechts abgebildeten Figur, bereitet es uns große Schwierigkeiten, die beiden ursprünglichen Muster zu erkennen. Wir sehen statt dessen eine durch eine Reihe von Stäben verlaufende Wellenlinie. Die Kombination der Linien schafft ein neues Muster mit neuen spezifischen Merkmalen. Die Abbildung bestätigt die Tatsache, dass sich aus einer Kombination neue Merkmale ergeben können, die in keiner der beiden ursprünglichen Linien auf den ersten Blick zu erkennen waren.

Das Gleiche trifft auf Konzepte und Ideen zu. George Murphy von der Universität Illinois ließ Versuchspersonen schätzen, welche Merkmale auf bestimmte Konzepte und ihre Kombinationen zuträfen. Eine Konzeptgruppe bestand aus den separaten Begriffen „leer", „Laden" und ihrer Kombination „leerer Laden". Nehmen Sie nun die Vorstellung „Geld verlieren". Wie die Versuchspersonen in Murphys Experiment werden Sie wahrscheinlich erkennen, dass Geld zu verlieren typisch für „leere Läden", aber nicht für „Läden" oder für „leere" Dinge im Allgemeinen ist. Die Bedeutung verändert sich, wenn wir Konzepte kombinieren, und je innovativer die Kombination ist, desto innovativer ist auch die veränderte Bedeutung. Deshalb zeichnet sich schöpferisches Denken häufig durch ein Interesse am Kombinieren zuvor nicht zueinander in Beziehung stehender

Ideen, Produkte und Serviceleistungen aus. Es gibt eine Menge unterschiedlicher Methoden, innovative Kombinationen zu erstellen.

Zufallsauswahl von Objekten

Wählen Sie zwanzig beliebige Objekte aus. Sie können alle möglichen Objekte aussuchen – bei sich zu Hause, an Ihrem Arbeitsplatz, oder Objekte, die Ihnen auf der Straße auffallen, in einem Museum oder einem Laden. Erstellen Sie zwei Spalten mit je zehn Objekten, eine Spalte auf der rechten und eine auf der linken Seite eines Blattes Papier (siehe folgendes Beispiel). Suchen Sie sich ein Objekt aus der linken Spalte, das Sie mit einem Objekt aus der rechten Spalte kombinieren. Wenn Sie eine viel versprechende neue Kombination entdecken, arbeiten Sie diese zu einer neuen Erfindung aus.

Computer	Brotschneidemaschine
Kaffeemaschine	Skulptur
Brötchen	Hängematte
Sonnenbrille	Signalton
Türvorleger	Fenster
Badewanne	Staubsauger
Telefonzelle	Automobil
Sonnenschutzlotion	Eintrittskarte
Schlafzimmer	Getränkedose
Fernsehapparat	Insekten abwehrend

Aus den im vorstehenden Beispiel erstellten Kombinationen wurden die folgenden Ideen entwickelt:

- Aus der Kombination eines Brötchens mit einer Brotschneidemaschine entstand die Idee einer Brötchenschneidemaschine mit seitlichen Plastikhalterungen zum Fixieren des Brötchens, damit dieses während des Schneidevorgangs nicht rotiert.

- Aus der Kombination der Badewanne mit der Hängematte ergab sich der Einfall einer Babybadewanne mit einer einfachen Hängematte, die über eine Kopfstütze verfügt, in der der Kopf des Babys sicher gehalten wird und die Eltern die Hände zum Waschen des Kindes frei haben.
- Die Kombination von Sonnenbrille und Fenstern führt zu der Idee getönter Fensterscheiben, um das Haus kühl zu halten.
- Aus der Kombination von Sonnenschutzlotion und dem Vertreiben von Insekten entstand ein neues Produkt – eine Lotion, die sowohl gegen Sonne als auch gegen Insekten schützt.

Sie können auch den heuristischen Versuch unternehmen, Ideen zu entwickeln, indem Sie ein Objekt, das eine bestimmte Funktion erfüllt, mit einem anderen für die gegenteilige Funktion vorgesehenen Objekt kombinieren und dadurch vielleicht eine Neuschöpfung hervorbringen. Der Tischlerhammer ist ein gutes Beispiel hierfür, ebenso der Bleistift mit einem Radiergummi an einem Ende. Können Sie neue Objekte aus den im oben stehenden Beispiel aufgelisteten Objekten schaffen, indem Sie sie mit etwas kombinieren, was die gegenteilige Funktion erfüllt? Wie wäre es mit einer kleinen Abdeckhaube zum dichten Verschließen einer Getränkedose, die am Ring zum Öffnen der Dose befestigt ist?

Welche Figur erkennen Sie in der folgenden Abbildung?

Man kann sie entweder als Ente oder als Hase betrachten. Wenn Sie sich auf die linke Seite konzentrieren, sehen Sie eine Ente; richten Sie Ihre Aufmerksamkeit auf die rechte Seite, sehen Sie einen Hasen, dessen Ohren aus dem Schnabel der Ente entstehen. Ein neues Bild kommt zu Stande, indem Sie zwei verschiedene Bilder zu einem einzigen zusammenfügen. Ebenso können wir auf einfache Weise viele neue Objekte kreieren, wenn wir beliebige Objekte, die in keinem Zusammenhang zueinander stehen, kombinieren.

In Paul Klees 1927 entstandenem Meisterwerk Physiognomischer Blitz beispielsweise werden die Grundzüge eines männlichen Gesichts durch einen Blitz gebildet: Aus zwei heterogenen Elementen entsteht ein zusammenhängendes Bild. Seinem eigenen Bericht zufolge kam Newton auf das Gravitationsgesetz, als er gleichzeitig einen Apfel fallen und den Mond am Himmel sah. Diese gleichzeitig wahrgenommenen Bilder regten ihn zum Nachdenken darüber an, ob dem Fallen des Apfels und dem Umlauf des Mondes um die Erde dieselben Gesetze zu Grunde lägen.

Die Kombination zweier verschiedenartiger Objekte führt zu einer kognitiven Verschmelzung, aus der sich bisweilen eine neue Erkenntnis oder Idee entwickelt.

Das Kombinieren von Objekten aus unterschiedlichen Bereichen

Sigmund Freuds Interesse an Themen-, Sach- oder Lebensbereichen, die nichts mit Psychologie zu tun hatten, war ein Schlüssel zu seinen ungewöhnlichen Erkenntnissen. So griff er in seiner psychiatrischen Praxis beispielsweise nicht nur auf die ihm bekannten persönlichen Lebensdaten eines Patienten zurück, sondern auch auf seine Kenntnisse kultureller Charakteristika, literarischer Werke und der Weltgeschichte, um daraus Schlüsse abzuleiten. Sein Talent, Informationen aus unterschiedlichen Bereichen zusammenzufügen, trug zu seiner Fähigkeit bei, die

Dinge auf andere Art und Weise zu betrachten als seine Zeitgenossen.

Wenn Sie auf der Suche nach originellen Ideen sind, versuchen Sie, Objekte aus unterschiedlichen Bereichen, die nichts miteinander zu tun haben, zu kombinieren. Die fruchtbarsten Kombinationen sind häufig diejenigen, die aus Elementen sehr unterschiedlicher Bereiche bestehen. Ein Unternehmer beispielsweise erstellte zwei Listen von Objekten: Eine Liste enthielt eine Aufzählung von Haushaltsgegenständen, die andere Objekte aus dem Bereich des Sports. Die Kombination von „Wäschekorb" und „Basketball" brachte den Unternehmer auf die Idee eines neuen, etwa einen Meter langen Wäschekorbs mit einem Basketballnetz, der an einem zylindrischen Reifen angebracht und an ein Korbbrett gehängt wird, das man an einer Tür befestigt. Dadurch haben Kinder die Möglichkeit, Basketball mit der Schmutzwäsche zu spielen und auf diese Weise den Korb zu füllen. Ist das Netz voll, werden die Kleider durch Ziehen an einer Kordel nach unten in den Wäschekorb befördert.

Eine weitere Möglichkeit, beliebige Kombinationen mit Subjekten aus verschiedenartigen Bereichen zu erstellen, besteht darin, zwei nichts miteinander zu tun habende Subjekte auszuwählen, beide in ihre jeweiligen Attribute aufzugliedern und dann die Attribute beliebig zu kombinieren. Nehmen wir einmal an, Sie wollen ein neues Produkt erfinden. Zunächst suchen Sie zwei Objekte aus, die Sie interessieren. Erstellen Sie eine Liste der Attribute bzw. charakteristischen Merkmale dieser beiden Objekte und kombinieren Sie sie in beliebiger Art und Weise, um Ihre Ideenproduktion anzuregen. Wählen wir zum Beispiel „Schlafzimmer" und „Automobil". Zu den Attributen dieser beiden Objekte gehören unter anderem folgende:

Schlafzimmer	**Automobil**
Bett	Transportiert Fahrgäste
Schlafplatz	Bewegt sich
Springrollo	Heizung
Befindet sich neben dem Bad	Gibt es in verschiedenen Farben
Man verspürt ein Gefühl der Sicherheit	Automatische Türverriegelung

Die Kombination von „ein Gefühl der Sicherheit" und „automatische Türverriegelung" führte zur Idee eines Generalschlüssels für alle Fenster, Türen, Computersysteme und alle anderen im Haus befindlichen Objekte, der neben dem Bett platziert wird. Die Zusammenstellung von „Springrollos" und „bewegt sich" regte zu der Idee an, Lichtsensoren in die Springrollos zu integrieren, die die Rollos abhängig von der Stärke des von außen einfallenden Lichts automatisch öffnen und schließen.

Die Kombination von Attributen verschiedenartiger Objekte ist eine schnelle Methode, findige Ideen zu entwickeln. Nehmen wir an, Sie möchten eine neue Werbekampagne ausarbeiten. Wählen Sie zwei Werbekampagnen aus unterschiedlichen Bereichen, die Ihnen gefallen haben (zum Beispiel eine politisches Kampagne und eine für ein Sportteam). Listen Sie die Attribute beider Programme in zwei Spalten auf und bilden Sie dann beliebige Kombinationen, bis Sie auf Ideen für eine neue Werbekampagne gestoßen sind. Ein anderes Beispiel: Sie wollen das Arbeitsklima in Ihrem Büro verbessern. Zu diesem Zweck wählen Sie zwei Arbeitsplätze aus unterschiedlichen Berufssparten aus (beispielsweise eine Zahnarztpraxis und das Büro Ihrer Ehefrau beziehungsweise Ihres Ehemannes), in denen ein fantastisches Arbeitsklima herrscht, erstellen eine Liste der Attribute beider Arbeitsplätze und bilden dann beliebige Kombinationen, um neue Ideen für die Verbesserung der Arbeitsatmosphäre in Ihrem Büro zu finden.

Probleme kombinieren

Thomas Edisons Laboratorium war eine große Scheune voller Arbeitstische, auf denen sich in Arbeit befindliche Projekte befanden. Sein Arbeitsplatz bot die Möglichkeit, dass sich nebeneinander liegende Projekte gegenseitig beeinflussten – die an einem Projekt durchgeführten Arbeitsschritte konnten auch an den benachbarten Projekten ausprobiert werden. Diese Methode ermöglichte es Edison, seine Betrachtungsweise in Bezug auf seine Projekte ständig neu zu überdenken.

Benutzen Sie ein Notizheft, um das, was Edison räumlich praktizierte, zeitlich umzusetzen. Arbeiten Sie an zwei oder mehr unterschiedlichen Problemen gleichzeitig. Ein Problem könnte darin bestehen, das Kapital und die Unterstützung für ein neues Projekt zu finden. Ein anderes Problem wäre die Suche nach einer verbesserten Methode zur Bewertung der Angestellten; eine dritte mögliche Aufgabe könnte die Ausarbeitung einer weiteren neuen Werbekampagne sein. Wenn Sie in Hinsicht auf ein Problem vor einer Wand stehen, beschäftigen Sie sich mit der anderen Aufgabe. Fallen Ihnen Ideen oder Verfahrensweisen in Bezug auf ein Problem ein, probieren Sie diese oder ähnliche Ideen auch im Zusammenhang mit dem anderen Problem aus.

Wörter kombinieren

Der französische Dichter Paul Valéry war der Ansicht, man bräuchte zwei unterschiedliche Denkstrategien, um beim Verfassen von Gedichten etwas Neues zu schaffen. Die eine Strategie dient dazu, Kombinationen zu kreieren, die andere dazu, das Wichtige auszuwählen. Im Folgenden sind einige Methoden dargestellt, mittels derer man Wörter auf neue, unterschiedliche Art und Weise kombiniert.

Suchen Sie das grundlegende Verb und das wesentliche Substantiv des Problems heraus, mit dem Sie sich gerade beschäftigen. Suchen Sie dann nach Wörtern, die eine ähnliche

Bedeutung haben wie das Verb bzw. das Substantiv, und listen Sie sie in zwei verschiedenen Spalten auf. Verwenden Sie einen Thesaurus. Wählen Sie ein Wort aus der ersten Liste, kombinieren Sie es mit einem Wort aus der zweiten Spalte und lassen Sie sich von dieser Kombination zu Ideen anregen. Experimentieren Sie mit unterschiedlichen Kombinationen. Stellen wir uns vor, Sie wollten den Konflikt zwischen zwei konkurrierenden Abteilungen entschärfen. Ihre Listen könnten in diesem Fall beispielsweise so aussehen:

Entschärfen	**Konflikt**
Reduzieren	Zwietracht
Abschwächen	Streit
Mildern	Auseinandersetzung
Vermindern	Spannungen
Herabsetzen	Kontroverse
Nicht beachten	Disharmonie

Betrachten Sie die folgenden Kombinationen: „Vermindern – Zwietracht" führt zu der Idee, die Häufigkeit der Kontakte zwischen den Abteilungen zu vermindern; „Herabsetzen – Zwietracht" inspiriert den Einfall, die Einschätzung der Leistungen der Abteilungen in der Prioritätenskala herunterzusetzen, bis der Konflikt sich entschärft, und „Nicht beachten – Disharmonie" suggeriert, den Konflikt zu ignorieren und zu hoffen, dass er sich von selbst löst.

Eine andere Methode, Ideen zu produzieren, besteht darin, ein Problem in die einzelnen Begriffe, durch die es definiert wird, zu zerlegen und die einzelnen Wörter beliebig zu kombinieren. Schreiben Sie die Wörter oder die grundlegenden Formulierungen auf Zettel oder Karteikarten – jeweils einen Begriff bzw. eine Formulierung pro Karte. In Bezug auf unser Problem wären diese Begriffe zum Beispiel „Anspornen", „Angestellte", „Arbeitsbereiche", „Arbeit", „Aufräumen", „Büro" und „Täglich". Mischen Sie die Karten und legen Sie sie mit der beschrifteten

Seite nach unten vor sich hin. Wählen Sie zwei beliebige Karten aus, kombinieren Sie die darauf stehenden Begriffe und bemühen Sie sich, eine Idee daraus zu bilden. Das Mischen und Kombinieren der Karten so lange fortsetzen, bis Sie auf die von Ihnen gewünschten Ideen kommen. „Anspornen – Arbeitsbereiche" führt zu dem Einfall, die Räumlichkeiten angenehmer zu gestalten, indem man den Zugang zu den Abfallbehältern verbessert. „Angestellte – Anspornen" animiert zu der Idee, Diskussionsgruppen zu bilden, die sich mit Verbesserungsmöglichkeiten beschäftigen. „Täglich – Büro" führt zu dem Einfall, eine bestimmte Zeit am Ende des Tages dafür zu reservieren, dass jeder Angestellte seinen Arbeitsplatz aufräumt.

Eine dritte Technik, die auf der Verwendung von Wörtern beruht, besteht da-rin, eine Liste von Substantiven (etwa fünf bis zehn) und eine weitere mit Adjektiven und Verben zu erstellen, die in Verbindung zu Ihrem Subjekt stehen. Jedes Substantiv sollte den Kernpunkt oder einen Aspekt des Kernpunkts Ihres Problems repräsentieren. Sie können hierzu ebenfalls einen Thesaurus verwenden. Die Liste der Adjektive und Verben sollte frei assoziiert werden (sämtliche Adjektive und Verben notieren, die Ihnen gerade einfallen). Als Nächstes kombinieren Sie willkürlich ein Substantiv aus der ersten Liste mit einem Adjektiv oder Verb aus der zweiten Liste. Lassen Sie sich von dieser Kombination zu Ideen anregen. Experimentieren Sie mit verschiedenen Kombinationen.

Im Folgenden finden Sie ein Beispiel für die Anwendung dieser Technik bei der Suche nach neuen Produkt- bzw. Serviceideen für Fluggesellschaften. Liste A enthält Substantive, die einige Aspekte beziehungsweise Kernpunkte des Flugverkehrs repräsentieren, Liste B Adjektive und Verben.

Substantive	Adjektive und Verben
Gläser für Getränke	Abspringen
Erste Klasse	Innovativ
Gepäck	Essen
Flugkarte	Einsteigen
Speisetablett	Verbinden
Ablagen über den Sitzen	Unterhalten

Die Kombination von „Speisetablett" mit „essen" ließ die Idee organischer, verzehrbarer Speisetabletts entstehen. Die aus Sojastärke und Proteinen hergestellten essbaren Tabletts wären nicht für den menschlichen Verzehr bestimmt, sondern würden gesammelt und für die Verfütterung an Rinder und andere Tiere verwendet werden – als Beitrag zum Recycling.

Ideen kombinieren

J.Bronowski, der Autor des Buches The Ascent of Man, behauptete, ein Genie sei „ein Mensch, der zwei großartige Einfälle hat". Genialität beschreibt in diesem Sinne die Fähigkeit, die beiden Ideen miteinander zu verbinden. Im Jahr 1979 machte sich der Physiker Alan Guth Gedanken über die Möglichkeit voneinander getrennter magnetischer Pole – hypothetische Abschnitte magnetischer Nordpole, die unabhängig von einem südlichen Gegenpol existierten. Er spielte auch mit einem völlig anderen Gedanken, nämlich der merkwürdigen Vorstellung von „falschen Vakuen", die die Naturgewalten einfrieren und bündeln würden. Durch die Kombination dieser beiden ungleichen Ideen kam er auf eine neue Theorie von der Entstehung der Welt. In seiner „Inflationstheorie" postuliert er, dass das Universum aus einer Hyperexplosion hervorging, die den Urknall wie ein leises Wimmern erscheinen lässt. Seine Theorie beantwor tet kosmologische Geheimnisse, über die frühere Theorien sich ausgeschwiegen hatten.

Der Mathematiker Gregory Chaitin wies einmal nach, dass kein Programm eine Zahl hervorbringen kann, die komplexer ist als das Programm selbst, ebenso wie eine Frau, die einhundert Pfund wiegt, kein zweihundert Pfund schweres Kind gebären kann. Eine Idee entsteht durch die Annexion ihres „Nachbarn". Eventuell katalysieren sich die beiden Einfälle gegenseitig – wie zwei chemische Substanzen, die beide für eine Reaktion notwendig sind –, um ein neues Konzept, Produkt oder einen neuen Einfall entstehen zu lassen. Ideen zu zusätzlichen und besseren Ideen zu kombinieren hilft Ihrem Geist, seine kreative Kapazität voll auszuschöpfen.

Probieren Sie die folgende Strategie zur Kombination von Ideen. Sammeln Sie all Ihre Einfälle und listen Sie sie zwei Spalten – A und B – auf. Schreiben Sie sie entweder auf ein Blatt Papier oder auf Karten. Wenn Sie sie auf Karten schreiben, diese zu zwei Stapeln ordnen oder in zwei Reihen an die Wand heften. Je eine beliebige Idee aus Spalte A und eine aus Spalte B auswählen und versuchen, die beiden Ideen zu einer einzigen Idee zu kombinieren. Finden Sie heraus, wie viele realisierbare Kombinationen Sie erstellen können.

Wenn Sie ein Gruppen-Brainstorming durchführen, bitten Sie jeden Teilnehmer, fünf oder sechs Einfälle auf Karteikarten zu schreiben. Als Nächstes soll jeder Teilnehmer seine Ideen der Priorität nach ordnen und eine auswählen. Der Gruppenleiter sammelt die übrigen Karten ein und legt sie mit der beschrifteten Seite nach oben auf einen Tisch. Bitten Sie dann die Teilnehmer, zum Tisch zu kommen, die übrig gebliebenen Karten durchzusehen, eine auszuwählen und zu ihrem Sitzplatz zurückzukehren. Dieser Vorgang, bei dem nicht gesprochen wird, sollte circa fünf bis zehn Minuten dauern. Bitten Sie zuletzt die Teilnehmer, ihre Einfälle mit denen, die sie aus den übrig gebliebenen Karten herausgesucht haben, zu einer neuen Idee zu kombinieren.

Die Kombination von Elementen extremer Ideen

Leonardo da Vinci vertrat die Meinung, dass man Dinge unter extremen Bedingungen untersuchen sollte, um herauszufinden, wie sie wirklich funktionierten. Suchen Sie nach zwei entgegengesetzten extremen Einfällen. Was für eine Idee hätten Sie beispielsweise, wenn Ihnen alle Ressourcen der Welt (Menschen, Geld, Zeit etc.) offen stünden? Als Nächstes stellen Sie sich die Frage, welche Idee Sie hätten, wenn Ihnen keine Ressourcen zur Verfügung stünden. Dann versuchen Sie, die beiden Ideen zu einer praktikablen Idee zu kombinieren. Überlegen Sie sich, aus welchen Elementen sich die beiden Extreme zusammensetzen und welche Attribute sie besitzen, listen Sie sie auf und erstellen Sie beliebige Verbindungen zwischen den beiden Listen.

Nehmen wir einmal an, Sie möchten Ihre Angestellten belohnen, weil sie eine Idee zur Steigerung der Produktivität hatten. Ein Extrem wäre, jedem Angestellten eine Million Dollar pro Einfall zu zahlen. Das andere Extrem bestünde darin, jeden Angestellten mit einem Pfennig zu belohnen. Aus der Kombination der beiden Extreme entstand die Idee einer „Einen-Groschen-für-Ihre-Ideen"-Kampagne. Kaufen Sie einen Automaten mit farbigen Gummibällen und stellen Sie ihn in Ihrem Büro auf. Belohnen Sie den Erfinder einer Idee (oder von jeweils fünf oder zehn Ideen) mit einem Groschen, mit dem dieser den Automaten in Betrieb setzt. Setzen Sie einen Geldpreis für die Gummibälle aus, die aus dem Automaten kommen, und zwar entsprechend der Farbe der jeweiligen Bälle (drei Mark für einen grünen, zwölf Mark für einen gelben, 250 Mark für einen roten Ball etc.).

Viele unterschiedliche Perspektiven kombinieren

Genialität entspringt der Leidenschaft für die Integration vielfältiger Perspektiven. Wenn sich jemand auf mehreren unterschiedlichen Gebieten hervortut und in der Lage ist, sie zu etwas

Neuem zu kombinieren, befindet er auf dem besten Weg zum kreativen Genie. Durch die Integration unterschiedlicher Perspektiven eröffnet sich uns die tiefere Struktur der Dinge. Das Auffinden der grundlegenden Struktur unter der vielschichtigen Oberfläche ist das Kernstück des schöpferischen Geistes.

SIL

SIL ist ein deutsches Akronym, das „sukzessive Integration von Problemelementen" bedeutet. Es handelt sich um eine Methode, die im Frankfurter Batelle Institut entwickelt wurde. Hierbei entwickelt jeder Teilnehmer zunächst still für sich Ideen zu einem vorgegebenen Problem. Diese Technik unterscheidet sich insofern von anderen Methoden, als die Ideen zu Stande kommen, indem man vorausgehende Einfälle fortlaufend integriert. Die Richtlinien sind folgende:

1. Jeder Teilnehmer der Gruppe schreibt still für sich Ideen nieder.
2. Zwei Teilnehmer lesen jeweils eine ihrer Ideen laut vor.
3. Die anderen Teilnehmer versuchen, diese Ideen zu einer einzigen Idee zu kombinieren.
4. Ein dritter Teilnehmer liest eine Idee vor und die Gruppe versucht, diesen Einfall in die im dritten Schritt gebildete Idee zu integieren.
5. Dieser Prozess des Vorlesens und Integrierens von Ideen wird so lange fortgesetzt, bis sämtliche Ideen verlesen und schließlich zu einer einzigen Lösung zusammengefügt wurden. Möglicherweise gelingt es nicht, alle Ideen zu integrieren, doch es wird auf jeden Fall sichergestellt, dass sämtliche Einfälle Gehör und angemessene Beachtung finden.

Der exquisite Leichnam

Diese Technik wird von surrealistischen Künstlern verwendet, um konzeptuelle Kombinationen zu schaffen. Die Mitglieder einer Gruppe von Künstlern tragen abwechselnd ein beliebiges Wort zu einem „Satz“ bei, ohne zu sehen, was die anderen geschrieben haben. Aus dem dabei gebildeten „Satz“ ergibt sich schließlich eine Kombination von Konzepten, die von den Künstlern in der Hoffnung studiert und interpretiert werden, daraus eine neue Einsicht gewinnen oder irgendeine tiefere Bedeutung erkennen zu können. Die Surrealisten waren der Ansicht, dass sich durch das Nebeneinander-Stellen von Wörtern mehrerer Personen eine denkerische Freiheit gewinnen ließe, die normalerweise durch das menschliche Bewusstsein beschränkt wird. Diese Methode wird als „Der exquisite Leichnam“ bezeichnet, nach einem aus der zufälligen Kombination dieser Wörter hervorgegangenen Satz.

Im Folgenden finden Sie ein Gruppenspiel, das auf dieser Technik beruht; der Zweck des Spiels ist es, unzusammenhängende Konzepte beizusteuern und zu kombinieren. Die Gruppe diskutiert fünf bis zehn Minuten lang über ein Problem oder Thema. Dann schreibt jeder Teilnehmer still für sich ein Wort auf eine Karte. Danach versucht die Gruppe, die Karten zu einem Satz zu kombinieren (wobei die Gruppe gegebenenfalls Wörter ergänzen kann, um dem Satz Sinn zu verleihen). Zum Schluss wird die Gruppe gebeten, den gebildeten Satz zu studieren und eine oder mehrere Ideen daraus zu entwickeln.

Talente kombinieren

Suchen Sie nach Wegen, Begabungen zu kombinieren. In seinem Buch Kreative Intelligenz stellt Howard Gardner die Hypothese auf, dass Einstein ohne die Anregung und Kritik seitens seiner Freunde unter Umständen sein bahnbrechendes Werk nicht hätte vollenden können. Einstein wusste es zu schätzen, dass er seine Ideen an anderen Menschen erproben konnte, wie zum Beispiel seiner Frau Mileva und Michaelangelo Besso, einem Ingenieur, mit dem er sich im Patentamt angefreundet hatte. Einstein dankte Besso ausdrücklich für eine Unterhaltung, die zur Relativitätstheorie führte, und Wissenschaftler spekulieren darüber, ob Mileva wohl zur Entwicklung seiner originellsten Ideen beigetragen hat. In seinen leidenschaftlichen Briefen an sie sprach Einstein von „unserer Theorie“.

Auf dem Gebiet der Kunst waren es Pablo Picasso und Georges Braque, die durch die Kombination ihrer Talente den Kubismus erfanden. Ohne jede Frage waren die spezielle Form des Kubismus und die Geschwindigkeit, in der diese Stilrichtung die Kunstwelt veränderte, das Resultat der Kombination der Talente zweier Künstler, die noch keine dreißig Jahre alt waren. Mit seiner ausgeprägten Begabung für die Darstellung der Natur und der Menschen war Picasso möglicherweise verantwortlich für die mehr bildnerischen Aspekte, die Konzentration auf die charakteristischen Merkmale der dargestellten Objekte, während Braque sich mehr auf die Abstraktion verlegte. Die Kombination ihrer kontrastierenden Talente führte zu den paradoxen Eigenschaften des Kubismus.

Suchen Sie bei Gruppen-Brainstormings nach Möglichkeiten, die vielen unterschiedlichen Talente der Teilnehmer zu maximieren. Sie könnten die Teilnehmer beispielsweise nach Geschlecht, beruflichen oder anderen Fachbereichen, geografischer Herkunft, Ausbildung etc. in kleinere Untergruppen aufteilen. Lassen Sie jede Gruppe für sich nach Ideen suchen und dann alle gemeinsam ihre Ideen austauschen sowie nach Kombinationsmöglichkeiten suchen, wobei nach den oben beschriebenen SIL-Richtlinien vorgegangen werden sollte.

„Links-Denker" und „Rechts-Denker"

Eine interessante Methode zur Kombination von Begabungen besteht darin, die Gruppe in rationale Denker (linke Hirnhälfte) und intuitive Denker (rechte Hirnhälfte) aufzuteilen. Bitten Sie die „Links-Denker“, sich praktische, konventionelle, logische

Einfälle auszudenken, und die „Rechts-Denker", ausgefallene, unkonventionelle, unlogische Ideen zu entwickeln. Lassen Sie die Gruppe unter Anwendung der SIL-Richtlinien sukzessive die logischen und die unkonventionellen Ideen fusionieren.

Verschiedene Bereiche kombinieren

Viele bahnbrechende Entdeckungen basieren auf der Kombination von Informationen aus unterschiedlichen Bereichen, von denen man gewöhnlich annimmt, dass sie keinerlei Beziehungen zueinander aufweisen. Synthesen sowohl innerhalb von Bereichen als über die Grenzen von Bereichen hinweg sind in diesen Fällen die Regel und nicht die Ausnahme. Ravi Schankar fand Möglichkeiten, indische und westliche Musik harmonisch miteinander zu verbinden; Paul Klee kombinierte kubistische Einflüsse, Kinderzeichnungen und primitive Kunst zu seinem persönlichen künstlerischen Stil; Salvador Dali integrierte Einsteins Relativitätstheorie in sein Meisterwerk Nature Morte Vivante, auf dem verschiedene Objekte in Bewegung und in Ruhe zugleich dargestellt sind. Und fast alle Wissenschaftler überschreiten bei ihren kreativsten Arbeiten die Grenzen zwischen Physik, Chemie und Biologie.

Eine weitere Möglichkeit, Talente zu kombinieren, besteht darin, Ratschläge und Informationen von in unterschiedlichen Bereichen tätigen Menschen einzuholen. Interessanterweise traf Leonardo da Vinci 1503 in Florenz den italienischen politischen Theoretiker Niccolò Machiavelli und arbeitete mit ihm zusammen. Die beiden Männer arbeiteten bei verschiedenen Projekten zusammen, einschließlich einer neuen Kriegswaffe: der Umleitung eines Flusses. Professor Roger Masters vom Dartmouth College stellt Vermutungen darüber an, dass Leonardo Machiavelli in das Konzept der angewandten Wissenschaften einführte. Viele Jahre später kombinierte Machiavelli sein von Leonardo erlerntes Wissen mit seinen eigenen politischen Erkenntnissen zu einem neuen politischen und sozialen Konzept, das manche

Leute – der Autor dieses Buches eingeschlossen –, als Initialzündung für die Entwicklung der modernen Industriegesellschaft bewerteten.

Jonas Salk, der Entdecker des Impfstoffes, der zur Ausrottung der Polio führte, machte es sich zur Gewohnheit, mit Männern und Frauen aus völlig verschiedenen Bereichen zusammenzuwirken. Er merkte, dass diese Praxis ihn auf Ideen brachte, auf die weder er noch andere Menschen, die in seinem eigenen, begrenzten Bereich tätig waren, von allein gekommen wären. Suchen Sie nach Möglichkeiten, sich Ideen von Menschen aus anderen Sachbereichen zu besorgen. Bitten Sie drei bis fünf Leute, die auf anderen Gebieten tätig sind, um einen Input zu Ihrem Problem. Fragen Sie Ihren Zahnarzt, Ihren Steuerberater, Ihren Mechaniker etc. Erkundigen Sie sich, wie diese Menschen Ihr Problem lösen würden, und notieren Sie sich die Ideen, bevor Sie sie wieder vergessen. Versuchen Sie dann zu einem späteren Zeitpunkt, diese Ideen oder Elemente davon in Ihre Überlegungen zu integrieren.

Genau dies tat Robert Bunsen, der Chemiker, der den bekannten Bunsenbrenner erfand, in Bezug auf sein Problem. Er führte anhand der Farbe, die eine chemische Probe in einer Gasflamme annahm, eine grobe Bestimmung der in der Probe enthaltenen Elemente durch. Er war verblüfft über die vielen technischen Mängel, die er und seine Kollegen trotz ihrer ungeheuer umfangreichen chemischen Kenntnisse nicht beheben konnten. Schließlich schilderte er das Problem nebenbei einem Freund, dem Physiker Kirchhoff, der sofort vorschlug, ein Prisma zum Sichtbar-Machen des gesamten Farbspektrums zu verwenden und auf diese Weise detaillierte Informationen zu erhalten. Dieser Vorschlag brachte den Durchbruch, der zur Wissenschaft der Spektrografie und später zur modernen Wissenschaft der Kosmologie führte.

Wenn Sie ein Gruppen-Brainstorming über ein geschäftliches Problem durchführen, versuchen Sie, eine andere Abteilung darin einzubinden. Sind Sie beispielsweise in der Werbebranche tätig und wollen eine Werbekampagne für ein neues Produkt ausarbeiten, bitten Sie Leute aus der Produktionsabteilung um ihre Mitwirkung. Teilen Sie die Mitarbeiter der Werbeabteilung und die Leute aus der Produktionsabteilung in zwei Gruppen auf. Jede Gruppe sucht allein für sich nach Einfällen. Dann schließen sich die beiden Gruppen wieder zusammen und integrieren ihre Ideen.

Physiker einer Universität montierten einen großen Magneten für ein Forschungsprojekt. Der Magnet war auf Hochglanz poliert, weil das Experiment höchste Präzision erforderte. Durch Zufall zog der Magnet etwas Eisenstaub an, den die Physiker nicht entfernen konnten, ohne den Magneten zu beschädigen. Bei einem interdisziplinären Treffen baten die Physiker andere Hochschullehrer um Ideen und Lösungsvorschläge. Ein Kunstlehrer fand sofort die Lösung des Problems, die darin bestand, Ton zur Entfernung des Staubs zu benutzen.

Strategie fünf: Das Unverbundene verbinden

Wenn es ein hervorstechendes Merkmal kreativer Menschen gibt, dann die Fähigkeit, Kombinationen von Dingen vorzunehmen, auf die andere Menschen nicht kommen. Diese Begabung, das Unverbundene zu verbinden, versetzt Genies in die Lage, Beziehungen zu sehen, für die andere Menschen blind sind.

In der unten stehenden Abbildung erscheint Figur B größer als als Figur A. Das ist jedoch nicht der Fall. Beide haben die gleiche Größe. Würde man Figur A ausschneiden, würde man feststellen, dass sie genau über Figur B passt.

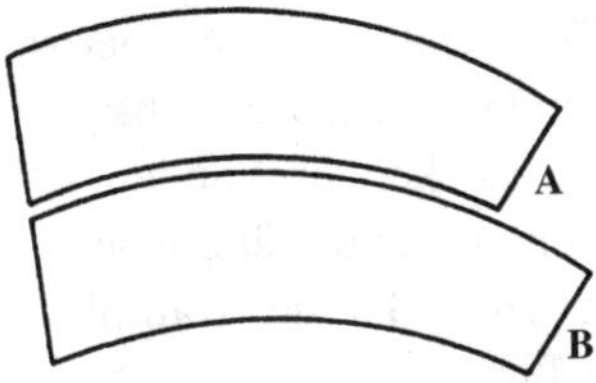

Dadurch dass der kleinere Bogen von Figur A neben den größeren Bogen von Figur B gestellt wird, erscheint die oben stehende Figur kleiner. Die Nebeneinandersetzung der Bögen stellt eine Verbindung zwischen ihnen her, die unsere Wahrnehmung ihrer Größe verändert. Wir nehmen die Bögen nicht so wahr, wie sie sind (gleich groß), sondern so, wie wir denken, dass sie seien (unterschiedlich groß).

In ähnlicher Weise können Sie Ihre Denkmuster verändern, indem Sie Ihr Subjekt mit etwas verknüpfen, was in keiner Verbindung mit ihm steht. Nehmen wir an, Sie wollten eine neue Art finden, die Verfallsdaten auf Lebensmittelverpackungen anzugeben, und bringen dieses Problem zufällig mit dem Herbst in Verbindung. Blätter wechseln im Herbst ihre Farbe. Das Bemühen, einen Zusammenhang zwischen der Verfärbung der Blätter und den Verfallsdaten herzustellen, führt zu der Idee

„cleverer Etiketten“, die ihre Farbe selbstständig verändern, wenn die Nahrungsmittel zu lange zu hohen Temperaturen ausgesetzt werden. Das Etikett gibt dem Verbraucher ein Zeichen – auch wenn das kalendarische Verfallsdatum vielleicht noch Monate entfernt ist. Unsere gewohnte Vorstellung von Verfallsdaten veränderte sich dadurch, dass wir eine Verbindung zu einem Faktor, der mit dem Verfallsdatum in keinem Zusammenhang stand (Herbst), herstellten. Dies regte uns zu einer neuen Denkweise an, wodurch eine neue Idee entstand.

Leonardo da Vinci beschrieb in seinen Notizbüchern, wie er „das Unverbundene verband“, um seine kreativen Inspirationen festzuhalten. Er schilderte diese Strategie in einer spiegelverkehrten „Geheimschrift“, die er sich selbst beibrachte. Um seine Handschrift zu lesen, brauchte man einen Spiegel – seine Methode, seine Denkstrategien vor neugierigen Blicken zu schützen. Er sagte, man könne wunderbare Inspirationen gewinnen, indem man sich Flecken an Wänden, Asche, Wolkenformationen, Muster in Schlamm oder ähnliche Strukturen anschaute. Er stellte sich vor, darin Bäume, Kämpfe, Landschaften, sich lebhaft bewegende Figuren etc. zu sehen, und regte dann sein Denken an, indem er Verbindungen zwischen den Subjekten und Geschehnissen seiner Vorstellung und dem Thema, an dem er gerade arbeitete, herstellte. Den Aufzeichnungen in seinen Notizbüchern zufolge warf da Vinci hin und wieder einen mit Farbe getränkten Schwamm an die Wand und betrachtete die Flecken.

Die Metaphern, die Leonardo durch seine Verbindungen zwischen vollkommen verschiedenen Objekten schuf, waren außergewöhnlich kreativ und fantasievoll. Einmal stand er an einer Quelle und registrierte im gleichen Augenblick, in dem die Glocke einer nahe gelegenen Kirche zu läuten anfing, einen Stein, der auf das Wasser traf. Er bemerkte, dass der Stein Kreise erzeugte, die sich ausbreiteten und schließlich verschwanden. Indem er sich gleichzeitig auf die Kreise im Wasser und den Klang der Glocke konzentrierte, stellte er eine Verbindung zwischen beiden her, die zu seiner Entdeckung führte, dass sich Klänge in „Wellen“ fortsetzen.

Leonardo erkannte, dass das menschliche Gehirn sich nicht auf zwei verschiedene Dinge gleichzeitig konzentrieren kann, ohne früher oder später eine Verbindung zwischen ihnen herzustellen – egal, wie unterschiedlich die Objekte auch sind. Keine zwei „Dateneingaben“ bleiben lange separat, wie verschiedenartig sie auch sein mögen.

Samuel Morse beispielsweise war eines Tages mit seiner Weisheit am Ende, als er versuchte, ein Signal zu erzeugen, das stark genug wäre, über große Distanzen gehört zu werden. Größere Generatoren reichten nicht aus. Eines Tages sah er, wie erschöpfte Pferde gegen ein neues Gespann ausgetauscht wurden. Er stellte die Verbindung zwischen einer solchen Raststation für Pferde und starken Signalen her und löste das Problem. Die Lösung lag darin, Signale periodisch zu verstärken – das Grundprinzip der Telegrafie. In jüngerer Zeit stellte ein Werkstoffwissenschaftler, der an der Verbesserung von Stahl arbeitete, die Verbindung zwischen dem Seeohr, einem Meerestier, und Stahl her. Fasziniert von der schillernden, aber zugleich harten Schale des Seeohrs, fand er heraus, dass die Schale aus einfachem Kalziumkarbonat bestand, dem Material der Kreide, und dass dieser Stoff die Herstellung extrem harter Keramik ermöglichte. Man denkt, dass in Zukunft dieses extrem harte Keramikmaterial für die Auskleidung von Kolben in Autos und für die Herstellung von Stahlarten, die sich selbst „heilen“, wenn sie Risse bekommen, verwendet werden wird.

Unvorhersehbares Denken

In der folgenden Abbildung sehen Sie zwei Figuren (A). Die Aufgabe besteht da-rin, sie zu einer sinnvollen Form zusammenzulegen, die man jemandem beschreiben kann, der die Figuren nicht sieht. Die meisten Versuchspersonen legen die Figuren zu einem Rechteck zusammen (B). Als Nächstes wird eine weitere

Figur hinzugefügt (C), und die Aufgabe ist nun, alle drei Figuren zu einer sinnvollen Form zusammenzulegen. Das Ergebnis ist in fast allen Fällen wiederum ein Rechteck (D).

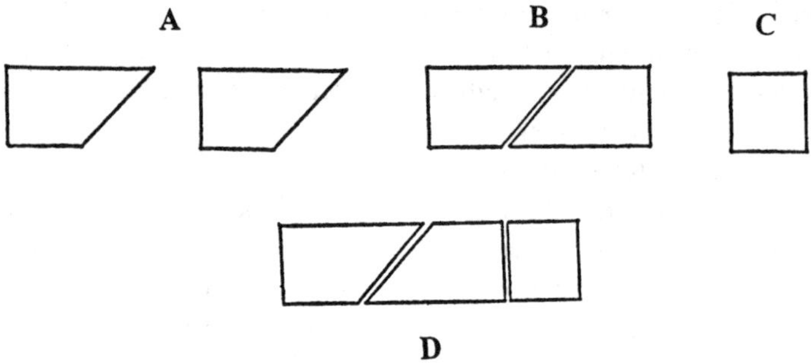

Das erste Muster führt fast zwangsläufig zur Entstehung des zweiten Rechtecks. Die von uns aktivierte rechteckige Struktur beherrscht unser Denken und führt vorhersehbar zur Entstehung eines neuen Rechtecks, wenn wir eine entsprechende neue Information bekommen. Eine quadratische Anordnung (siehe Figur A in der unten stehenden Abbildung) ist eine ebenso gute Variante, aber die überwiegende Zahl der Versuchspersonen sieht diese Möglichkeit erst dann, wenn sie ihnen gezeigt wird. Dieses Beispiel macht deutlich, wie unsere konventionellen Denkstrukturen unser Denken dominieren und unsere Kreativität blockieren.

Sie können Ihre gewohnten Denkstrukturen verändern, indem Sie Ihren Fokus ändern und an etwas völlig anderes denken. Im unten stehenden Beispiel ergänzen wir zwei weitere Figuren (C). Wenn wir (B) auseinandernehmen und die Figuren (C) hinzufügen, erhalten wir Anordnung (D). Wir können jetzt von vorne beginnen und die Ausgangsfiguren (B) zu einem Quadrat (A) zusammenlegen. Das Gleiche gilt für das kreative Denken. Um auf originelle Ideen zu kommen, müssen Sie Ihr Subjekt auf unvorhersehbare Art und Weise betrachten.

Fassen Sie Ihr Subjekt auf andere unvorhersehbare Art und Weise ins Auge, indem Sie sich bemühen, Verbindungen mit

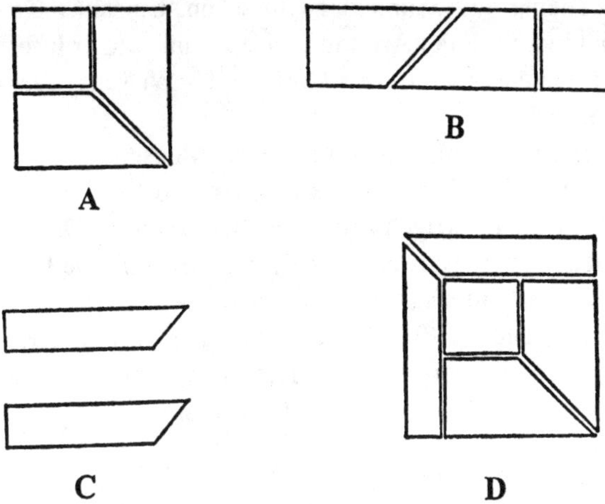

etwas herzustellen, das nicht mit ihm in Zusammenhang steht. DuPont entwickelte und produzierte die feuerresistente Faser Nomex. Ihre dichte Struktur machte die Faser undurchlässig für Färbemittel. Potenzielle Kunden wollten Nomex nicht kaufen, solange es keine farbige Version gab. Ein für Dupont tätiger Chemiker verglich Nomex mit dem Schacht einer Goldmine. Worin besteht die Verbindung zwischen einer dichten Struktur und einem Minenschacht? Um die Mineralien abzubauen, graben die Minenarbeiter ein Loch in die Erde und benutzen Stützen, um ein Einstürzen des Ganges zu verhindern. Der Chemiker führte diesen Gedanken weiter und erdachte eine Methode, während des Herstellungsprozesses von Nomex Öffnungen in die Faser einzubauen und sie „abzustützen", damit sie später mit Färbemitteln gefüllt werden konnten.

Einstein lernte, „blinde Variationen" seiner kreativen Ideen zu erzeugen, indem er seiner Fantasie freien Lauf und assoziativ neue Zusammenhänge und Verbindungen erstehen ließ. Sein besonderes Talent lag in der Fähigkeit, willentlich Bilder und Gedankensplitter zu reproduzieren und nach relevanten Verbindungen zwischen diesen Bildern und Gedankensplittern und seinem Thema bzw. Subjekt zu forschen. Einsteins Genialität hatte viel mehr mit der Art und Weise zu tun, wie er Informationen verarbeitete, als mit dem Umfang des Wissens, über das er verfügte.

Ein Hauptmerkmal schöpferischer Menschen ist die Fähigkeit, eine Vielzahl von Assoziationen und Beziehungen zwischen verschiedenartigen Objekten herzustellen. Den meisten Menschen fällt es schwer, dies bewusst zu tun, weil sie nicht gelernt haben, Informationen auf kreative Art und Weise zu verarbeiten. Dies trifft gleichermaßen auf Erfinder, Künstler, Schriftsteller, Wissenschaftler, Designer, Geschäftsleute und durchschnittliche Menschen zu, die von einem besseren Leben träumen.

Techniken

Im Folgenden wird eine Reihe von Techniken vorgestellt, mittels derer Sie das „Unverbundene verbinden" – neuartige, nicht vorhersagbare Ideen hervorbringen können. Dazu gehört das Erzeugen „blinder Variationen" von Ideen durch Anregungen, wie beispielsweise durch beliebige Wörter, beliebige Objekte, Bilder, Zeitschriften und Zeitungen, Farben, Wünsche und Fantasien.

Beliebige Wörter

Die folgende Methode dient dazu, durch die Verwendung beliebiger Wörter „blinde Variationen" von Ideen zu erzeugen und dadurch eine reiche Vielfalt an nicht vorhersagbaren Einfällen zu entwickeln. Stellen Sie sich vor, Sie werfen einen Stein in einen Teich. Sie sehen, wie sich eine Welle ausbreitet. Der Stein stößt die Wassermoleküle an, die wiederum benachbarte Wassermoleküle anschubsen. Auf diese Weise werden durch das Fallen des Steins Wellen von Molekülen, die einander anstoßen, weitergetragen. Doch sind die Wellen weder Bestandteil des Steins noch des Wassers. Jede Welle ist ein separates Objekt mit einem unterschiedlichen Erscheinungsbild, unterschiedlicher Größe und Ausbreitung. Die Folge ist eine neue, separate Struktur von Abläufen, unabhängig vom Stein, der das Geschehen in Gang setzte. Dadurch dass Sie einen Stein in den Teich warfen, haben Sie etwas geschaffen, was zuvor nicht existierte: eine Welle.

Ebenso brauchen Sie eine Methode zum Erzeugen neuer Denkmuster, um originelle Ideen zu entwickeln. Sie benötigen ein Denkmuster, das mit einem anderen Denkmuster wechselwirkt, um eine neue Struktur zu schaffen. Durch die Methode der Verwendung beliebiger Wörter lassen sich fast unendlich viele neue Muster erzeugen, die mit Ihren bereits vorhandenen Denkstrukturen in Beziehung treten können. Beliebige Wörter sind eine ergiebige Quelle für assoziative Verbindungen. Sie sind wie Kieselsteine, die in einen Teich geworfen werden. Sie stimulieren Wellen von Assoziationen und gedanklichen Verbindungen, von denen einige Ihnen möglicherweise zu einer bahnbrechenden Idee verhelfen können. Es gibt verschiedene Wege, beliebige Wörter auszuwählen:

Beliebige Wortlisten. Sie können beispielsweise Ihren Finger mit geschlossenen Augen willkürlich auf eine der mit „Beliebige Wörter“ überschriebenen Wortgruppen legen, die weiter hinten folgen (S. 177 ff.). Mit jedem Wort werden Sie andere Wörter und Bilder assoziieren. Was Sie nicht tun sollten, ist, die ganze Liste durchzulesen und das Wort auszuwählen, das Ihnen für Ihre Zwecke am nützlichsten erscheint.

Zufälliges Ziehen von Wörtern. Zerschneiden Sie die „Beliebige Wörter“-Liste in einzelne Teile und geben Sie sie z.B. in ein Glas. Fügen Sie dieser Sammlung Ihre eigenen Wörter hinzu. Ziehen Sie willkürlich Wörter aus dem Behälter.

Wörterbuch. Sie können beliebige Wörter mithilfe eines Wörterbuchs sammeln, indem Sie es auf einer beliebigen Seite aufschlagen und Ihren Finger mit geschlossenen Augen auf ein Wort legen. Eine andere Methode besteht darin, sich eine Seitenzahl (zum Beispiel 22) und dann eine bestimmte Position eines Wortes auf dieser Seite (sagen wir, das zehnte Wort von oben) auszudenken. Schlagen Sie das Wörterbuch auf Seite 22 auf und suchen Sie das zehnte Wort von oben. Ist das Wort kein Substantiv, gehen Sie in der Liste weiter nach unten, bis Sie auf ein Substantiv stoßen.

Andere Quellen. Sie können auch andere Quellen benutzen (Zeitschriften, Zeitungen, Bücher, die Gelben Seiten etc.). Augen schließen und mit dem Finger auf eine Seite tippen. Das Substantiv wählen, das Ihrem Finger am nächsten liegt.

Wie benutzen wir nun beliebige Wörter zum Entwickeln von Ideen? Nehmen wir an, unsere Aufgabe wäre es, das Auto zu verbessern. Aus der „Beliebige Wörter"-Liste ziehen wir willkürlich die Wortgruppe:

Nase
Apollo 13
Seife
Würfel
Steckdose

1. **Charakteristische Merkmale auflisten.** Arbeiten Sie jeweils nur mit einem Wort auf einmal. Stellen Sie sich ein Bild zu dem Wort vor, um Ihre rechte Gehirnhälfte einzubeziehen, und listen Sie dann die charakteristischen Merkmale des Begriffs auf. Ziehen Sie eine breite Palette von Dingen in Betracht.
   So haben Nasen beispielsweise einige der folgenden typischen Merkmale:
   - Unterschiedliche Größen und Formen
   - Manchmal gepierct
   - Zwei Nasenlöcher
   - Können einfach operiert werden, wenn sie gebrochen sind
   - Innen behaart
   - Verwesen nach dem Tod

2. **Verknüpfungen „erzwingen".** Bemühen Sie sich, Verbindungen zwischen jedem einzelnen Merkmal und der Aufgabe, an der Sie arbeiten, herzustellen. Dieses metaphorisch-analoge Denken erschließt neue kreative Wege. Stellen Sie sich etwa solche Fragen:
   - Inwiefern gleicht dies meinem Problem?
   - Was wäre, wenn mein Problem ein ... wäre?
   - Worin bestehen die Ähnlichkeiten?
   - ... ist wie die Lösung meines Problems, weil ...?
   - Inwiefern ist ... wie eine Idee, die mein Problem lösen könnte?

     Ein Beispiel: Aus der Kombination „Eine Nase hat zwei Nasenlöcher" mit „das Auto verbessern" entsteht der Einfall, ein Auto mit zwei separaten Energiequellen zu konstruieren: ein Auto mit Batterie- oder Elektroantrieb für Stadtfahrten und Kraftstoffantrieb für lange Strecken.

3. **Welches ist der Kern?** Was ist das Prinzip oder der Kern Ihres beliebigen Wortes? Können Sie darauf eine Idee aufbauen? Das Prinzip einer Nase könnte beispielsweise „Geruch" sein. Aus der Bemühung um eine Verbindung zwischen „Geruch" und „das Auto verbessern" entsteht die Idee, serienmäßig eine Kartusche in das Auto einzubauen, die den Fahrer durch verschiedene Geruchsvarianten auf Fehlfunktionen oder Mängel aufmerksam macht. Riechen Sie z.B. Orangenblüten, ist es Zeit, Ihre Bremsen überprüfen zu lassen; Zimtgeruch warnt Sie vor einem Leck in der Benzinzuleitung etc.

   Eine andere Idee ergibt sich aus dem beliebig gewählten Begriff „Apollo 13". Die Astronauten der Apollo 13 benutzten das LEM als eine Notversorgungsquelle für Kraftstoff, um zur Erde zurückkehren zu können. Die Verbindung dieser Idee mit dem Auto führt zu einer Umgestaltung des Motors in einer Weise, die es ermöglicht, ihn bei

Stromausfällen zur Notversorgung des Hauses zu benutzen. Das Haus könnte damit an das Auto angeschlossen werden.

4. **Viele Verbindungen kreieren.** Wenn Sie die „Beliebige Wörter"-Liste verwenden, nehmen Sie alle fünf Wörter der jeweiligen Gruppe und bemühen Sie sich, möglichst viele Verbindungen herzustellen. Pro Wort haben Sie fünf Minuten Zeit.

Genies zeichnen sich unter anderem dadurch aus, dass sie bewusst zahlreiche Verbindungen und assoziative Verknüpfungen zwischen völlig verschiedenartigen Objekten herstellen. James Watt war nicht der Erste, der den aus einem Teekessel aufsteigenden Dampf bemerkte, aber er war der Erste, der eine Verbindung zwischen Dampf und Transport herstellte und daraufhin die Dampfmaschine erfand. George de Mestral war nicht der Erste, dem auffiel, dass Kletten an Kleidung haften, aber er war derjenige, der eine Beziehung zwischen Kletten und Verschlüssen herstellte und den Klettverschluss erfand. Arthur Frye von der Firma 3M stellte die Verbindung zwischen einem Lesezeichen und einem vorübergehend haftenden Klebstoff her, der ursprünglich für schwarze Bretter erfunden worden war, und erfand die Haftnotiz. Ein Ingenieur von IBM, der seine Tochter beim Spielen mit Bauklötzen beobachtete, stellte eine Beziehung zwischen Bauklötzen und Computertastaturen her und konstruierte eine zusammenklappbare Tastatur für Notebooks.

Das Entstehen neuer Ideen durch zufällige Verknüpfungen sei anhand von Büroklammern illustriert. Stellen Sie sich vor, Sie haben einen Stapel Büroklammern. Sie biegen die Büroklammern ein wenig auseinander und stecken sie in eine Schachtel. Wenn Sie sie lange und heftig genug schütteln, bilden Sie eine Kette durch das zufällige Zusammenstoßen und Ineinandergreifen der Büroklammern. Die Form der Kette ist grundsätzlich zufällig. Je mehr Büroklammern Sie verwenden, desto wahrscheinlicher ist es, dass eine innovative und originelle Form entsteht. Die entstandene Form können Sie verändern oder ausarbeiten, indem Sie Büroklammern wegnehmen oder hinzufügen.

Je mehr Verbindungen Sie herstellen, desto größer ist die Wahrscheinlichkeit, auf eine originelle Idee zu kommen. Stellen Sie sich jemanden vor, der sich auf zwei Dinge – A und B – gleichzeitig konzentrieren kann. Diese Person ist in der Lage, die Verbindung AB zu ersinnen. Einer Person, die sich auf drei Dinge – A, B und C – zugleich konzentriert, stehen drei potenzielle Verknüpfungsmöglichkeiten offen: AB, AC und BC. Jemand, der sich auf vier Objekte gleichzeitig konzentriert, hat entsprechend sechs Kombinationsmöglichkeiten verfügbar und so weiter.

Beliebige Wörter

Bank	Haken	Tor	Vogel	Dach
Umschlag	Magnet		Schwert	See
Besen	Spagetti	Wand-		
Radio	Disko	schrank	Uhr	Motor
Vermieter	Reißnagel	Hemd	Ausschlag	Monster
		Tasche	Auto	Hund
Schacht	Kassierer	Pfeife	Straße	Feld
Gefängnis	Toast	Gummi	Zoo	Gewehr
Tasche	Suppe			
Kette	Haarfärbe-	Krawatte	Krebs	Museum
Torpedo	mittel	Spülbecken	Ebene	Gemälde
	Bier	Bifokalbrille	Tablette	Sand
Fußball		Fernseher	Ticket	Menü
Brücke	Schöpfkelle	Gelee	Werkzeug	Verzeichnis
Seil	Insekt			
Flaschenzug	Rose	Schuh	Auge	Hammer
Zeh	Fliege	Ei	Topf	Kreis
	Fossil	Fleisch	Ehering	Nadel
Knoten		Tasse	Wein	Lumpen
Samen	Frau	Schirm	Steuern	Rauch
Unkraut	Pflug			
Blauer Fleck	Matratze	Butter	Haken	Schwein
Toilette	Sonnenun-	Nuss	Tür	Hacke
	tergang	Zweig	Fenster	Maus

Wok
Gondel

Violine
Süßigkeit
Rinnstein
Computer
Farbe

Säure
Stempel
Käfer
Sonne
Sommer

Buch
Aschenbecher
Feuerzeug
Hüfte
Maus

Schiedsrichter
Himmel
Ozean
Pfeffer
Ventil

Kokosnuss
Telefon
Schneeregen
Zoll
Notizbuch

Mensch
Klebstoff
Wasser
Flasche
Neonlicht

Eis
Staub

Bibel
Trommel
Nebel

Poster
Kirchenschiff
Milch
Pferd
Gezeiten

Dreieck
Thermostat
Rohr
Tintenfisch
Rauch

Wörterbuch
Akte
Lobby
Wolken
Vulkan

Koffer
Fisch
Lampe
Leihbücherei
Universität

Geld
Zeitschrift
Schraubenzieher
Videorekorder
Stereoanlage

Frühstücksfleisch
Spirituosen
Pilot
Lippenstift
Kaviar

Lehm
Feinschmecker
Braten
Hitze
Limousine

Abendessen
Etikett
Laboratorium
Sandpapier
Keil

Angelpunkt
Grill
Kanister
Schornstein
Bratspieß

Tinte
Gräben
Rasierapparat
Tee
Pipette

Duft
Gummi
Käse
Flamme
Frucht

Lagerfeuer
Feuerwerk
Tomate
Zunge
Bruch

Sonnenuhr
Eichhörnchen
Schnurrbart
Orgel
Backenzahn

Giftmüll
Kaffee
Asche
Waldmurmeltier
Brustkorb

Schauspieler
Obdachloser
Königin
Künstler
Sturm

Schinken
Autobahn
Damenunterwäsche
Geleebonbon
Blase

Wassermelone
Weihnachten
Politiker
Wachtel
Handball

Getto
Bettlerin
Geist
Athlet
Herde

Parkplatz
Lungen
Ansprache
Mathematik
Krieg

Indianer
Schlange
Fuchs

Hummer
Satan

Chorknabe
Haustier
Haarfärbemittel
Radiergummi
Bikini

AK-47
Krapfen
Mama
Erdnuss
Tanz

Flöte
Stab
Verfassung
Taschentuch
Schlüssel

Brunch
Querruder
Spiegel
Klette
Schlamm

Ballon
Soße
Akne
Kristall
Krabbe

Canyon
Karten
Knopf
Bomberjacke
Film

Lied
Kongress

Pfeil
Honig
Bad

Trophäe
Tierkreis
Truthahn
Brandung
Kühlschrank

Papierkorb
Armbanduhr
Flagge
Helm
Kaktus

Armee
Rübe
Ziegelstein
Prostituierte
Ketchup

Start- und Landebahn
Flamingo
Polizei
Weißes Haus
Lava

Iglu
Badewanne
Lineal
Nomade
U-Bahn

Drache
Schildkröte
Seetang
Gulasch
Schlamm

Cowboy
Taverne

Schmetterling
Würfel
Röntgenstrahl

Sprengstoff
Diamant
Kamel
Blatt
Zug

Regenwald
Insel
Sonnenaufgang
Plastik
Hindu

Messe
Fehlendes Verbindungsglied
Vene
Lastwagen
Mönch

Wurm
Planet
Oper
Chamäleon
Warze

Olive
Landkarte
Kupon
Schaum
Nasenbluten

Türklingel
Murmel
Knoten
Pumpe

Schiedsrichter

Pfannkuchen
Kerze
Banjo
Ameisenbär
Zelt

Seife
Würfel
Steckdose
Nase
Apollo 13

Wagon
Vergrößerungsglas
Draht
Dock
Felsen

Pilz
Benzin
Musik
Pause
Regen

Haifisch
Zwiebel
Garage
Rum
Dachboden

Begräbnis
Gang
Teppich
Windsurfer
Sekt

Lesezeichen
Fackel
Grab

Dose
Gold

Oberteil
Cursor
Reifen
Schublade
Socken

Hockey
Aal
Rakete
Frachtkahn
Abfall

Feuerstelle
Feinkostgeschäft
Rucksack
Zirkus
Ameise

Lachs
Unterwäsche
Windel
Klappe
Mikrofon

Ohr
Bohnen
Zündkerze
Fledermaus
Rasenmäher

Taxi
Zebra
Fahrstuhl
Treppen
Zweig

Pyramide
Dom
Kapelle

Donner
Raupen

Schraubzwinge
Schraubenschlüssel
Herumtreiber
Software
Stern

Briefbeschwerer
Pfannkuchen
Gewehr
Büroklammer
EKG

Schlagloch
Bücherstützen
Fliege
Handschellen
Gürtel

Leiter
Bus
Spielzeug
Haar
Gummiband

Jaguar
Leuchtkäfer
Wespe
Mond
Moos

Krone
Kandare

Fingerabdruck
Guerilla
Jod

Kopiergerät
Schreibtisch
Vibrator
Ohrringe
Dusche

Fliese
Klavier
Skyline
Bach
Schnee

Teich
Traum
Bleistift
Steak
Schablone

Panda
Magen
Bürste
Drüse
Darm

Marmelade
Silber
Mikroskop
Nagel
Kolben

Podium
Scotch
Hut
Strahl
Soda

Biologie
Kuh
Verband

Kalender
Taschenrechner

Kompass
Tätowierung
Isolierung
Beine
Weizen

Schabe
Ausstellung
Holocaust
Steuer
Lamm

Priester
Arzt
Salz
Mund
Horizont

Bremslicht
Geständnis
Roulette
Raumschiff
Richter

Kuchen
Zaun
Zahnbürste
Regenbogen
Wohnung

Brot
Papier
Soda
Versicherung
Wimpel

Schach
Eintopf

Kellner
Gans
Sandwich

Büffel
Drachen
Reifen
Bogenschütze
Jäger

Wäsche
Werkzeugkasten
Essstäbchen
Bademantel
Bewusstsein

Kind
Adler
Kostüm
Himmel
Gehirn

Fallschirm
Pudding
Petersilie
Affe
Bürgersteig

Freizeitschuhe
Stuhl
Rinnsteine
Reißverschluss
Suchanzeigen

Ballet
Gewehr
Schmutz
Krem
Haut

Kreide
Billiardtisch
Krug
Armband
Satellit

Elritze
Gesellschaft
Prüfung
Genesis
Haut

Wodka
Selbstmord
Mädchen
Kamm
Bild

Weste
Krabbe
Lotterie
Rechen
Soldat

Löffel
Schaukel
Schlittschuhe
Vorhang
Wachs

Stiefel
Hubschrauber
Angelrute
Reis
Pfütze

Sünde
Schatten
Zellen
Hand
Sex

Rahmen
Jeep
Rolex
Briefkasten
Shampoo

Diskette
Halskette
Taschenlampe
Denkmal
Damm

Strümpfe
Golf
Glückskeks
Änderung
Atlas

Wind
Comic
Rolle
Matte
Volkswagen

Feuer
Gedicht
Blut
Schloss
Parapsychologie

Anhänger
Gleis
Megafon
Wolkenkratzer
Muttertier

Lehrer
Bank
China
Fächer
Steuerrad

Telefonbuch
Handschellen
Vakuum
Gerichtsgebäude
Chips

Safari
Blitz
Skulptur
Tafel
Tastatur

Heiliger Gral
Symbol
Globus
Heuhaufen
Kreuz

Radkappe
Karton
Zucker
Streichholz
Sicherheitsschloss

Seide
Erdbeben
Supermarkt
Leine
Teebeutel

Augenbinde
Zähne
Blumen
Walfisch
Schokolade

Feige
Pfahl
Strandhaus
Reihenhaus
Engel

Kreuzung
Elternteil
Blaupause
Wald
Wigwam

Dampf
Untertasse
Broadway
Fernbedienung

Nudeln
Theater
Mast
Kabine
Knochen

Umhang
Kugellager
Schloss
Terrorist
Geschirrspülmaschine

Drill
Orange
Tabak
Mythe
Reise

Eisberg
Schnecke
Dschungel
Fahrzeugkabine
Sirup

Boxhandschuh
Schlinge
Jeans
Luftbild

Wachsmalkreiden

Pfeifenputzer
Band
Bleistift
Spitzer
Batterie

Medaille
Springbrunnen
Fingernagel
Bart
Student

Bleichmittel
Schnur
Zange
Zauberer
Hahn

Staffelei
Flut
Kakerlake
Bratpfanne
Bürstenschnitt

Berühmtheit
Leder
Schneeflocke
Salat
Senator

Rad
Stab
Orchester
Strumpfhalter
BH

Daumen
Korb
Geldbeutel
Bogen
Umhang

Maurer
Juwelen
Schoß
Pullover
Band

Hölle
Wunder
Palme
Chor
Frankfurter Würstchen

Bombe
Flughafen
Maismehl
Getreidestängel
Dünger

Traktor
Kerzenleuchter
Zeitung
Sekretärin
Geschäftsmann

Block
Schirm
Vase
Untergeschoss
Emblem

Frost
Gürtel
Ofen

Hotel
Nippel

Trivialitäten
Kruste
Oase
Fluss
Geisel

Trompete
Kegel
Temperatur
Haubitze
Versammlung

Tapete
Turm
Küche
Lupe
Garten

Torso
Pickles
Taube
Peitsche
Mull

Bibelübersetzung
Standuhr
Kreuzfahrtschiff
Bühne
Fernglas

Schuppen
Rippe
Eierkuchen
Rauschgift
Frosch

Kaufmann
Schachtel

Weide
Stock
Kantine

General
Augenbraue
Kapitel
Katalog
Haube

Fleischkloß
Klebeband
Sarg
Wiese
Zyklon

Publikum
Pelz
Saft
Büffet
Ehemann

Pilot
Milkshake
Schubkarre
Ebene
Tante

Reifen
Polyester
Texashut
Minute
IRA

Metzger
Essecke
Bett
Schließfach
Professor

Lippen
Wassermelone
Knie

Sumpf
Hochofen

Bakterie
Geist
Sauna
Monopol
Schimmel

Pickel
Pizzeria
Balkon
Kommunist
Hecke

Büro
Stab
Diagramm
Verstärker
Linie

Getreide
Baumwolle
Broschüre
Pantomime
Ellbogen

Bingo
Unkraut
Papier
Studio
Flecken

Teenager
Handschellen
Spielsachen
Schach
Schaffott

Thesaurus
Workshop
Käsekuchen
Bande

Regal

Brötchen
Rindfleisch
Fußboden
Scheune
Delfin

Flugzeugträger
Unterseeboot
Riff
Kasino
Revolution

Golfschläger
Strauch
Schleppkahn
Wertpapiere
Handschuh

Bomber
Lehrbuch
Grenze
Salbei
Aluminium

Backpflaume
Poker
Bratensaft
Strohdecke
Dichtkunst

CIA
Moskito
Kirsche
Klapperschlange
Saxofon

Bogen
Kniescheibe

Borschtsch
Regenmantel
Dämmerung

Perücke
Deodorant
Nachrichten
Anzeige
Internet

Fensterladen
Sicherheitsnadel
Ladung
Zitrone
Strumpfhalter

Akt
Gerichtsverhandlung
Reisender
Bruchteil
Wurst

Zuhörersaal
Zeituhr
Dill
Korken
Kondom

Dampfmaschine
Klippe
Naht
Tumor
Zone

Leopard
Team
Heftklammer

Hörgerät
Schnellstraße

Senfsamen
Symbol
Emblem
Vereinte Nationen
Grammatik

Kopfjäger
Streichhölzer
Fett
Hase
Ente

Mikrowelle
Rhinozeros
Marshmallow
Vogelscheuche
Strahl

Büro
Psychologie
Ostern
Narbe
Tänzer

Brise
Postkarte
Rüben
Foto
Kopfhaut

Düngemittel
Festmahl
Zigarre
Ornament
Krankheit

Wörter
Patrone
Zwerg
Pendelverkehr
DC-10

Kammmuschel
Kürbis
Klempner
Salonlöwe
Beamter

Held
Angst
Hamburger
Sozialhilfe
Vaseline

Einäscherung
Netzwerk
Die Heilige Schrift
Anker
Blumenkohl

Mohnblume
Meerrettich
Gruppe
Streifen
Spinat

Bulletin
Pflaume
Überprüfung
Damespiel
Luftfahrtbehörde

Eierschale
Friedenskorps
Flüchtling
Schlucht
Hawaii

Medien
Gelächter
Rektor
Manuskript
Vertrag

Buschschwanzratte
Kult
Pfennig
Robotertechnik
Ingenieur

Dividende
Hospital
Panzer

Echolot
Sardine

Lauffeuer
Glockenblume
Vinyl
Bremsen
Hohlraum

Laterne
Schwefel
Alligator
Kobra
Rohrkolben

Vorhersage
Gitter
Hering
Krieger
Okkultes

Teer
Ahorn
Klassenzimmer
Papst
Statistiker

Einband
Schorf
Detektiv

England
Kloß

Pornografie
Mülldeponie
Lohn
Urlaub
Wählscheibe

Giraffe
Ranch
Vampir
Smaragd
Konföderation

Wiege
Alphabet
Salat
Rentier
Pinsel

Olympiade
Forelle
Schere
Sanddüne
Stirn

Leber
Schild
Treibstoff
Japan
Lacrosse

Sittich
Schweinesprunggelenk
Exkrement
Weinreben
Teleskop

Strauß
Zelt
Gold
Jazz
DNA

Dynamit
Strahl
Riesentanker
Sternenzelt
Gepard

Jerusalem
Schalldämpfer
Zusammenfassung
Schlagloch
Qualle

Beliebige Wörter

So wie Wasser Schrägen hinunterfließt, sich in Hohlräumen ansammelt und auf sein Flussbett angewiesen ist, fließen Informationen in ihre gewöhnlichen Denkbahnen und erhöhen durch ihren Verlauf die Wahrscheinlichkeit, die immer gleichen Ideen zu stimulieren. Wenn Sie die alten Denkbahnen stilllegen, zwingen Sie die eingehenden Informationen dazu, sich neue und bessere Verlaufsstrukturen zu suchen. Eine weitere Methode, die alten „Kanäle“ zu schließen und neue anzulegen, besteht darin, Beziehungen zwischen Ihrem Subjekt und beliebigen Objekten herzustellen.

Genau das tat der NASA-Ingenieur James Crocker, als das Hubble-Teleskop versagte und die NASA in Verlegenheit brachte. Während er in einem Hotelzimmer in Deutschland duschte, dachte James Crocker über das Hubble-Fiasko nach und betrachtete den höhenverstellbaren Duschkopf. Er stellte eine Beziehung zwischen dem Duschkopf und dem Hubble-Problem her und kam auf die Idee, Korrekturspiegel an automatischen Armen anzubringen, die in das Teleskop greifen und es auf die richtige Position einstellen konnten. Sein Einfall verwandelte das Hubble-Teleskop von einem Desaster in einen Triumph der NASA.

Im Folgenden finden Sie die Richtlinien für das Knüpfen von Beziehungen zwischen beliebigen Objekten:

1. Erstellen Sie eine Liste von fünf Objekten, die keinen Bezug zu Ihrem Subjekt aufweisen. Stellen Sie sich vor, Sie befänden sich in einem naturwissenschaftlichen Museum, einem naturkundlichen Museum, dem Weißen Haus, in Frankreich, in einem Flugzeug oder an irgendeinem anderen interessanten Ort. Listen Sie Objekte auf, die Sie interessieren.
2. Nehmen Sie das erste Objekt und schildern Sie, was Ihnen in den Sinn kommt. Schreiben Sie ein Wort oder auch einen ganzen Satz. Malen Sie ein Bild, um Ihre rechte Hirnhälfte mit einzubeziehen.
3. Nehmen Sie das Objekt genau unter die Lupe und zählen Sie all seine typischen Kennzeichen auf (bestimmte Teile, Beziehungen, was es tut, seinen Kern etc.).
4. Prüfen Sie jedes Merkmal und verwenden Sie es als Anregung für Ideen, indem Sie Verbindungen zwischen

diesen charakteristischen Merkmalen und Ihrer Aufgabe herstellen.

5. Diesen Prozess mit sämtlichen typischen Kennzeichen des Objekts wiederholen.
6. Experimentieren Sie mit verschiedenen Möglichkeiten, die charakteristischen Merkmale und Ihr Problem zueinander in Beziehung zu setzen.
7. Wiederholen Sie den Prozess mit einem anderen Objekt.
8. Prüfen Sie sämtliche Ideen und wählen Sie die vielversprechendste aus.

Spaziergänge

Dem berühmten französischen Philosophen Jean-Jaques Rousseau kamen seine besten Einfälle, wenn er allein spazieren ging. Auch Johann Wolfgang von Goethe unternahm einen Spaziergang, wenn er denken und nach neuen Ideen suchen wollte. Während seiner ausgedehnten Bergtouren in Berchtesgaden entwickelte Sigmund Freud seine Unterscheidung des Unbewussten, des Vorbewussten und des Bewussten, die seither den Rahmen für das psychologische Denken des 20. Jahrhunderts bildet. Seinem guten Freund, der Berliner Arzt Wilhelm Fliess, erzählte er sogar, dass er mit seinem Buch Traumdeutung den Eindruck erzielen wollte, als wandere jemand einen verborgenen Pfad entlang hinein in einen dunklen Wald, der sich schließlich zu einem Blick über die Ebene öffnet. Spaziergänge stimulierten das Denken dieser Männer und regten sie zu neuen Einfällen an.

Wandern Sie in Ihrer Wohnung oder an Ihrem Arbeitsplatz umher und gehen Sie in der näheren Umgebung spazieren. Kehren Sie mit vier oder fünf Dingen oder Objekten zurück (oder einer Liste von Objekten), die während Ihres Spaziergangs Ihr Interesse angesprochen haben (beispielsweise Seil springende Kinder, ein Kieselstein, eine Tüte Geleebonbons, ein Trinkwasserbrunnen etc.). Nehmen Sie die Objekte genau unter die Lupe und listen Sie ihre charakteristischen Merkmale auf. Dann gehen Sie nach den oben beschriebenen Richtlinien für das Herstellen von Beziehungen zwischen beliebigen Objekten vor, um Ideen zu entwickeln.

Wenn Sie ein Gruppen-Brainstorming durchführen, bitten Sie jeden Teilnehmer, einen Spaziergang zur Anregung seines Denkens zu unternehmen und mit vier oder fünf Objekten (oder einer Liste) zurückzukommen. Bitten Sie jeden Teilnehmer, die charakteristischen Kennzeichen aufzulisten und sich dazu Ideen einfallen zu lassen. Die Gruppe trägt ihre Einfälle zusammen und erarbeitet daraus weitere Ideen.

Vor einigen Monaten suchte eine Gruppe von Ingenieuren nach sicheren und effizienten Methoden, bei Schneestürmen das Eis von Hochspannungsleitungen zu entfernen, kam jedoch mit ihren Überlegungen nicht weiter. Sie beschlossen, einen „Denk-Spaziergang" durch das Hotel zu machen. Einer der Ingenieure kam mit einem Topf Honig zurück, den er im Geschenkeladen gekauft hatte. Er schlug vor, Honigtöpfe auf jeden Hochspannungsmast zu stellen – dies würde Bären anlocken. Die Bären würden die Masten hochklettern, um an den Honig zu gelangen, und das Klettern würde die Masten in Schwingungen versetzen, die das Eis von den Leitungen schütteln würden. Durch die Beschäftigung mit dem Prinzip der Vibration kamen sie auf die Idee, Hubschrauber über den Hochspannungsleitungen einzusetzen, durch deren Vibrationen das Eis von den Leitungen entfernt wurde.

„Ideen-Datenbank"

Max Planck, der Begründer der Quantenphysik, sagte, neue Ideen entstünden nicht durch Ableitung, sondern durch kreatives Vorstellungsvermögen, das in die Lage versetzt, außergewöhnliche Assoziationen herzustellen. Machen Sie es sich zur Gewohnheit, interessante Objekte zu sammeln und zu speichern, und verwenden Sie diese Objekte zur Anregung Ihres Denkens.

Legen Sie ein Archiv interessanter Anzeigen, Zitate, Artikel, Muster, Ideen, Fragen, Karikaturen, Bilder, Kritzeleien, Gedichte, Wörter und anderer faszinierender Objekte an, die Sie assoziativ auf weitere Ideen bringen könnten.

Wenn Sie an einer Aufgabe arbeiten, schütteln Sie den Behälter, ziehen Sie ein beliebiges Stück Ihrer Sammlung und überlegen Sie, welche Beziehungen, Verbindungen und assoziativen Verknüpfungen Sie zwischen dem Objekt und Ihrer Aufgabe herstellen könnten. Nehmen wir an, Sie möchten die Organisation Ihres Geschäfts verbessern und ziehen ein Bild von der DNA. Worin besteht eine mögliche Verbindung zwischen der DNA, der Trägerin der genetischen Information in der Zelle, und der Organisation eines Geschäfts? Man könnte beispielsweise die Werte und Ziele des Geschäfts in Form eines DNA-Organisationskodes aufschreiben, der so komprimiert ist, dass er die Funktion einer mathematischen Formel erfüllt. Der Kode bindet die Organisation an vorgegebene Werte und Verhaltensregeln. Die Angestellten kennen auf diese Weise den Kode und die Regeln.

Der große amerikanische Autor F. Scott Fitzgerald bemerkte einmal, er erlangte seine Ideen und Erkenntnisse durch die gleichzeitige Beschäftigung mit zwei vollkommen unterschiedlichen Objekten oder Ideen. Der durch die Unterschiedlichkeit hervorgerufene Widerspruch erzeuge eine Spannung in ihm. Diese Spannung stimuliere ihn, den Widerspruch durch eine kreative Idee oder Erkenntnis zu überbrücken. Das ist das Prinzip der „Ideen-Datenbank“. Wenn Sie zwei völlig verschiedenartige Objekte (beliebige Stimuli) aus der „Datenbank“ ziehen, werden Sic das instinktive Bedürfnis verspüren, die Widersprüche aufzuheben, indem Sie Verbindungen zwischen den beiden herstellen. Durch diese Verbindungen entstehen neue Ideen. Weitere Quellen beliebiger Stimuli sind Zeitungen und Zeitschriften.

Zeitungen und Zeitschriften

Zeitungen und Zeitschriften sind hervorragende Quellen für beliebige Stimuli, die zur Entwicklung neuer Einfälle dienen können. Nehmen Sie Ihre bevorzugte Zeitung oder Ihr Lieblingsmagazin zur Hand und schlagen Sie eine der folgenden Rubriken auf:

- Kleinanzeigen
- Titelseite
- Leitartikel
- Sport
- Comics
- Geschäftsteil
- Feuilleton
- Modeteil

Vergessen Sie Ihr aktuelles Problem, während Sie in der Zeitung oder Zeitschrift schmökern. Listen Sie Sätze, Bilder oder andere Dinge auf, die Ihnen ins Auge fallen, aber nicht mit dem Problem in Zusammenhang stehen. Wählen Sie einen anderen Teil der Zeitung bzw. Zeitschrift aus. Setzen Sie das Schmökern und Auflisten so lange fort, bis Sie eine Liste von fünf bis zehn interessanten Themen bzw. Objekten zusammenhaben. Setzen Sie Ihr Problem zu irgendeinem Thema/Objekt Ihrer Liste in Beziehung, um auf neue Ideen zu kommen.

Nehmen Sie eine beliebige Zeitschrift, wählen Sie einen Artikel aus, lesen Sie ihn – ganz egal, wie weit er thematisch von Ihrer Aufgabe entfernt ist. Bemühen Sie sich dann, Verbindungen zwischen dem Thema des Artikels und Ihrer Aufgabe herzustellen, indem Sie metaphorisch denken. Fragen Sie sich: „Worin liegen die Ähnlichkeiten zwischen dem Artikel und meinem Problem? Welche Verbindungen kann ich herstellen? Zu welchen neuen Fragen regt mich der Artikel an? Wo gibt es Punkte in dem Artikel, die vielleicht eine Lösung meines Problems beinhalten könnten?“

Stellen Sie sich vor, Sie wären eingeladen, mit dem Geld eines anderen Roulette zu spielen. Sie dürften Ihre Gewinne behalten, während Ihre Verluste für Sie beglichen werden. Mit anderen Worten: Sie können nicht verlieren. Wenn Sie lange genug spielen, werden Sie früher oder später gewinnen.

Dieses Modell illustriert, was geschehen kann, wenn man Objekte, die keine Beziehung zueinander aufweisen, willkürlich miteinander verknüpft. Der erste Schritt besteht darin, zu erkennen, dass diese Denkstrategie existiert. Die zweite Stufe ist das Erlernen dieser Methode. Der dritte Schritt besteht darin, diese Strategie möglichst häufig zu benutzen und sich von allen Vorbehalten ihr gegenüber zu lösen. Je häufiger Sie sie anwenden und auf je vielfältigere Art und Weise Sie sie benutzen, desto mehr erhöhen Sie Ihre Chancen, auf originelle Ideen und kreative Lösungen für Probleme zu kommen.

Sie können alles Mögliche verbinden

Psychologen haben herausgefunden, dass Menschen, die sich in einem Raum mit miteinander verkabelten Glühbirnen aufhalten, die willkürlich an- und ausgehen, rasch glauben, Muster in diesem An- und Aufblitzen zu erkennen, und Theorien entwickeln, welche Glühbirne als Nächste aufleuchten wird.

Machen Sie ein Experiment. Wählen Sie acht beliebige Wörter (beispielsweise „Blumentopf“, „Baby“, „Glas“, „Grashüpfer“, „Kaffeekanne“, „Schachtel“, „Toast“ und „Garage“) und geben Sie die Liste einer Person oder einen kleinen Gruppe. Bitten Sie sie, die Wörter in zwei Gruppen aufzuteilen, ohne Kriterien für die Aufteilung zu nennen. Sie werden feststellen, dass den Leuten sehr kreative Klassifikationen einfallen. Sie ordnen sie beispielsweise nach „Wörtern mit dem Buchstaben o“, nach „Objekten, die mit Wasser in Berührung kommen“, nach „industriell gefertigten Objekten“ etc. Unser Gehirn vollbringt erstaunliche Leistungen im Erstellen und Erkennen von Verbindungen.

Der surrealistische Künstler Max Ernst war fasziniert von den zufälligen Mustern, die er in Holzfußböden sah. Er entwickelte eine Technik, bei der er Papier auf das Holz legte, das Muster mit Grafit durchpauste und es bisweilen mit Farbe verschönerte. Seine Technik, zufällige Holzmaserungen in Kunst zu verwandeln, inspirierte weitere Surrealisten, aus anderen natürlichen Strukturen ebenfalls Kunstwerke zu gestalten.

Wenn Sie eine Verbindung zwischen zwei sehr unterschiedlichen Objekten herstellen, wird Ihre Fantasie sich gegen die Decke strecken, um die Kluft zu überbrücken. Nehmen wir einmal an, Sie sehen der Darbietung eines Pantomimen zu, der einen Mann darstellt, der mit seinem Hund spazierengeht. Der Arm des Mannes ist ausgestreckt, als hielte er die Hundeleine. Wenn der Arm des Pantomimen vor- und zurückruckt, „sehen“ Sie, wie der Hund an der Leine zieht, um hier und dort zu schnüffeln. Der Hund und die Leine werden zu realen Bestandteilen der Szene, obgleich es keinen Hund und keine Leine gibt. Die Bereitschaft Ihrer Fantasie zur Überbrückung bringt die nicht vorhersehbare Idee hervor. Aus diesem Grund behauptete Einstein, die Fantasie sei wichtiger als das Wissen; und deshalb benützte Sigmund Freud eine gesunde Portion Fantasie und „freie Assoziation“ bei seinen Interpretationen.

Als sein Vater starb, schloss Freud die Augen des Leichnams, was damals die traditionelle Aufgabe eines jüdischen Sohnes war. Er dachte viel über die Bedeutung dieser Handlung nach. Er erinnerte sich an ein Buch über König Ödipus, in dem die Geschichte eines Mannes, der sich seine eigenen Augen ausriss, stand. Er stellte eine gedankliche Verbindung zwischen dem „Schließen der Augen“ und seinen Theorien in Bezug auf die psychologische Verdrängung her. Innerhalb weniger Monate stellte er eine neue Theorie über die Verdrängung sexueller Fantasien auf, allgemein bekannt unter dem Begriff Ödipuskomplex, die besagt, dass Menschen ihr sexuelles Verlangen nach einem Elternteil und den Hass auf den anderen Elternteil verdrängen. Diese Erkenntnis wurde damals die Krönung seiner Forschung.

Die Handlung, die Freud an seinem toten Vater vollzog, inspirierte eine ganz neue Linie des Denkens, die zu einer seiner berühmten Theorien führte. Wenn Sie den Entschluss fassen, auf zufällige Anregungen zu achten, können Sie Beziehungen zwischen allen möglichen Themen/Objekten und Ihrem Subjekt herstellen. Sie können eine Farbe auswählen, Blau beispielsweise, und dann umhergehen und sämtliche blauen Objekte auflisten, die Sie in den nächsten paar Minuten sehen (Himmel, Wand, Telefon, Stift, Hemd etc.). Erstellen Sie dann eine Liste der charakteristischen Merkmale dieser Objekte und bemühen Sie sich, Verbindungen herzustellen. Sie können auch eine Form wählen, einen Kreis zum Beispiel, und Ihre Aufmerksamkeit auf runde Objekte richten, die Sie sehen. Oder Sie könnten Beziehungen zwischen Ihren fünf Sinnen und Ihrem Subjekt herstellen.

Die fünf Sinne

Psychologen hegten schon lange die Vermutung, dass ein assoziativer Zusammenhang zwischen den fünf Sinnen und dem Konzept der Kreativität besteht. Insbesondere in bildender Kunst und Poesie ist die Einheit der Sinne eine Selbstverständlichkeit. Denken Sie an ein Gedicht, und Sie werden merken, dass die Stimulierung eines Sinnes durch die poetischen Bilder die anderen Sinne nicht unbeteiligt lässt. So könnte beispielsweise die Beschreibung eines Klanges ein bestimmtes Gefühl erzeugen, das dem Gedicht Sinn verleiht. Die Konzentration auf unsere Sinne lenkt uns vom „Hauptweg" unseres Denkens ab und bringt uns auf die „Seitenpfade", die bisweilen in originelle Gedanken und Ideen münden. Diese Übung beruht auf folgenden Richtlinien:

1. Notieren Sie die fünf Sinne: Sehen, Riechen, Schmecken, Tasten und Hören.
2. Wählen Sie eine Ihrer Ideen aus und bemühen Sie sich, eine Beziehung zwischen ihr und jedem der fünf Sinne herzustellen. Nehmen wir beispielsweise an, Sie ver-

suchten, Personalfluktuationen zu begrenzen, und eine Ihrer Ideen wäre der Versuch Ihre Mitarbeiter zu einem größeren Engagement zu bewegen. Gebrauchen Sie die fünf Sinne zur Erweiterung Ihres gedanklichen Horizontes. Zum Beispiel so:

Sehen. Regen Sie Ihre Mitarbeiter zu mehr Aktivität an. Geben Sie ihnen Gelegenheit, sich in kleinen Gruppen zu treffen. Schaffen Sie offene Räume zur Kommunikation. Verwenden Sie Anschlagbretter in leuchtenden Farben und andere Mitteilungsmöglichkeiten.

Hören. Hängen Sie eine große Glocke vor die Tür des Abteilungsleiters. Sobald ein gesetztes Ziel erreicht ist, läutet der Abteilungsleiter die Glocke.

Riechen. Stellen Sie lecker riechende Snacks (z.B. Popcorn) an Kommunikationstreffpunkten bereit, um deren Frequentierung zu fördern.

Geschmack. Bieten Sie gelegentlich Pizza oder andere Mittagsmahlzeiten an, zu denen sich die Leute treffen, über das Geschäft reden und ihre Beziehungen zueinander pflegen können. Zelebrieren Sie den Einstieg ins Wochenende mit Eis, Kuchen oder Ähnlichem.

Tasten. Schaffen Sie eine saubere, einladende Umgebung mit bequemen Sitzgelegenheiten und Schall absorbierenden Raumteilern.

Visuelle Eindrücke

Betrachten wir zunächst den Vorgang des Sehens. Bilder, Fotos und Illustrationen sind hervorragende Quellen für Anregungen, die mit Ihrem Problem oder Subjekt auf den ersten Blick in keinem Zusammenhang stehen. Vor Jahren blätterte ein Designer, der an einer neuen Konstruktion für Beleuchtungskörper arbeitete, eine Ausgabe des National Geographic durch und kam durch ein Bild von einem Affen auf eine neue Idee. Er stellte sich einen Affen vor, der mit einem Licht durch die Wohnung rannte und immer dort erschien, wo es gebraucht wurde. Dieses Bild führte zur Erfindung der Stromleiste mit verstellbaren Strahlern. Lassen Sie sich durch Bilder bei der Lösung Ihrer Probleme unterstützen:

1. Blättern Sie Zeitungen und Zeitschriften durch. Wählen Sie zwei oder drei beliebige Abbildungen aus, die Sie interessant finden.
2. Beschreiben Sie eines der Bilder detailliert. Listen Sie typische Merkmale auf. Beschreiben Sie Objekte und Handlungen. Zählen Sie alles auf, was Ihnen einfällt (Fantasien, Gefühle, Wörter, Sätze etc.). Wenn Ihnen absurde Dinge in den Sinn kommen, nehmen Sie auch diese in Ihre Liste auf.
3. Bemühen Sie sich, Verbindungen zwischen jedem der aufgelisteten Merkmale und Ihrer Aufgabe herzustellen.
4. Erstellen Sie eine Liste Ihrer Ideen.

Der Generaldirektor einer japanischen Parfümfirma bat seine Manager, nach Möglichkeiten zur Bewältigung ökonomischer Krisenzeiten zu suchen. Enttäuscht von ihren Vorschlägen gab er jedem von ihnen ein Bild einer Krabbe und forderte sie auf, es zu betrachten und daraus praktikable Einfälle für ihr Unternehmen zu entwickeln. Hier einige ihrer assoziativen Verbindungen und Ideen:

„Einer Krabbe wachsen verlorene Scheren neu. Wir müssen Ersatzproduktkollektionen entwickeln, für den Fall, dass unsere erste Kollektion sich nicht gut verkauft."
„Eine Krabbe hat ein Gesichtsfeld von 360 Grad. Wir müssen unseren Überblick über die Absatzmärkte verbessern."
„Eine Krabbe bewegt sich langsam. Wir können uns das nicht leisten. Wir müssen Stellen abbauen, so dass wir schneller auf die Anforderungen des Marktes reagieren können."
„Eine Krabbe verfügt über typische Merkmale. Wir müssen eine typische Verpackung entwickeln, die unser Parfüm deutlicher gegen Mitbewerber abgrenzt."

Aktenordner mit Bildern

Verwenden Sie Aktenordner mit Bildern, um bei Gruppen-Brainstormings Diskussionen und Ideen anzuregen. Gehen Sie nach folgenden Richtlinien vor:

1. Lesen Sie eine Darstellung des Problems laut vor und bitten Sie die Gruppe, nach Ideen zu suchen und diese mündlich vorzutragen.
2. Stellen Sie jedem Teilnehmer einen Aktenordner mit acht bis zehn Bildern zur Verfügung, die mit dem Problembereich nicht in Zusammenhang stehen.
3. Weisen Sie die Gruppe an, sich jedes Bild genau anzuschauen und still alle neuen Ideen oder Varianten vorher geäußerter Ideen aufzuschreiben, die ihnen beim Betrachten des Bildes einfallen.
4. Bitten Sie die Teilnehmer nach einem festgesetzten Zeitraum, ihre Ideen laut vorzulesen.
5. Fordern Sie sie auf, über jede vorgelesene Idee zu diskutieren und zu versuchen, neue Ideen oder Varianten zu entwickeln. Neue Einfälle sofort festhalten.
6. Sammeln Sie die Ideen und werten Sie sie aus.

Eine reizvolle Abwandlung besteht darin, die Teilnehmer mit Polaroid-Kameras auszustatten und sie zu bitten, einen Spaziergang zu unternehmen und interessante Objekte und Szenen zu fotografieren. Benutzen Sie die Fotos als Anregung. Eine Gruppe von Managern aus unterschiedlichen Abteilungen veranstaltete eine Sitzung, um nach Möglichkeiten einer Verbesserung ihrer Koordination zu suchen. Eines ihrer Fotos zeigte Vögel, die einen Goldfischteich betrachteten. Für einige Teilnehmer sah es so aus, als versuchten die Vögel, mit den Fischen zu kommunizieren, die sie jedoch nicht hören konnten. Bei der Diskussion des Fotos wurde ihnen klar, dass sie sich wie die ungehörten Vögel fühlten. Die Marketing-Manager hatten den Eindruck, dass die Forscher fast ausschließlich an wissenschaftlichen und weniger an marktwirtschaftlichen Angelegenheiten interessiert waren, während die Forscher das Gefühl hatten, die Marketing-Abteilung habe taube Ohren für neue technologische Erkenntnisse. Das Team aus Marketing-Managern und Forschern trifft sich nun vierteljährlich, um ihre Koordination systematisch zu verbessern.

Kinderzeichnungen

Der große Landschaftsmaler J.M.W. Turner verwendete eine ungewöhnliche Technik zur Anregung seiner Fantasie. Immer wenn er Freunde besuchte, die kleine Kinder hatten, gab er den Kindern Wasserfarben und Papier zum Bildermalen. Bisweilen schlug er ihnen ein allgemein gehaltenes Thema vor, manchmal ließ er sie malen, was sie wollten. Die Ergebnisse waren ein origineller und spontaner Ausdruck eines offenen, unverbildeten Bewusstseins. Turner nahm die Bilder, besah sie sich unvoreingenommen und entwickelte seine persönlichen visuellen Eindrücke der Kinderarbeiten, sehr ähnlich der Art und Weise, wie Leonardo da Vinci sich Gesichter und Szenen in den Flecken an der Wand vorstellte. Turner verwendete diese bildlichen Eindrücke, um seine Fantasie anzuregen und neue Perspektiven altbekannter Landschaften zu finden.

Wenn Sie oder Ihre Freunde kleine Kinder haben, probieren Sie Turners Methode aus. Geben Sie ihnen Malsachen und bitten Sie sie, Bilder zu malen. Sie können ein allgemein gehaltenes Thema vorgeben. Wenn Sie vor dem Problem stehen, Ihre Firma effektiver zu organisieren, könnten Sie den Kindern beispielsweise den Vorschlag machen, Menschen bei der Arbeit zu malen. Sorgen Sie sich um die Sicherheit Ihres Arbeitsplatzes, bitten Sie sie, Menschen in Gefahr zu malen. Oder lassen Sie sie malen, was sie wollen. Seien Sie unvoreingenommen und sehen Sie sich die Bilder, die Formen und Farben genau an. Dann bemühen Sie sich, Verbindungen zwischen den Bildern und Ihrem Problem herzustellen.

Der Träumer, der Realist und der Kritiker

Stellen Sie sich ein Geschöpf vor, das in einem anderen Sonnensystem, auf einem anderen Planeten mit einer anderen Atmosphäre lebt. Nehmen Sie sich einen Moment Zeit und zeichnen Sie ein Bild Ihrer Fantasiefigur.

Anstatt etwas Eigenartiges, nicht Vorhersagbares zu kreieren, erfinden die meisten Menschen Wesen, die viele Parallelen und typische Merkmale irdischer Geschöpfe aufweisen.

Wir haben es hierbei mit dem Phänomen der so genannten strukturierten Vorstellungskraft zu tun. Das heißt, selbst wenn wir bewusst unsere Fantasie zur Kreation neuer Ideen einschalten, richten sich diese Ideen mit immens hoher Wahrscheinlichkeit nach dem Vorbild existierender Vorstellungen, Kategorien und Stereotypen.

Untersuchungen haben gezeigt, dass wir typische Beispiele von Konzepten schneller abrufen als weniger typische. Um dies zu testen, zählen Sie rasch die ersten fünf Vogelnamen auf, die Ihnen einfallen. Wahrscheinlich besteht Ihre Liste aus verbreiteten Vögeln wie Rotkehlchen, Eichelhähern und Spatzen und weniger aus selteneren Arten wie Pelikanen, Straußen und Pinguinen.

Da uns typische Beispiele zuerst in den Sinn kommen, greifen wir als Ausgangsbasis zur Entwicklung neuer Vorstellungen auf diese zurück, was unsere Fantasie beträchtlich einschränkt. Spatzen zum Beispiel fliegen, legen Eier und bauen ihre Nester auf Bäumen, während Pinguine das nicht tun. Wenn Sie ein außerirdisches Wesen nach dem Vorbild eines uns vertrauteren Spatzen kreieren, wird das Geschöpf eher der stereotypen Vorstellung eines Vogels entsprechen, als wenn Sie es nach dem Vorbild eines Pelikans gestalten.

Wir brauchen Methoden, mittels derer wir unseren Geist öffnen und unsere Vorstellungskraft erweitern können. Walt Disney hatte eine solche Methode für sich gefunden, indem er in drei unterschiedliche Rollen schlüpfte: die des Träumers, die des Realisten und die des Kritikers.

Am ersten Tag spielte er den Träumer und erschuf Fantasien und Traumvorstellungen. Er ließ seiner Vorstellungskraft Flügel wachsen, ohne sich über die Realisierbarkeit seiner Ideen Gedanken zu machen. Er verknüpfte Wörter, Konzepte und Ideen mit scheinbar irrelevanten Objekten und Ereignissen. Das Ergebnis war eine unendliche Vielfalt an Assoziationen, eine fantastische Ideen-Lawine.

Am Tag darauf schlüpfte er in die Rolle des Realisten, suchte nach Möglichkeiten, seine Konzepte zu etwas Funktionierendem, Praktikablem auszuarbeiten.

Am letzten Tag schließlich nahm er die Rolle des Kritikers ein, prüfte seine Ideen auf Herz und Nieren. Waren sie realisierbar? Konnte man sie so umsetzen, dass sie beim Publikum ankamen? Wenn ja, ließ sich Geld damit verdienen?

Schlüpfen Sie in die Rolle des Träumers, des Realisten und des Kritikers und halten Sie sich dabei an die folgenden Richtlinien:

1. Sie sind der Träumer. Stellen Sie sich vor, Sie haben einen Zauberstab, der Ihnen jeden beliebigen Wunsch erfüllt. Welche Wünsche würden Sie nennen, um Ihr Problem zu lösen? Listen Sie mindestens drei bis fünf Wünsche auf, insbesondere solche, die normalerweise unerfüllbar wären. Gestalten Sie jeden Wunsch unwahrscheinlicher als den vorhergehenden.

   Ein Beispiel: Eine Gemeinde möchte ihre Einnahmen erhöhen, indem sie das Parkuhrensystem effizienter gestaltet. Die (unrealistischen) Wünsche der Gemeinde sind:
   - Sie wünscht sich einen Ehrenkodex. Jeder Autofahrer hält seine Parkzeit ein und schickt die Gebühren einmal monatlich an die Polizeibehörde.
   - Sie wünscht, die Polizei könnte beobachten, wenn Autofahrer den Parkplatz verlassen, so dass andere Autofahrer die restliche Parkzeit nicht „rauben" könnten.
   - Sie wünscht, dass die Autos nach Ablauf der Parkzeit „verdampfen" würden.
2. Wählen Sie einen der Wünsche aus.

   Zum Beispiel: Die Gemeinde wünschte, die Polizei könnte beobachten, wenn Autofahrer den Parkplatz verlassen, so dass andere Autofahrer die nicht abgelaufene Parkzeit nicht „rauben" könnten.
3. Der Realist. Schlüpfen Sie in die Rolle des Realisten, indem Sie den Wunsch zu einer praktikablen Idee ausarbeiten. Was ist der Kern des Wunsches? Welche Merkmale des Wunsches sagen Ihnen zu? Wählen Sie

ein Hauptmerkmal oder einen Aspekt des Wunsches aus.

Beispiele für Merkmale beziehungsweise Aspekte des Wunsches sind:

- Der Kern ist „beobachten".
- Andere Autofahrer wären nicht in der Lage, nicht abgelaufene Parkzeit zu „rauben".
- Die Gemeinde würde neue Arbeitsplätze schaffen. Sie müsste mehr Verkehrspolizisten zur Überwachung der Parkuhren anstellen.
- Dieses System würde das Verhalten der Autofahrer verändern, indem es zwecklos würde, nach nicht abgelaufenen Parkuhren zu suchen.

4. Wählen Sie ein Merkmal oder einen Aspekt des Wunsches aus und versuchen Sie, eine praktikable Idee daraus zu entwickeln.

   Beispiel: „Beobachten". Wie können Sie „beobachten" zu einer Idee ausarbeiten, die zu einer effizienteren Gestaltung des Parkuhrensystems führt?

   Ideenbeispiel: Konstruieren Sie eine Parkuhr mit Infrarotsensoren und Lithium-Computerchips, die den Parkplatz „beobachten" kann. Sobald ein Auto den Parkplatz verlässt, stellt sich der Zähler der Parkuhr auf Null.

5. Sie sind der Kritiker. Spielen Sie den Kritiker, indem Sie die Idee ganz genau abklopfen.

   Ein Beispiel: Die „sehende" Parkuhr ist technisch machbar. Der hauptsächliche Nachteil ist der Preis, da eine solche Parkuhr mindestens vier Mal so viel kosten würde wie eine herkömmliche Parkuhr. Die Kosten würden jedoch mehr als wettgemacht durch die effizientere Einnahme von Gebühren.

   Sie können nun mit anderen Aspekten des gleichen Wunsches ebenso verfahren oder mit einem der anderen Wünsche arbeiten.

Wünsche

Es besteht eine eindeutige Verbindung zwischen Wunschdenken und Kreativität. Es ist wahrscheinlicher, dass Sie einen kreativen Einfall haben, wenn Sie sich etwas wünschen, als wenn Sie extrem logisch denken. Wünsche helfen uns bei der bewussten Vereinfachung der Dinge. Diese Taktik hat eine lange und bemerkenswerte Tradition in den Wissenschaften und in der Kunst. Im Folgenden finden Sie Richtlinien für ein Gruppen-Brainstorming auf der Basis von Wünschen:

1. Der Gruppenleiter schreibt das Thema auf eine Karte oder einen Haftnotizzettel und heftet Karte bzw. Zettel an eine Wand oder Tafel.
2. Die Teilnehmer sollen sich vorstellen, sie hätten einen Zauberstab, der ihnen jeden beliebigen Wunsch erfüllt. Welche Wünsche – insbesondere solche, die normalerweise unerfüllbar sind – haben sie in Bezug auf das Thema? Zwei oder drei Minuten listen die Teilnehmer still für sich ihre Wünsche auf.
3. Die Teilnehmer wählen einen Wunsch aus und schreiben ihn auf eine Karte oder einen Haftnotizzettel.
4. Die Wunschkarten werden eingesammelt und um die Themenkarte herum angeheftet. Der Gruppenleiter ordnet die Karten und gruppiert verwandte Wünsche zusammen.
5. Der für die Gruppe interessanteste Wunsch wird ausgewählt.

   Eine Gruppe von Ingenieuren suchte nach Ideen für die Verbesserung der Windschutzscheibe. Der Wunsch, den sie sich zu bearbeiten entschieden, lautete: Was wäre, wenn eine Windschutzscheibe im Stande wäre, sich selbst zu reinigen?
6. Diesen Wunsch galt es in die Praxis umzusetzen. Wie weit könnten Sie etwas entwickeln, das in etwa der

gewünschten Wirkung entspricht? Fragen Sie, welche Merkmale oder Aspekte des Wunsches die Gruppe speziell ansprechen. Versuchen Sie dann, praktikable Änderungen bzw. Verfahrensweisen zu konzipieren, die diese speziellen Merkmale aufweisen. Stellen Sie sich die Fragen des Typs „Könnten wir?", „Wie wäre es mit ...?" und „Was wäre, wenn ...?".

Beispiel: Einer der Ingenieure bemerkte, dass Kameralinsen offenbar selbstreinigend sind. Diese Linsen sind mit Titaniumdioxid überzogen. Wenn Sonne auf den Überzug fällt, wird eine chemische Reaktion ausgelöst, die die Linse von organischen Objekten befreit. Die Ingenieure entschlossen sich, zu untersuchen, ob sie diesen Prozess auf die Windschutzscheibe des Autos übertragen könnten.

7. Listen Sie die Ideen auf und bearbeiten Sie sie.

   Beispiel: Die Ingenieure fanden heraus, dass man das Titaniumdioxid nicht direkt auf die Windschutzscheibe auftragen konnte, weil das Glas Natrium enthielt. Sie lösten das Problem, indem sie das Glas zuerst mit Säure überzogen, um das Natrium zu extrahieren, und anschließend das Titaniumdioxid auftrugen. Diese Methode hält die Windschutzscheibe von fast allen Schmutzarten rein.
8. Wählen Sie einen anderen Wunsch aus, diesmal denjenigen, den die Gruppe am ausgefallensten findet, und vollziehen Sie dieselben Schritte.
9. Arbeiten Sie so lange mit den Wünschen, bis die Gruppe eine ausreichende Zahl von Ideen entwickelt hat.

Je interessanter und ausgefallender der Wunsch ist, desto größer ist die Wahrscheinlichkeit, eine innovative Idee oder einen originellen Kniff zu finden. Das Sortiment eines Produzenten von Tiefkühlfisch schmeckte fad und langweilig. Er probierte alle Möglichkeiten aus, ausschließlich der, die Fische bis zum letzten Moment am Leben zu lassen. Lebensmittelchemiker teilten ihm mit, die Lösung liege darin, die Fische in Bewegung zu halten.

Der Firmenbesitzer schwenkte seinen Zauberstab und wünschte sich, er könnte den Fisch im letzten Augenblick aus dem Ozean fischen und dann unverzüglich verarbeiten. Dieser Wunsch regte ihn zum Nachdenken über den natürlichen Lebensraum der Fische an – inklusive ihrer natürlichen Feinde. Das war der Knackpunkt: Natürliche Feinde sind der Grund, weshalb sich Fische ständig bewegen. Der Hersteller setzte daraufhin natürliche Feinde in die Becken. Die Fische blieben in Bewegung, um den Feinden zu entkommen, und behielten so ihre Vitalität und ihren Geschmack.

Grundsätzlich ist jede Methode geeignet, mittels der sich nicht vorhersehbare Variationsmöglichkeiten für spätere Auslese und Verfeinerung entwickeln lassen.

Papierflugzeuge

Wenn Sie aktiv mit der Lösung eines Problems beschäftigt sind, ist Ihre Konzent-ration zielgerichtet und Ihr Wahrnehmungsrahmen wahrscheinlich relativ begrenzt. Sie nehmen nur ein gewisses Spektrum an Informationen auf und verwerten sie. Informationen aus außen stehenden Quellen können unter Umständen Hinweise und Stichwörter liefern, die Ihre Perspektive erweitern und zu einer neuen, wesentlichen Sichtweise des Problems führen.

So wurden beispielsweise die Teilnehmer eines Workshops gebeten, die frei von der Decke hängenden Enden zweier Seile zusammenzubinden. Das Problem lag darin, dass die beiden Seile so weit voneinander entfernt aufgehängt waren, dass man sie nicht beide auf einmal erreichen konnte. Um auf die gewünschte Lösung zu kommen, musste man erkennen, dass sich eine deutlich sichtbar platzierte Zange nicht nur als Werkzeug zum Greifen, sondern auch als Pendelgewicht benutzen ließ. Befestigte man die Zange an einem der beiden Seile, ließ sie sich

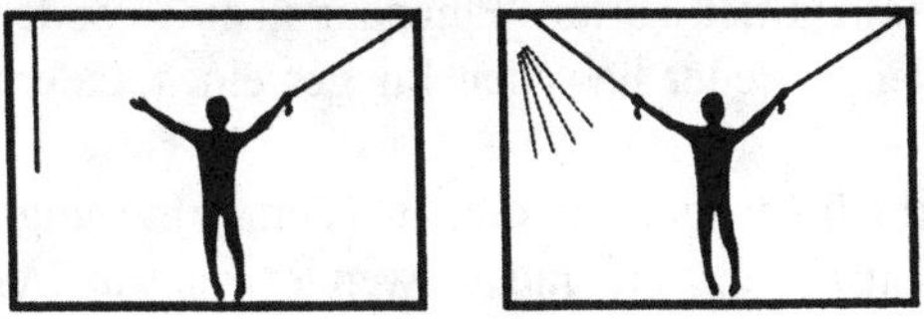

in Richtung des zweiten Seiles schwingen, wodurch man in der Lage war, das zweite Seil festzuhalten, während man auf das Heranschwingen des ersten Seiles wartete. Die meisten Teilnehmer hatten das Problem nach zehn Minuten nicht gelöst.

Ich versetzte eines der Seile vor den Augen der Teilnehmer in eine sanfte Pendelbewegung, ohne etwas zu sagen. Nachdem sie diesen Hinweis erhalten hatten, lösten die meisten Teilnehmer das Problem innerhalb von sechzig Sekunden. Mindestens ebenso interessant war, dass die meisten Teilnehmer keine Ahnung hatten, dass der Hinweis mit dem schwingenden Seil etwas mit ihrer Problemlösung zu tun hatte.

Die Kapazität unseres Bewusstseins, Informationen zu verarbeiten, ist begrenzt, weil Menschen nur einige Dinge zugleich bewusst wahrnehmen können. Offenbar hatten die Teilnehmer das Pendeln des Seils unbewusst als Hinweis registriert, bewusst aber nicht als solchen begriffen. Anders ausgedrückt: Menschen sind im Stande, schöpferisch auf Informationen zu reagieren, die sie nicht bewusst registrieren oder an die sie sich nicht bewusst erinnern.

Eine interessante Technik, Teilnehmern einer Gruppe Hinweise zu vermitteln, besteht darin, die Teilnehmer zu bitten, dass jeder still für sich drei bis vier Ideen im Zusammenhang mit dem zu bearbeitenden Thema auf ein Blatt Papier schreibt. Überschreiben Sie das Blatt mit „Ideen". Bitten Sie dann die Teilnehmer, auf ein anderes Blatt ihre Gedanken über das Thema aufzulisten. Überschreiben Sie dieses Blatt mit „Stichwörter". Assoziieren Sie frei und halten Sie alles, was Ihnen in den Sinn kommt, auf dem Stichwörter-Blatt fest.

Lassen Sie nun jeden Teilnehmer aus seinem Stichwörter-Blatt einen Papierflieger falten. Auf ein bestimmtes Zeichen hin lässt jeder sein „Stichwörter"-Flugzeug in einen anderen Teil des Raumes fliegen. Jeder hebt den Flieger eines anderen Teilnehmers auf.

Die Teilnehmer greifen die auf dem Flugzeug stehenden neuen „Stichwörter" auf und verwenden sie zur Verbesserung oder Ausarbeitung ihrer ursprünglichen Ideen.

Relationale Wörter

In der Psychologie der Problemlösung gibt es ein altes Experiment. Man legt ein paar Maiskörner auf den Boden und stellt eine Glasscheibe davor. Dann setzt man ein hungriges Huhn vor die Glasscheibe. Das Glas befindet sich nun zwischen dem Huhn und dem Mais. Das Tier wird versuchen, direkt durch das Glas zu gehen, um an das Getreide zu kommen. Das Huhn ist nicht in der Lage, seine Verbindung zu dem Mais zu ändern und um das Hindernis herumzugehen. Es trägt eine relationale Binde vor seinem geistigen Auge und denkt nur daran, geradeaus zu gehen.

Eine Entdeckung oder eine Erfindung ist nichts anderes, als eine neue Beziehung zwischen alten Dingen herzustellen. Stellen Sie sich eine mathematische Gleichung mit zwei Problemelementen auf jeder Seite eines relationalen Wortes vor. Sie stellen eine grundsätzliche Handlungsaufforderung auf: „Legen Sie eine Sache (…) eine andere Sache." Es gibt mehrere deutsche Wörter, die sich anstatt der Punkte in die Klammer einsetzen lassen und die Beziehung der Satzelemente zueinander entsprechend ändern. So zum Beispiel:

an
auf
hinter
in
neben
vor
wie

Blaupausen

1. Zerlegen Sie Ihr Problem in einzelne Elemente.
   Beispiel: Ein Team von Designern möchte den Kühlschrank verbessern. Einige Elemente des Problems sind „Kühlschrank", „Tür", „Tiefkühlfach", „Stromquelle", „Eisschale", „Lebensmittelfächer", „Innenbeleuchtung", „kalte Luft speichern", „Ästhetik" und „Farbe".
2. Wählen Sie zwei Hauptelemente des Problems aus.
   Beispiel: „Kühlschrank", „Tür".
3. Suchen Sie ein relationales Wort und setzen Sie es zwischen die beiden Problemelemente. Eine erfolgreiche Problemlösung entsteht aus der Änderung der Beziehungen zwischen Elementen in einer bestimmten Situation. Zwei Aspekte eines Problems werden durch ein oder mehrere relationale Wörter aneinander „gekettet", um so ungewöhnliche Assoziationen zu stimulieren. Die Assoziationen werden dann zur Entwicklung neuer Ideen benutzt.
   Beispiel: Kühlschrank „ohne" Türen.
4. Nehmen Sie diese Kombination genau unter die Lupe und notieren Sie alle Ideen, die Ihnen dabei in den Sinn kommen.
   Beispiel: Diese Verbindung („ohne Türen") inspirierte die Erfindung eines Kühlschranks ohne Türen. Ein Kaltluft-„Tornado" zirkuliert durch das Innere des Kühlschranks, während vertikale Luftströme einen schützenden Wall schaffen, der die warme Luft aussperrt. Der Kühlschrank ist rund und kann überall hingestellt werden, auch in die Mitte der Küche.
5. Wiederholen Sie die Schritte 2 und 3. Experimentieren Sie mit verschiedenen Kombinationsmöglichkeiten, indem Sie Problemaspekte und relationale Wörter austauschen, um auf weitere Einfälle zu kommen.

Beispiel: In unserem Beispielfall setzten die Ingenieure ihre Suche nach weiteren Einfällen fort. Nach dem Durchspielen verschiedener Kombinationsmöglichkeiten einigten sie sich schließlich auf die Nebeneinanderstellung von „Kühlschrank" und „Stromquelle", was sie dazu anregte, eine kleine Batterie-betriebene Ersatzstromquelle zu entwerfen, die sich bei einem kurzen Stromausfall einschaltet.

Eine Reihe von Kombinationsmöglichkeiten auszuprobieren und die Fähigkeit zu besitzen, eine Lösung zu erkennen, wenn sie sich bietet, ist eine Voraussetzung für erfolgreiche Problemlösungen. Es ist zum Beispiel ein Paradoxon in Unternehmen, dass die Mitarbeiter mit gewissen Befugnissen ausgestattet werden müssen, damit sie auf rasche Veränderungen kreativ reagieren können. Zugleich dürfen die entsprechenden Aktionen nicht außer Kontrolle geraten, um die geschäftlichen Ziele nicht zu gefährden. Ihre Problemaspekte könnten „Befähigung", „Mitarbeiter" „Betrieb", „Kontrolle", „Ziele", „kreatives Reagieren" und „Management" sein. Wenn Sie die Kombination „Ausstattung der Mitarbeiter mit gewissen Befugnissen" ansehen, werden Sie darauf kommen, dass Sie Zeit und Energie verwenden müssen, Vertrauen und Sympathie in den Angestellten aufzubauen. Durch den Aufbau von Pflichtgefühl, Vertrauen und persönlichen Beziehungen haben Sie Ihre Mitarbeiter im Griff, und zwar nicht, indem Sie sie übermäßig kontrollieren, sondern indem Sie ihnen Freiräume verschaffen.

Strategie sechs: Der Blick auf die Kehrseite

Wenn sich Menschen mit einem Problem befassen, vermuten sie meist eine Reihe von Einschränkungen ihrer Lösungsmöglichkeiten. Die Grenzen des Problems werden durch Vermutungen gezogen und innerhalb dieser Grenzen werden herkömmliche Denkmethoden eingesetzt, um eine Lösung zu finden. Sehr häufig sind diese Grenzen jedoch imaginär und die Lösung kann sehr wohl außerhalb liegen. Richard Dedekind war der erste, der im Jahre 1872 zeigte, dass die Mathematiker einem Irrtum unterlägen, wenn sie glaubten, mit einem Kontinuum zu arbeiten. Er demonstrierte, dass es das für Zahlen nicht gibt. Innerhalb jedes Zahlenraums, beispielsweise zwischen 1 und 5, kann die Zahlenmenge nach Belieben vergrößert werden. Natürlichen Zahlen, wie zum Beispiel 2, 3 und 5, können eine unendliche Menge von Bruchzahlen wie 3/4 oder 118/119 sowie eine unbegrenzte Anzahl von Irrationalzahlen, wie die Quadratwurzel aus 2, hinzugefügt werden. Der Raum kann nie ganz gefüllt werden. Seine Arbeit wurde unter dem Namen des Prinzips der Diskontinuität bekannt.

„Diskontinuität" avancierte bald zu einem Schlüsselthema des Modernismus und zu einer neuen Denkweise im Bereich der Wissenschaften, der Kunst und der Arbeit von Erfindern. Der Physiker Ludwig Boltzmann wies bald nach, dass Kontinuität auch in der Physik eine statistische Illusion ist, da das Verhalten von Atomen nicht vorhersagbar sei. Der französische Maler Georges Seurat bediente sich dieser Denkstrategie bei der Erfindung einer neuen Stilrichtung, die er Pointillismus nannte – einer Stilrichtung, in der er das erste moderne Gemälde, Sonntagnachmittag auf der Insel La Grande Jatte, aus tausenden von farbigen Punkten schuf, von denen jeder einzelne nicht größer als drei Millimeter war. Dieses große Meisterwerk besteht aus ungefähr fünfzig Menschen, Hunden und einem Affen, alle reduzierbar auf kleine Pigmenttupfer, die ein harmonisches Ganzes bilden und außerordentliche Ruhe ausstrahlen. Thomas Edison erfand die Filmkamera, die mit 16 Standfotos pro Sekunde, die das Auge als Bewegung interpretiert, einen weiteren Triumph der Diskontinuität darstellt.

Umkehrungen

Dedekind betrachtete die Kehrseite der Kontinuität, indem er seine Denkweise umkehrte und zu einer brillanten Erkenntnis fand, die zu einer neuen Art des Denkens, Erfindens und der künstlerischen Gestaltung führte. Die unten stehende Abbildung zeigt unregelmäßige Formen – scheinbar bedeutungslose Puzzleteile. Wenn Sie sich jedoch auf den Hintergrund konzentrieren – die Zwischenräume zwischen den Formen –, erscheint das Wort „WEST". Legen Sie wenn nötig ein Lineal an die obere oder untere Begrenzung der Formen, um das Wort erkennbar zu machen.

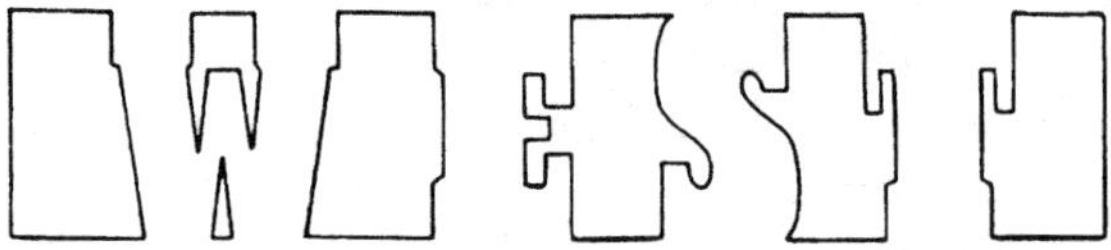

Indem Sie sich auf den Hintergrund und nicht auf die Formen konzentrieren, verändern Sie Ihren Blickwinkel und sehen etwas, das Sie vorher nicht wahrnehmen konnten. Dieser Prozess vollzieht sich, wenn Sie Ihre Perspektive umkehren und die Kehrseite der Dinge betrachten. Nehmen wir einmal an, Sie wurden als Gastgeber eines Tennis-Einzelendausscheidungsturniers ausgewählt. Es gibt 117 Teilnehmer. Wie viele Matches mindestens müssten Sie für diese Teilnehmerzahl ausrichten?

Bei dieser Aufgabe zeichnen die meisten Versuchspersonen Diagramme von der tatsächlichen Paaraufstellung in jedem Match und der Anzahl der spielfreien Runden. Andere versuchen die Frage mathematisch anzugehen. Die richtige Antwort lautet

116 Matches und kann einfach hergeleitet werden, ohne komplizierte Diagramme zu erstellen oder die Mathematik zu bemühen. Um das Problem zu lösen, müssen Sie Ihr Denken von den Gewinnern der einzelnen Matches auf die Verlierer lenken. Da es in einem Tennis-Einzelendausscheidungsturnier nur einen einzigen Gewinner geben kann, muss es 116 Verlierer geben. Da jeder Verlierer nur ein Mal verlieren kann, muss es 116 Matches geben.

Die Versuchspersonen konzentrieren sich gewöhnlicherweise auf die Gewinner und nicht auf die Verlierer. Die Umkehrung ihres Gedankengangs führt sie zur Betrachtung der Verlierer und nicht der Gewinner, und das Problem ist rasch gelöst. Im Mittelalter starb eine Anzahl von Menschen in einem französischen Dorf an der Pest. Die anderen Dorfbewohner merkten, dass sie aus Versehen einige Leute begraben hatten, die noch am Leben waren. Sie standen nun vor dem Problem, wie sie sichergehen konnten, dass sie keine noch lebenden Menschen begruben. Eine fantasievoller Mann löste das Problem durch Umkehrung. Er schlug vor, sich zu vergewissern, dass die Menschen tot waren, bevor man sie begrub, indem man in Höhe des Herzens einen Pfahl durch den Sargdeckel trieb.

Umkehrungen brechen herkömmliche Denkstrukturen auf und führen zur Entstehung von neuen Denkmustern. Figur A in der unten stehenden Abbildung besteht aus zwei gleich langen Linien, die durch pfeilähnliche Winkel begrenzt werden. Bei Figur B sind die pfeilähnlichen Winkel bei einer der beiden Linien umgekehrt, was unsere Wahrnehmung verändert und den Eindruck vermittelt, diese Linie sei kürzer. Sie ist nicht kürzer. Messen Sie sie nach und Sie werden feststellen, dass sie ebenso lang ist wie die anderen Linien. Nicht die Linien haben sich verändert, sondern die Art, wie wir sie wahrnehmen.

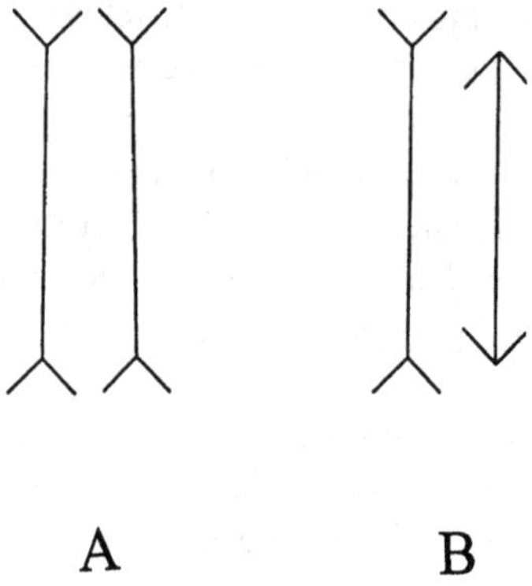

Die Winkel an beiden Enden der Linien in Figur A scheinen einen angrenzenden Raum zu öffnen. Durch die Umkehrung des Winkels wird die Ausdehnung scheinbar eingedämmt, wodurch sich unsere Wahrnehmung der Länge der Linien verändert.

Als Henry Ford ins Automobilgeschäft einstieg, herrschte die konventionelle Ansicht, man müsse „Menschen zur Arbeit bringen". Er kehrte sie um zu der Ansicht, man müsse „die Arbeit zu den Menschen bringen" und erfand das Fließband. Bevor Al Sloan Generaldirektor von General Motors wurde, ging die allgemeine Annahme dahin, dass Leute für einen Wagen bezahlen mussten, ehe sie ihn fuhren. Er verkehrte diese Annahme in „Sie können den Wagen fahren, bevor Sie ihn bezahlen!" und wurde so zum Wegbereiter der Ratenzahlung.

Vor Jahren bereitete es große Schwierigkeiten, Aspirintabletten mit einem wohl schmeckenden Überzug zu versehen. Durch Eintauchen wurde der Überzug ungleichmäßig und klumpig. Die Chemiker waren mit ihrem Latein am Ende, bis sie schließlich ihre Denkweise umkehrten. Anstatt nach Methoden zu suchen, etwas auf das Aspirin zu befördern, forschten sie nach Möglichkeiten, etwas vom Aspirin wegzunehmen. Diese Umkehrung führte zu einer der neueren Methoden zum Überziehen von Tabletten. Die Tabletten werden in eine Flüssigkeit eingetaucht und dann auf eine Drehscheibe gelegt. Die auf die Flüssigkeit und die Tabletten einwirkende Zentrifugalkraft bewirkt eine Trennung der beiden und hinterlässt einen schönen, gleichmäßigen Überzug auf der Tablette.

Der Physiker und Philosoph David Bohm glaubte, geniale Menschen seien im Stande, in anderen Bahnen zu denken, weil sie die Ambivalenz zwischen entgegengesetzten oder ungleichen Objekten aushalten könnten.

Thomas Edison stellte konventionelle Denkweisen grundsätzlich infrage, indem er auf die Kehrseite der Dinge blickte. Eine interessante Anekdote: Immer wenn er einen Bewerber zu einem Vorstellungsgespräch bat, lud er ihn zum Mittagessen ein und bestellte ihm einen Teller Suppe. Würzte der Bewerber seine Suppe, bevor er sie probiert hatte, stellte er ihn nicht ein. Er hatte dann den Eindruck, der Bewerber habe so viele vorgefasste Ansichten in Bezug auf Alltägliches, dass es zu lange dauern würde, ihm kreatives Denken beizubringen.

In der folgenden Abbildung können Sie vier schwarze Pfeilspitzen vor einem weißen oder vier weiße Pfeilspitzen vor einem schwarzen Hintergrund wahrnehmen. Sie können sich aussuchen, ob Sie sich auf die schwarzen oder auf die kontrastierenden weißen Pfeilspitzen konzentrieren wollen. In ähnlicher Weise führt jeder Gedanke zur Vorstellung seines Gegenteils, indem man ihm einfach das Wort „nicht“ hinzufügt oder ihn in sein Gegenteil verkehrt.

Der Mathematiker und Philosoph Bertrand Russell verblüffte seine Kollegen, indem er zeigte, dass in der mathematischen Beweisführung jede Alternative zu ihrem Gegenteil führt. Sie können neue Ideen entwickeln, indem Sie das Gegenteil eines Objekts oder einer Handlung betrachten. Als Biotechniker nach Möglichkeiten zur Verbesserung der Tomate forschten, identifizierten sie das für ihre Reifung verantwortliche Gen. Sie überlegten, dass sie das Gen, das den Reifungsprozess beschleunigte (schwarze Pfeilspitze) eventuell zur Verlangsamung des Prozesses einsetzen könnten, indem sie es umkehrten (weiße Pfeilspitze). Sie kopierten das Gen, kehrten es um, und nun verlangsamt es den Reifungsprozess und macht auf diese Weise an Reben gereifte Tomaten im Winter möglich.

Annahmen umkehren

Stellen Sie sich vor, Sie wollen ein Restaurant eröffnen und haben Schwierigkeiten, auf neue zündende Einfälle zu kommen. Zur Anregung probieren Sie die folgenden Umkehrungen aus:

1. Listen Sie sämtliche vorgefassten Ansichten auf, die Sie über Ihr Subjekt hegen.
   Beispiel: Einige verbreitete Annahmen in Bezug auf Restaurants sind:
   A. Restaurants bieten bestimmte Speisen zur Auswahl an – schriftlich, mündlich oder stillschweigend.
   B. Restaurants verlangen Geld für diese Speisen.
   C. In Restaurants wird Essen serviert.
2. Kehren Sie jede der Annahmen um. Was ist das jeweilige Gegenteil?
   Beispiel: Die umgekehrten Annahmen wären:
   A. In Restaurants gibt es keine Speisenauswahl.
   B. Die servierten Speisen sind umsonst.
   C. Restaurants servieren kein Essen.
3. Stellen Sie sich die Frage, wie Sie jede dieser Umkehrungen verwirklichen können. Wie könnte ein Restaurant aussehen, das keine bestimmte Auswahl an Speisen anbietet, aber dennoch profitabel ist?

Beispiel:

A. *Ein Restaurant ohne Speisekarte.* Idee: Der Chef informiert jeden Gast, was er an dem jeweiligen Tag an Fleisch, Gemüse und Fisch eingekauft hat. Er bittet die Gäste, die Zutaten auszuwählen, und bereitet individuell für jeden Gast ein Gericht aus diesen Zutaten zu.

B. *Ein Restaurant, das Speisen umsonst ausgibt.* Idee: Ein Café im Freien, das die Zeit statt den Speisenkonsum in Rechnung stellt. Die im Café verbrachte Zeit wird minütlich in Rechnung gestellt; kleine Speisen und Getränke sind gratis oder werden zum Selbstkostenpreis verkauft.

C. *Ein Restaurant, in dem kein Essen serviert wird.* Idee: Ein Restaurant mit exotischem Flair einrichten und vermieten. Die Gäste bringen ihre eigenen Mahlzeiten und Getränke mit (Picknickkörbe etc.) und zahlen eine Gebühr für die Benutzung des Restaurants.

4. Wählen Sie eine Lösung und arbeiten Sie sie zu einer realistischen Idee aus. In unserem Beispiel entschließen wir uns, mit der „Restaurant ohne Speisenkarte"-Umkehrung zu arbeiten. Wir geben dem Restaurant den Namen „Der kreative Koch". Der Koch stellt Gerichte aus den gewählten Zutaten zusammen und benennt sie nach dem jeweiligen Gast. Jeder Gast erhält einen Computerausdruck des Rezepts mit dem nach ihm benannten Gericht.

Umkehrungen brechen herkömmliche Denkmuster auf und schaffen die Möglichkeit, Informationen zu spannenden neuen Kombinationen zusammenzustellen.

- Nehmen wir an, Sie haben ein Glas Whisky mit Eis und frischer Minze. Kehren Sie die Verhältnisse um und stellen Sie sich vor, der Whisky hätte Sie, mit anderen

Worten: Sie würden in das Glas Whisky mit Eis und Minze hineinfallen. Das bringt Sie auf die Idee, einen Duschkopf mit Sprenkelaufsatz für verschiedene Duftnoten zu entwickeln.

- Zahnärzte besitzen zahnärztliche Geräte. Die Umkehrung wäre, dass Zahnärzte keine zahnärztlichen Geräte besitzen. Statt dessen würden die Patienten ihre eigenen Geräte kaufen, die von den Zahnärzten in sterilen Schubladen aufbewahrt werden.
- Ein Stuhl hat eine gewisse Höhe. Kehren Sie dies zu der Vorstellung um, ein Stuhl wäre flach. Daraus entsteht der Einfall eines Stückes Polstermaterial, das man über irgendetwas breiten kann, um es in einen Stuhl zu verwandeln – beispielsweise über einen Felsen oder Baumstumpf.

Stellen Sie sich zwei Jungen vor, die Federball spielen. Der ältere Junge ist viel besser und gewinnt jedes Spiel. Der jüngere Junge reagiert entmutigt und weigert sich, das Spiel fortzusetzen. Da dies dem älteren Jungen den Spaß verdirbt, ergibt sich das Problem, den jüngeren Jungen zum Weiterspielen zu motivieren. Ein konventioneller Gedanke wäre, dem Jüngeren eine Vorgabe zu gewähren oder ihn zu ermahnen, ein guter Verlierer zu sein. Jemand, der Ambivalenzen toleriert, würde möglicherweise erkennen, dass der Wettstreit der Kern des Problems ist und nach Ideen für eine Eliminierung dieser Komponente suchen. Eine Idee wäre, das Spiel in ein kooperatives Spiel umzugestalten, dessen Ziel darin bestünde, herauszufinden, wie lange die beiden Jungen gemeinsam in der Lage sind, den Ball in der Luft zu halten.

Gruppen

Wenn Sie mit kleinen Gruppen arbeiten, bitten Sie jeden Teilnehmer, seine vorgefassten Ansichten über das Subjekt durchnummeriert aufzulisten. Sie können dann:

- Eine beliebige Zahl ansagen, sagen wir, Nummer drei. Jeder Teilnehmer muss dann diese Ansicht auf seiner Liste in ihr Gegenteil verkehren und sich überlegen, wie er aus dieser Umkehrung eine realisierbare Idee entwickeln könnte.
- Jeden Teilnehmer bitten, eine vorgefasste Ansicht auszuwählen und diese umzukehren.
- Jeden Teilnehmer bitten, alle seine Annahmen in ihr Gegenteil zu verkehren.
- Die Listen in einzelne Streifen mit Annahmen zerschneiden und sie in eine Papiertüte geben. Ziehen Sie einen Streifen und arbeiten Sie mit der Gruppe daran, die darauf stehenden vorgefassten Annahmen durch Umkehrung zu etwas Neuem zu gestalten. Das Ziehen der Streifen und das Umkehren der Annahmen so lange fortsetzen, bis die gewünschten Ideen gefunden wurden.

Umkehrungen kreieren binnen kurzer Zeit zahlreiche interessante Einfälle. Der Konsens unter Kopiergeräteherstellern geht dahin, nicht mit der Konkurrenz zusammenzuarbeiten. Eine Managerin verkehrte diesen Grundsatz ins Gegenteil, indem sie verkündete, ihre Firma würde die Geräte der Konkurrenz nicht nur warten, sondern auf ihre Wartungsarbeiten sogar eine Garantie geben. Ihre grandiose Idee ermöglichte es der Firma, Beziehungen zu den Kunden der Konkurrenzfirmen zu knüpfen, die schließlich zu neuen Verkäufen führten.

Durch Umkehrungen sind Sie im Stande, etwas aus zwei unterschiedlichen Perspektiven zu betrachten. Das vielleicht deutlichste Beispiel für den Nutzen dieser Betrachtungsweise liefert die Mathematik. Gleichungen sind nichts anderes als die Beschreibung einer Zahl auf zwei verschiedene Arten, deren Nutzen allerdings so hoch ist, dass sie zu einem Grundpfeiler der Mathematik wurde. Etwas auf zwei Arten – eine auf jeder Seite des Gleichheitszeichens – zu betrachten macht es möglich, Lösungen daraus zu gewinnen.

Die Perspektive umkehren

Überlegen Sie: Weshalb scheint ein Spiegel rechts und links, aber nicht oben und unten zu verkehren? Oder anders ausgedrückt: Warum sieht man die Buchstaben eines Buches rückwärts verlaufen, wenn man in einen Spiegel sieht, aber nicht auf dem Kopf, und weshalb ist Ihre linke Hand die rechte und Ihre rechte Hand die linke Ihres Spiegelbildes?

Wenn wir in einen Spiegel schauen, stellen wir uns vor, wir hätten uns um 180 Grad gedreht, so dass unsere linke Körperhälfte rechts und unsere rechte Körperhälfte links erscheint, so als wären wir um eine Glasscheibe herumgegangen, um uns von der anderen Seite zu betrachten. Die konventionelle Perspektive ist verantwortlich dafür, dass wir nicht erklären können, was beim Blick in einen Spiegel geschieht. Um ein Spiegelbild zu verstehen, müssen Sie die Art und Weise, wie Sie Ihr Bild wahrnehmen, psychologisch umkehren. Stellen Sie sich Ihre Nase und die Rückseite Ihres Kopfes umgekehrt vor: Wenn Ihre Nase nach Norden zeigt, zeigt die Nase Ihres Spiegelbildes nach Süden. Das Problem ist die durch den Spiegel verlaufende Achse. Stellen Sie sich so vor den Spiegel, dass eine Hand nach Osten und die andere nach Westen deutet. Winken Sie mit der nach Osten zeigenden Hand. Das Spiegelbild winkt mit seiner nach Osten deutenden Hand. Seine nach Westen zeigende Hand deutet weiterhin in diese Richtung. Der Kopf des Spiegelbildes befindet sich oben, die Füße unten. Wenn Sie aus diesem Blickwinkel in einen Spiegel schauen, bekommen Sie ein Verständnis von der Achse des Spiegels.

In gleicher Weise führt uns die Umkehrung der Perspektive, aus welcher wir ein Problem betrachten, manchmal zu einer anderen Erkenntnis oder einer schnelleren, einfacheren Lösung eines Problems. Addieren Sie die Zahlen von 1 bis 100. Diese Aufgabe ist nicht schwierig, aber sie nimmt Zeit in Anspruch. Schließlich gelangen wir zur Lösung, nämlich 5.050. Stellen Sie sich jetzt die Zahlen von 1 bis 100 in einer Reihe hintereinander vor. Kehren Sie die Zahlenreihen um und schreiben Sie sie wie folgt unter die erste Reihe:

1 2 3 4 5 .... 95 96 97 98 99 100
100 99 98 97 96 .... 6 5 4 3 2 1

Wenn Sie die Zahlen in der Reihenfolge von 1 bis 100 auflisten, zählen Sie immer 1 hinzu. Listen Sie sie darunter in umgekehrter Reihenfolge auf, also von 100 bis 1, ziehen Sie jeweils 1 ab. Die Addition jedes dieser untereinander geschriebenen Zahlenpaare ergibt immer 101. Also beträgt die Gesamtsumme 100 x 101 = 10.100. Da wir zwei Zahlenreihen verwendet haben, teilen wir das Ergebnis durch 2, wodurch wir 5.050 erhalten. Die Umkehrung der Zahlenabfolge ermöglicht uns, die Zahlenreihe zu sehen und die Abfolge zu verstehen. Dann können Sie im Kopf multiplizieren und dividieren und die Aufgabe rasch lösen, wobei die Wahrscheinlichkeit von Fehlern im Vergleich zur konventionellen Additionsmethode gering ist.

In den letzten Jahren haben die Wissenschaftler damit begonnen, durch das andere Ende des Teleskops zu blicken, um eine andere Perspektive in Bezug auf den Ursprung des Lebens zu finden. Anstatt nach einer Erklärung dafür zu forschen, wie sich das Leben aus dem Universum heraus entwickeln konnte, kehrten sie den Denkansatz um und setzen nun das Leben als gegebenen Faktor an den Anfang ihrer Forschungen. Ausgehend von unserer Existenz, müssen am Anfang bestimmte Bedingungen geherrscht haben um diese zu ermöglichen. Die Umkehrung der Problemstellung hilft, das Problem aus einem anderen Blickwinkel zu beleuchten. Wenn beispielsweise jemand vor Ihnen befördert wurde, können Sie das interpretieren als: „Das ist passiert, weil der Chef mich nicht mag.“ Oder umkehrt: „Das ist passiert, weil ich den Chef nicht mag.“ Verändert diese Umkehrung Ihre Perspektive?

Umkehrungen können auch dazu beitragen, die tatsächlichen Ursachen eines Problems zu finden, um sich ihnen zu widmen.

Nehmen wir an, Ihre Verkaufszahlen seien schlecht und Sie wollten sie erhöhen. In folgender Weise kehren Sie Ihr Problem um und finden seine wirklichen Ursachen:

1. **Formulieren Sie Ihr Problem.**
   „Welche Wege gibt es, die Verkaufszahlen zu erhöhen?"
2. **Kehren Sie Ihr Problem um.**
   „Welche Wege gibt es, die Verkaufszahlen zu senken?"
3. **Zählen Sie alle Möglichkeiten auf, die Ihnen einfallen, um die umgekehrte Aufgabe zu erfüllen.**
   Beispiel: Weniger Verkaufsgespräche führen, unhöflich zu Kunden sein, keine Folgeaktionen, schlechte Produktkenntnisse, schlechter Service etc.
4. **Werten Sie aus.** Erstellen Sie eine Wertetabelle von eins bis zehn für alle Punkte Ihrer Liste, mit zehn als dem wichtigsten Aspekt.
5. **Konzentrieren Sie sich auf die Aspekte mit der höchsten Punktezahl.** Diese sind die wahrscheinlichsten Ursachen Ihres Problems.
   Beispiel: „Weniger Verkaufsgespräche führen" hat die höchste Punktezahl.
6. **Kehren Sie das Problem erneut um, um eine neue Perspektive zu finden.**
   Beispiel: „Wie kann ich die Verkaufszahlen durch das Führen von mehr Verkaufsgesprächen fördern?"

Die Umkehrung des Problems führte zu der Erkenntnis, dass die effektivste Methode zur Steigerung der Verkaufszahlen im Führen von mehr Verkaufsgesprächen besteht.

Brainstorming umkehren

Bei einem Brainstorming bringt eine Gruppe möglichst viele Ideen hervor, ohne diese in irgendeiner Weise zu werten oder zu kritisieren. Das Konzept besteht darin, eine Umgebung zu schaffen, die ein positives Feedback anregt. In der Wissenschaft ist positives Feedback nicht immer gut. Es kann Systeme zum Explodieren bringen oder sie stetig ansteigen und schließlich außer Kontrolle geraten lassen. Wenn Sie eine Fernsehkamera auf ihren eigenen Monitor richten, erhalten Sie das visuelle Gegenstück zum (positiven) Rückkopplungston, der aus einem zu nahe an seinem Lautsprecher platzierten Mikrofon kommt.

Aus diesem Grund unterscheiden Wissenschaftler zwischen zwei unterschiedlichen Arten des Feedbacks. Ein Beispiel für negatives Feedback: Das Ventil auf Thomas Watts Dampfmaschine erzeugte einen negativen Rückkopplungskreis, indem es sich öffnete, wenn die Maschine schnell lief, um Dampf abzulassen, damit sie nicht explodierte oder außer Kontrolle geriet. In der Natur verhindert negatives Feedback, dass durch Mutation entstehende Varianten außer Kontrolle geraten, indem es viele Mutanten ausrottet, damit die Struktur der Art über einen langen Zeitraum hinweg stabil erhalten bleibt.

Umgekehrtes Brainstorming ist die kritische Bewertung oder Beurteilung von Ideen, die ein negatives Feedback anregt. Diese Technik eignet sich besonders gut, wenn sämtliche Schwachpunkte einer Idee beseitigt werden sollen. Nehmen wir an, Ihre Firma hat einen Fünfjahres-Marketingplan für ihr schnurloses Telefon entworfen. So leiten Sie den Prozess des negativen Brainstormings ein:

1. Unterteilen Sie die Gruppe in Teams. Jedes Team schlüpft in die Rolle eines bestimmten Mitbewerbers (oder Sie bitten die Teams, einen Super-Konkurrenten zu erfinden). Teilen Sie den Teams mit, Ihr neuer Marketing-Plan sei durchgesickert. Um der Gefahr entgegenzutreten, werden sie (die Mitbewerber) angewiesen, Vorschläge für entsprechende Gegenmaßnahmen einzubringen.

2. Jedes Team sucht nach Gegenmaßnahmen in Bezug auf den Marketingplan.
3. Die Gruppe trifft sich erneut, um die Gegenmaßnahmen der Mitbewerber zu diskutieren.

Umkehrungstechniken erzeugen Ambivalenz, die ein fundamentaler, aber oft missachteter Aspekt von Kreativität ist. Geniale Menschen tolerieren Ambivalenz – siehe die Polarität in Einsteins Denken. Einmal zog er die Kontinuität vor, dann wieder die Diskontinuität. Er war im Stande, die Beziehung zwischen beiden zu sehen, weil er den Gegensatz tolerierte. Jedes kontinuierliche System kann als Zusammensetzung einer großen Anzahl diskontinuierlicher Elemente aufgefasst werden. Jedes diskontinuierliche Element ist vor einem kontinuierlichen Hintergrund entstanden. Diese Fähigkeit, Ambivalenz zu tolerieren, verschafft Genies Einsichten in Nuancen, die normalerweise durch konventionelle Denkmuster verdeckt werden.

Alle Seiten in Betracht ziehen

Dr. Albert Rothenberg, ein anerkannter Kreativitätsforscher, hat sich eingehend mit der Verwendung von Gegensätzen im kreativen Denken und Handeln beschäftigt. Er entdeckte einen Prozess, den er als „Janus-Denken" bezeichnete, nach dem römischen Gott mit zwei Gesichtern, die in entgegengesetzte Richtungen blicken. Unter Janus-Denken versteht man die Fähigkeit, sich zwei entgegengesetzte oder widersprüchliche Ideen,

Konzepte oder Bilder nebeneinander vorzustellen. Stellen Sie sich Ihre Mutter gleichzeitig als kleines Baby und als alte Frau vor, oder dass Ihr Haustier lebt und zugleich tot ist.

Rothenberg fand heraus, dass Genies häufig auf dieses Denken zurückgreifen. Einstein, Mozart, Edison, van Gogh, Pasteur, Joseph Conrad und Picasso verfügten alle über die Fähigkeit zum Janus-Denken. Vincent van Gogh zeigte in seinem Gemälde Schlafzimmer in Arles, wie man zwei Perspektiven gleichzeitig einnehmen kann. Pablo Picasso gelangte zu seinem kubistischen Blickwinkel, indem er Objekte geistig zerlegte und die einzelnen Elemente so zusammensetzte, dass man sie aus dutzenden von Perspektiven zugleich betrachten konnte.

Auf dem Gebiet der Physik war es Einstein, der sich ein Objekt in Bewegung und zugleich in Ruhe vorstellen konnte. Um den Charakter dieses Paradoxons besser zu verstehen, konstruierte er eine Analogie, die den Kern des Paradoxons widerspiegelte. Einstein sagte, dass ein Beobachter, der von einem Dach springt und gleichzeitig irgendeinen Gegenstand fallen lässt, feststellen wird, dass der Gegenstand sich in Relation zu ihm gesehen im Ruhezustand befindet.

Einstein stellte fest, dass ein Beobachter, der von einem Dach springt, in seiner unmittelbaren Umgebung keinen Beweis für die Existenz eines Gravitationsfeldes finden wird. Diese Wahrnehmung des offensichtlichen Fehlens stellt sich ein, obgleich die Schwerkraft für seine Fallgeschwindigkeit verantwortlich ist. Laut Einstein war diese Analogie der glücklichste Einfall seines Lebens, weil er ihn auf das Prinzip der Relativität brachte.

Rothenberg entdeckte ein weiteres Beispiel für das Janus-Denken bei Niels Bohr. Bohr glaubte, dass man den Geist auf eine neue Ebene heben würde, wenn man sich zwei entgegengesetzte Dinge gleichzeitig vorstellt. Diese Fähigkeit, mit zwei Gegensätzen zugleich zu arbeiten, führte zu Bohrs Komplementärprinzip – der Theorie, dass Licht sowohl aus Teilchen als auch aus Wellen besteht, was dem Anschein nach ein Widerspruch in sich selbst ist.

Um in simultanen Gegensätzen zu denken, formen Sie Ihr Subjekt zu einem Paradoxon um und suchen Sie nach einer geeigneten Analogie. Gießereien reinigen geschmiedete Metallteile durch Sandstrahlen. Der Sand reinigt die Teile, setzt sich aber in die Vertiefungen, und es kostet Zeit und Geld, ihn zu entfernen. Das Paradoxon liegt darin, dass die Partikel „hart" sein müssen, um die Metallteile zu reinigen, zugleich aber „nicht hart", um leicht entfernt werden zu können. Eine Analogie zu Partikeln, die „hart" und „nicht hart" sind, ist Eis. Eine Lösung besteht darin, die Partikel aus Trockeneis herzustellen. Die harten Partikel reinigen die Metallteile, verwandeln sich später in Gas und verdampfen.

Nehmen wir an, Sie möchten viel Geld verdienen. Der Gegensatz hierzu könnte darin bestehen, dass es Ihnen an Ehrgeiz fehlt. Das Paradoxon wäre dann, dass Sie zwar Geld verdienen wollen, aber zu faul sind, viel dafür zu tun. Als Nächstes suchen Sie eine Analogie, die den Punkt des Paradoxons enthält, beispielsweise: Ich möchte Licht haben, ohne Strom zu verwenden. Die Lösung der Analogie besteht darin, natürliche Sonnenenergie zu benutzen. Zum Schluss übertragen Sie dieses Prinzip auf einen faulen Menschen, der Geld verdienen möchte. Eine Lösungsmöglichkeit wäre, in die Südsee zu reisen und einen Reiseführer zu schreiben.

Paradox denken

Es folgen spezifische Richtlinien, wie Sie Probleme dadurch lösen, dass Sie ein Paradoxon bilden, eine Analogie finden und den einmaligen Charakter der Analogie benutzen, um neue Ideen zu entwickeln.

Dem Generaldirektor einer Hightechfirma fiel auf, dass sich seine Belegschaft anfangs häufig spontan und ohne geschäftlichen Anlass getroffen hatte und bei diesen Treffen ihre besten Ideen entstanden waren. Mit dem Expandieren der Firma nahm die Häufigkeit der spontanen Treffen und damit die Zahl der guten Ideen ab. Sein Ziel war, die ursprüngliche spontane, kreative Umgebung wieder schaffen.

1. **Paradoxon.** Verwandeln Sie das Problem in ein Paradox. Fragen Sie sich: „Was ist das Gegenteil oder der Widerspruch des Problems? Stellen Sie sich dann vor, das Problem und sein Gegensatz würden gleichzeitig existieren.
   Beispiel: Das Paradoxe an der Situation der Firma war, dass die Treffen spontan sein mussten, um zur Entwicklung innovativer Ideen zu führen.
2. **Buchtitel.** Fassen Sie das Paradoxon in Form eines Buchtitels zusammen, der den Kern und das Paradoxon des Problems enthält. Dieser Buchtitel sollte aus zwei Wörtern bestehen, normalerweise einem Adjektiv und einem Substantiv. Einige Beispiele für Buchtitel sind:
   Verkaufsziel – Fokussierter Wunsch
   Mitarbeiter verschiedener Ebenen – Geordnetes Chaos
   Saisonale Verkaufszyklen – Verbundene Pausen
   Natur – Zweckgerichtete Impulse
   Die Formulierung des Paradoxons als Buchtitel erleichtert sein Verständnis und seine Bearbeitung.
   Beispiel: In unserem Beispiel fasste der Generaldirektor sein Paradoxon in dem Buchtitel Unorganisierte Treffen zusammen.
3. **Analogie.** Suchen Sie eine Analogie, die den Kern des Paradoxons zum Ausdruck bringt. Suchen Sie so viele Analogien wie möglich und wählen Sie die passendste aus.
   Beispiel: Unser Generaldirektor fand in der Natur ein passendes Beispiel. Er dachte an Silbermöwen, die sehr unorganisierte Aasfresser, aber effektive Überlebenskünstler sind.
4. **Typisches Kennzeichen.** Was ist das typische Kennzeichen oder die typische Aktivität der Analogie? Kreative

Ideen kommen häufig dadurch zu Stande, dass man die typischen Merkmale eines Objekts auf ein anderes überträgt.

Beispiel: In unserem Beispiel stellte der Generaldirektor fest, dass das typische Kennzeichen seiner Analogie „Aas fressend“ war. Die Möwen kommen zu einer einfachen Mahlzeit zusammen, wenn die Fischer minderwertige Fische und Teile von Fischen zurück ins Meer werfen.

5. **Äquivalent**. Benützen Sie ein Äquivalent des typischen Merkmals, um auf neue Ideen zu kommen.
   Beispiel: Das Äquivalent könnte sein, die Angestellten zu preiswerten Mahlzeiten zwanglos zusammenkommen zu lassen.
6. **Ausarbeiten zu einer neuen Idee.** Die Firma serviert preiswerte Delikatessen in der Cafeteria und regt dadurch die Mitarbeiter an, sich ungezwungen zu treffen (ganz ähnlich den Silbermöwen, die vom Gratisessen der Fischer angelockt werden) und Ideen auszutauschen.

W.J.J. Gordon griff bei der Entwicklung der Pringles-Chips auf diese Methode zurück. Die Aufgabe bestand darin, eine neue Sorte Kartoffelchips und eine neuartige Verpackung zu gestalten, die eine effizientere Verpackung der Chips ermöglicht, ohne die Tüte mit mehr Luft als Chips füllen zu müssen. Das Paradoxon waren kompakte Chips, die nicht brechen. Der Buchtitel, der den Kern dieses Paradoxons zum Ausdruck brachte, lautete Kompakte Zerstörung. Die passende Analogie war das Verpacken von Herbstblättern in Tüten. Es ist schwierig, trockene Blätter in eine Plastiktüte zu stopfen. Sind die Blätter jedoch nass (typisches Merkmal), macht sie das weich und formbar. Ein nasses Blatt passt sich der Form des benachbarten Blattes an, ohne dass ein großer Zwischenraum entsteht. Durch das Nassmachen und Formen getrockneten Kartoffelmehls wurde das Verpackungsproblem gelöst und das Produkt war geboren.

In einem anderen Beispielfall entwickelten Designer eine flexible Batterie, die sich wie ein Tuch zusammenfalten ließ. Ihr Ausgangspunkt war das Paradoxon einer „festen, elastischen Batterie“, ihr Buchtitel Feste Elastizität. Die Analogie war „Müllsäcke“, mit dem typischen Kennzeichen „extrem haltbare Plastikauskleidung“. Diese Analogie regte die Designer zu der Idee an, einen flüssigen Elektrolyten in einer unbeweglichen Polymerfläche „einzufangen“. Dadurch entstand eine hauchdünne, elastische Batterie, die man wie eine Plastiktüte falten oder aufrollen kann. Diese Batterie wird in Camcordern, Notebooks, Piepern und Spielen verwendet.

Rückwärts arbeiten

Die meisten Menschen sind es gewohnt, eine Frage (2 + 2 = ?) nach bestimmten Regeln in eine Antwort (4) zu verwandeln. Wenn Sie einen auf einem Tisch vergessenen Taschenrechner finden, der 4 anzeigt, können Sie nicht wissen, wie derjenige, der den Taschenrechner bedient hat, zu dieser Zahl gelangt ist. Hat jemand 2 + 2, 3 + 1, 1 + 1 + 1 + 1 oder vielleicht 9 - 5 eingegeben? Die Möglichkeiten, das Ergebnis 4 zu erhalten, sind unbegrenzt.

Einstein betrachtete seine Relativitätstheorie als gegeben und arbeitete sich dann rückwärts zu den Fakten, die bekannt waren, durch. Francis Crick und James Watson versetzten die wissenschaftliche Welt mit der Methode in Erstaunen, mittels derer sie die Struktur der DNS entdeckten. Während andere sich auf dem geraden, engen Weg der direkten Ableitung aus den belegbaren Fakten (2 + 2 = ?) abmühten, stellten Crick und Watson einige wenige gewagte Vermutungen auf (fingen mit 4 an), um sich von hier aus mit erfreulichen Resultaten rückwärts durchzuarbeiten. Versuchen Sie die neun Punkte in der unten stehenden Abbildung mit einer einzigen geraden Linie zu verbinden, ohne den Stift vom Blatt zu heben.

Viele Menschen scheitern bei diesem Problem. Indem Sie die Lösung voranstellen und sich rückwärts zum Problem hinarbeiten, fällt Ihnen die Lösung leicht. Unten stehend finden Sie eine mögliche Lösung.

Eine Variante besteht darin, die Punkte auszuschneiden, in einer geraden Reihe aufzukleben und alle neun mit einer geraden Linie zu verbinden. Möglicherweise sind Sie auch auf den Gedanken gekommen, eine einzige dicke Linie durch alle Punkte auf einmal zu ziehen. Wenn man diesen Lösungsweg rückwärts verfolgt, braucht man nur mit einem breiten Pinsel über die Punkte zu fahren. Sich von hinten nach vorn durchzuarbeiten versetzt Sie in die Lage, ihr Problem flexibler zu betrachten, indem Sie die Problemelemente verändern. Im Folgenden finden Sie einige Richtlinien für das Arbeiten in umgekehrter Richtung:

1. Schließen Sie die Augen, entspannen Sie sich und stellen Sie sich die bestmögliche Lösung Ihres Problems vor. Lassen Sie Ihrer Fantasie freien Lauf.
2. Notieren Sie die Lösung, die Sie sich vorstellen, auf einem Blatt Papier. Beschreiben Sie kurz, inwiefern Sie von der Lösung profitieren, wie Sie sich fühlen und was Sie mit ihr bewirken könnten.
3. Erstellen Sie eine Liste der Menschen, Situationen oder Ereignisse, die die Lösung, die Ihnen vorschwebt, möglich machten.
4. Halten Sie genau fest, in welcher Art und Weise genau jede Person beziehungsweise jedes Ereignis zu diesem Ergebnis beitrugen.

5. Fragen Sie sich, wodurch Ihre Begegnung mit diesen Menschen bzw. Ereignissen zu Stande kam und so die Lösung Ihres Problems ermöglichte. Können Sie Alternativen schaffen?
6. Zählen Sie die charakteristischen Merkmale und besonderen Kennzeichen dieser speziellen Umstände auf. Fallen Ihnen Mängel auf? Wenn ja, wie könnten Sie Abhilfe schaffen?
7. Wo sind Lücken, die gefüllt werden müssten, um die Lösung zu finden? Wissen Sie, wie Sie sie füllen können? Was müssen Sie außerdem wissen?
8. Fragen Sie sich stets, was jedem einzelnen Schritt vorausgehen muss, und fahren Sie so lange fort, bis Sie sich rückwärts zum Ausgangspunkt der Problemstellung durchgearbeitet haben.

Wenn Sie konventionell denken, vollziehen Sie immer nur einen Schritt nach dem anderen. Jeder Schritt folgt dem vorangegangenen in einer direkten, geraden Linie. In der unten stehenden Abbildung sehen Sie, wie der konventionelle Denkablauf methodisch von A über B, C und D zu Lösung E verläuft. Wenn Sie „rückwärts" denken, stellen Sie sich eine ideale Lösung, G, vor, auf die Sie wahrscheinlich mit konventionellen Denkmethoden nicht gekommen wären, und arbeiten sich dann rückwärts durch zu A, um herauszufinden, wie Sie zu dieser Lösung gelangen könnten. Wenn Sie sich von G ausgehend rückwärts durcharbeiten, finden Sie einen Weg, der von G über C, D und H zu A führt. Dieser Weg verläuft nicht linear.

Konventionelles Denken

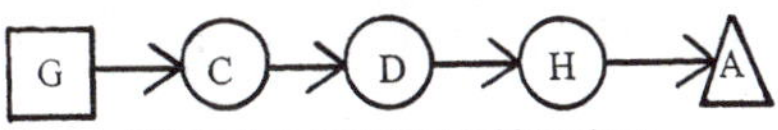

Rückwärts gerichtetes Vorgehen

Nikola Tesla, der das Zeitalter der Elektrizität einläutete, ging häufig von einem gegebenen Ergebnis aus und arbeitete sich dann rückwärts zur Aufgabenstellung durch. Bei seiner Arbeit über Turbinen stellte er sich eine bereits funktionierende Turbine vor und betrieb diese einen Monat lang in Gedanken. Für Tesla bestand überhaupt kein Unterschied darin, ob er etwas gedanklich „betrieb" oder es real in seiner Werkstatt testete. Einen Monat später zerlegte er die Maschine geistig und merkte sich detailliert die Abnutzung der Teile seiner imaginären Maschine. Später wurde eine reale Turbine nach dem Vorbild seiner imaginären Maschine gebaut, in Betrieb genommen und nach einem Monat zerlegt. Bemerkenswerterweise entsprach Teslas Beschreibung der Abnutzungsstellen denen der realen Maschine in allen Einzelheiten.

Seine Fähigkeit, sich die Zukunft vorzustellen, versetzte ihn in die Lage, ohne theoretische Vorarbeiten verblüffende, weltverändernde Apparate zu kreieren. Teslas Entdeckung rotierender Magnetfelder ist die Grundlage des Wechselstroms, der die flächendeckende Stromversorgung möglich machte. Tesla führte uns in die Grundlagen der Roboter- und der Computertechnik sowie der Wissenschaft von Flugkörpern ein und half den Weg zu solchen Technologien des Raumzeitalters wie Satelliten, Mikrowellen, Strahlenwaffen und der Atomkraft zu ebnen. Einige Experten vermuten sogar, dass Ronald Reagans SDI-Projekt das Resultat geheimer Forschungen war, die auf den Entdeckungen beruhten, die Tesla ein halbes Jahrhundert zuvor gemacht hatte.

Indem er sich eine Zukunft voller glitzernder Lichter vorstellte, die durch elektrische Generatoren betrieben wurden, voller Roboter, die die Industrie revolutionierten, und einer globalen Kommunikation auf der Basis magnetischer Wellen, war Tesla im Stande, sich von den in seiner Vorstellung funktionierenden Zukunftsideen rückwärts zur Gegenwart, in der er lebte, durchzuarbeiten. Dieses Rückwärtsgehen eröffnete ihm eine unbegrenzte Zahl unterschiedlicher gedanklicher Wege, seine in seiner Vorstellung funktionierenden Ideen in die Praxis umzusetzen.

Stellen Sie sich vor, wie Sie Ihr Problem in der Zukunft lösen würden. Verfolgen Sie dann die Lösung zurück in die Gegenwart und suchen Sie nach Möglichkeiten, Ihre Idee aktuell in die Realität umzusetzen. Die Richtlinien sind folgende:

1. Wählen Sie ein Zieldatum in der Zukunft (2050) und stellen Sie sich vor, Sie befänden sich in dieser Zeit. Notieren Sie einige Beispielüberschriften zum Thema Regierungen, Privatleben, Technologie, Ihrer Firma und der Konkurrenz in der Zukunft. Schreiben Sie eine Kurzgeschichte über einen Tag im Leben eines Menschen im Jahr 2050.
2. Stellen Sie eine Liste der wichtigsten Dinge zusammen, von denen Sie möchten, dass sie sich bis zum Jahr 2050 in Bezug auf Ihr Subjekt ereignen. Fragen Sie sich Folgendes:
   Was ist in Hinsicht auf mein Problem jetzt unmöglich, wird aber im Jahr 2050 möglich sein? Was würde ich haben, was ich jetzt nicht habe? Welche Informationen und Hilfsquellen würden mir zur Verfügung stehen?
3. Stellen Sie sich unter Einbeziehung dieser Möglichkeiten die bestmögliche Lösung für Ihr Problem vor. Schildern Sie die Lösung so detailliert wie möglich. Listen Sie die Menschen, Situationen oder Ereignisse auf, die sie ermöglichten, und halten Sie speziell fest, auf welche Art und Weise diese Faktoren zu der Lösung beigetragen haben.
4. Fragen Sie sich, auf welche Art und Weise diese besonderen Umstände, die zur Lösung Ihres Problems führten, eingetreten sind. Können Sie Alternativen schaffen? Listen Sie die typischen Merkmale der spezifischen Umstände auf. Indem Sie Ihr Subjekt in die Zukunft verlegen, bringen Sie es in einen anderen Kontext und

schaffen neue Beziehungen zwischen seinen einzelnen Aspekten. Diese neuen Beziehungen zu verstehen bedeutet Einsicht in das Problem zu gewinnen.

5. Klopfen Sie Ihre Lösung auf Mängel ab. Wenn Sie welche entdecken, überlegen Sie, wie Sie Abhilfe schaffen können. Wo gibt es Lücken, die gefüllt werden müssen, um die Lösung herbeizuführen?
6. Fragen Sie immer, was jedem einzelnen Schritt vorangehen muss und arbeiten Sie sich bis zur Aufgabenstellung vor. Indem wir uns von der Zukunft aus nach rückwärts durcharbeiten, finden wir die Bedingungen heraus, die herrschen müssen, damit es uns möglich ist, das gewünschte Ziel zu erreichen. Nehmen wir beispielsweise an, wir wollten mit dem Zug von Milwaukee nach Boston fahren. Die beste Strategie besteht nicht unbedingt darin, Zugverbindungen von Milwaukee nach Chicago, von Chicago nach Buffalo, von Buffalo nach New York und von New York nach Boston zu suchen. Wir können statt dessen herausfinden, welche Züge zur von uns gewünschten Ankunftszeit aus dem Westen in Boston ankommen. Dann können wir uns erkundigen, wann diese Züge zum Beispiel in Buffalo oder New York abfahren, und auf diese Art und Weise unsere Reise bis Chicago zurück planen.

Gruppen

Für eine Gruppenübung, die dazu anleitet, wünschenswerte Zukunftsvorstellungen zu kreieren, teilen Sie die Gruppe in drei oder vier Teams auf. Jedes Team entwickelt eine imaginäre zukünftige Lösung. Jeder Lösungsvorschlag wird in einen separaten Umschlag gesteckt. Jedes Team erhält einen Umschlag mit einer der zukünftigen Lösungen. Das Team beschreibt dann eine sofortige Aktion, die zum Erreichen dieser Lösung unternommen werden kann, und steckt die Beschreibung in den Umschlag. Die Umschläge werden von Team zu Team weitergegeben. Jede

Gruppe denkt sich eine Aktion aus, ohne nachzusehen, was die anderen Gruppen geschrieben haben. Wenn sich alle Teams mit sämtlichen zukünftigen Lösungen beschäftigt haben, verliest der Gruppenleiter die Aktionen, die zum Erreichen jeder einzelnen Lösung vorgeschlagen wurden, und die Gruppe diskutiert und bewertet sie.

Die perfekte Tasse Kaffee

Eine andere Methode, sich von einer Lösung rückwärts durchzuarbeiten, besteht darin, sich eine perfekte Lösung vorzustellen, als Nächstes die zu ihrer Umsetzung in die Realität notwendigen Faktoren aufzulisten und dann ein Schaubild anzufertigen, um festzustellen, wo Sie sich gegenwärtig befinden und was Sie zur Verwirklichung Ihrer Lösung brauchen. Nehmen wir beispielsweise an, ich möchte die perfekte Tasse Kaffee zubereiten. Zuerst muss ich definieren, was eine „perfekte Tasse Kaffee" für mich ist. In diesem Fall sind das die Merkmale, die ich persönlich für eine perfekte Tasse Kaffee für wesentlich erachte, das heißt für mich: der beste Geschmack. Um diese perfekte Tasse Kaffee zuzubereiten, brauche ich:

- Die beste Kaffeemaschine der Welt
- Die auserlesensten Kaffeemischungen der besten Plantagen
- Umfassende Kenntnisse über die Zubereitung von Kaffee
- Reinstes Quellwasser
- Reinsten Zucker
- Die frischeste und kremigste Sahne

Als Nächstes liste ich das Gegenteil jedes dieser wesentlichen Faktoren auf, um ein Spektrum darzustellen, und fertige das folgende Diagramm an:

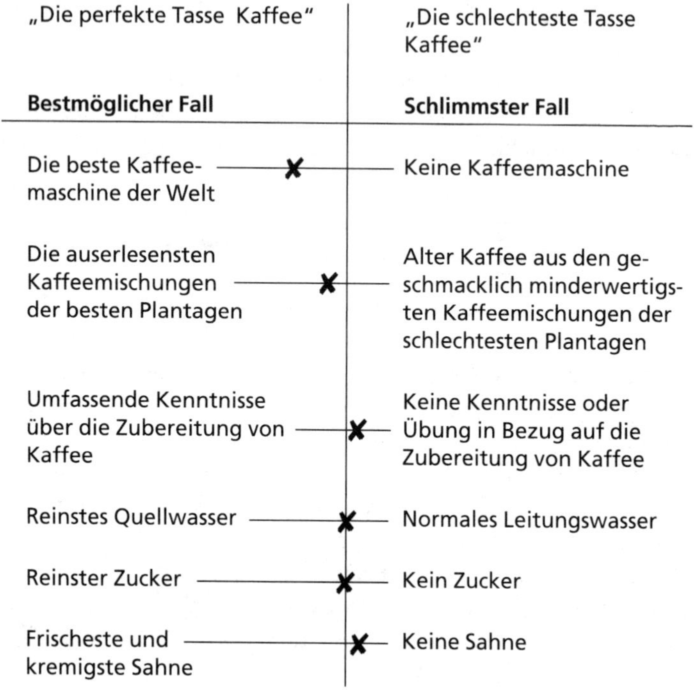

Ich markiere durch ein Kreuz auf der Verlaufslinie (die senkrechte Linie kennzeichnet die Mitte zwischen den beiden Extremen), wo ich mich derzeit befinde: Meine Kaffeemaschine liegt etwas über dem Durchschnitt, ich verwende Kaffeemischungen, die ein wenig über dem Durchschnitt liegen, weiß wahrscheinlich weniger als der Durchschnittsbürger über die Zubereitung von Kaffee, verwende normales Wasser und normalen Zucker und Milch anstatt Sahne.

Die Grafik illustriert, was ich tun muss, um die perfekte Tasse Kaffee zubereiten zu können. Ich muss die beste Kaffeemaschine der Welt kaufen, die erlesenste Kaffeemischung, den reinsten Zucker, die frischeste Sahne, Quellwasser verwenden und herausfinden, wie ich Kaffee besser zubereiten kann, oder jemanden anstellen, der es mir beibringt. Ich kann mich entscheiden, ob ich alle, einige oder keines der Kreuze in Richtung auf die perfekte Tasse Kaffee verschieben möchte.

Dies regte einen Unternehmer dazu an, die perfekte Kaffeemaschine zu erfinden. Die Maschine mahlt die Bohnen, misst die richtige Menge Kaffee ab, filtert die Unreinheiten aus dem Wasser und bereitet den Kaffee in der richtigen Temperatur zu. Sic hat so nützliche Bestandteile wie einen luftdichten Deckel für die Kanne, um Sauerstoff (und bitteren Geschmack) fernzuhalten, einen Selbstreinigungsmechanismus und eine Zeituhr.

Betrachten Sie die unten stehende Abbildung eines im Regen stehenden Mädchens. Versuchen Sie jetzt, sich vorzustellen, dass sich das Mädchen vollständig im kleinen Kreis befindet. Sie werden wahrscheinlich feststellen, dass das Bild sehr eng zusammenrückt und nur einige wenige unterscheidbare Merkmale enthält. Stellen Sie sich dasselbe Bild nun innerhalb des großen Kreises vor. Jetzt wird das Bild klarer und Sie können mehr Details des im Regen stehenden Mädchens erkennen.

Die Erweiterung Ihrer bildlichen Vorstellung ermöglicht es Ihnen, mehr Einzelheiten zu visualisieren. In ähnlicher Weise erweitern Sie Ihre Wahrnehmung eines Problems drastisch, wenn Sie sich eine perfekte oder ideale Lösung eines Problems vorstellen. Das kommt daher, dass die geistige Wahrnehmung viel mit dem Prozess der visuellen Informationsverarbeitung gemein hat. Ihre anfängliche Wahrnehmung ist beschränkt, so wie das Bild im kleinen Kreis. Durch ihre Erweiterung und durch die Vorstellung einer idealen Lösung sind Sie im Stande, Merkmale und Einzelheiten zu visualisieren, die zur Umsetzung der idealen Lösung in die Realität notwendig sind – das Bild im größeren Kreis.

Strategie sieben: Der Blick in andere Welten

Genies zeichnen sich häufig durch die Fähigkeit aus, sich Vergleiche, Ähnlichkeiten und sogar ähnliche Unterschiede zwischen parallelen Fakten und Ereignissen in verschiedenen Bereichen – „anderen Welten" – vorstellen zu können. Weshalb ist X wie Y? Wenn X auf eine bestimmte Art und Weise funktioniert, warum funktioniert Y nicht ähnlich? Alexander Graham Bell beobachtete die Übereinstimmungen zwischen der Funktion des Ohrinneren und einer dicken Membran, die Stahl bewegen konnte, und erfand das Telefon. Thomas Edison erfand innerhalb eines Tages den Phonographen, nachdem er eine Analogie zwischen einem Spielzeugluftschacht, den Bewegungen eines Papiermännchens und den Schwingungen von Tönen hergestellt hatte.

So wie ein Funke einen Zwischenraum überspringt, benutzt man eine Idee aus einer „Welt", um eine neue Idee oder eine kreative Lösung für ein Problem einer anderen „Welt" zu entwickeln. Der Gedanke, dass das Sonnensystem fortwährend wiederhergestellt wird, kam dem brillianten französischen Astronomen Pierre-Simon Laplace, als er über das Selbstheilungssystem des Körpers nachdachte. Viele Jahre nach Laplaces Erkenntnis entwickelten Bell-Ingenieure eine Technologie, die als „selbstheilendes" Kommunikationssystem konzipiert war, basierend auf einer Analogie zum menschlichen Kreislaufsystem. Wenn wichtige „Telefonarterien" beschädigt oder abgeschnitten sind, „pumpt" das System Telefongespräche durch neue Leitungen, wodurch die Kommunikation aufrechterhalten wird. Das „Selbstheilungsnetzwerk" verbindet jede Zentralstelle durch ein faseroptisches Kabel in einer Schleife. Die Zentralstellen werden dann mit einem speziellen Schalter ausgerüstet, der Signale dupliziert, sie in entgegengesetzte Richtungen oder im Kreis sendet, um sicherzustellen, dass auch bei Problemen zumindest eines sein Ziel erreicht. Das System ist, wie das menschliche

Kreislaufsystem, dahingehend konzipiert eventuelle Probleme zu umgehen.

Der menschliche Geist ist ständig auf der Lauer nach Stichwörtern oder Vorschlägen, die ihn zu neuen Betrachtungsweisen anregen. Analogien zwischen Ihrem Subjekt und einem Subjekt aus einem anderen Bereich geben diese Stichwörter und Hinweise, die die Entwicklung innovativer Kombinationen und Verbindungen wahrscheinlicher machen. Sein Interesse an der Landwirtschaft lieferte Philo Farnsworth das Stichwort, das zur Erfindung des Fernsehens führte. Als er eines Tages auf einem Hang in Idaho saß, fielen ihm die regelmäßigen Ackerfurchen einer nahe gelegenen Farm auf. Die regelmäßigen Furchen regten ihn zu der Idee an, in einer Kathodenstrahlröhre ein Bild aus Licht und dunklen Punkten zu erzeugen. Er war damals vierzehn Jahre alt.

Ein Jahr später präsentierte er das Konzept auf einer wissenschaftlichen Messe seiner Highschool. Das erste funktionstüchtige Modell eines Fernsehapparates stellte er im Alter von 21 Jahren vor.

In der folgenden Abbildung sehen Sie zwei Gruppen paralleler Linien. Die Liniengruppen scheinen durch eine klare Grenze voneinander getrennt zu sein. Jede Linie kann so betrachtet werden, als würde sie die andere bedecken. Tatsächlich gibt es jedoch keine Grenze zwischen den beiden Gruppen. Die Grenze ist eine Illusion unseres Geistes, der versucht, die Zwischenräume zwischen den Linien sinnvoll zu interpretieren.

Wenn Sie sich Vergleiche und Ähnlichkeiten zwischen völlig unterschiedlichen Objekten und Ereignissen vorstellen, bemüht sich Ihr Geist in gleicher Weise, Stichwörter und Vorschläge zu finden, um den Vergleichen einen Sinn zu verleihen. Nehmen wir zum Beispiel an, ich wollte die herkömmliche Taschenlampe verbessern und entschließe mich, in einer anderen „Welt" nach Ideen zu suchen. Ich schaue mich in der Welt der Automobile um und wähle den speziellen Vorgang des Wechselns eines platten Reifens. Als Nächstes stelle ich eine Analogie zwischen der Verbesserung einer Taschenlampe und dem Wechsel eines Autoreifens her. Welche Stichwörter aus der Welt des Reifenwechselns könnten uns helfen, die Taschenlampe zu verbessern?

Beschreiben Sie als Erstes, was zum Wechseln eines beschädigten Reifens notwendig ist. Zum Beispiel:

1. Lesen Sie im Handbuch Ihres Autos nach, wie man den Reifen wechselt.
2. Es gibt keine externe Hilfsvorrichtung, also müssen Sie den Wagenheber manuell bedienen.
3. Der Wagenheber ist zusammenlegbar.
4. Am Reifenprofil erkennt man Abnutzung und Schäden.
5. Die meisten Reifen haben eine Garantie für eine bestimmte Zahl von Kilometern.
6. Der Ersatzreifen ist ein provisorischer, altmodischer Reifen.

Die Beschreibungen „keine externe Hilfsvorrichtung", „manuell bedienen" und „zusammenlegbar" sind Stichwörter, die die Erfindung der immer betriebsbereiten Taschenlampe (einer Taschenlampe, die auf keine externe Stromquelle angewiesen ist) anregten. Die Taschenlampe hat eine zusammenlegbare Kurbel, die man auseinander klappen und drehen kann. Durch die Drehbewegungen entsteht elektrischer Strom, der in einem Minigenerator gespeichert wird. Wenn man die Taschenlampe dreißig Sekunden lang ankurbelt, hat man 15 Minuten lang Licht.

Weitere aus der Analogie zwischen Taschenlampen und dem Wechseln von Autoreifen hervorgegangene Ideen sind:

1. Erste-Hilfe-Anweisungen in Taschenlampen zu stecken (abgeleitet aus dem Handbuch zum Auto).
2. Eine Taschenlampe mit einem Fach für Ersatzbatterien zu entwerfen (nach dem Vorbild des Reserverads).
3. Einen Farbstreifen in die Taschenlampe zu integrieren, der seine Farbe verändert, wenn die Batterien mit der Zeit schwächer werden (abgeleitet vom Reifenprofil, das den Abnutzungsgrad des Reifens anzeigt).

Man kann Wasser aus einem Eimer durch Absaugen umfüllen, indem man das Wasser durch ein Röhrchen hochsaugt. Dies ist eine ungewöhnliche Fließrichtung für Wasser. Wenn das Wasser einen bestimmten Punkt erreicht, formt sich der Saugheber und das Wasser fließt von allein aus dem Eimer, bis er leer ist. Ebenso ist das Herstellen einer Analogie zum Reifenwechsel eine unkonventionelle Art und Weise, nach Ideen zur Verbesserung von Taschenlampen zu suchen. Gelangen Sie mit Ihrem Denken an einen bestimmten Punkt, beginnen Ihre Einfälle frei zu fließen, wie Wasser, das durch Ansaugen aus einem Eimer umgefüllt wird.

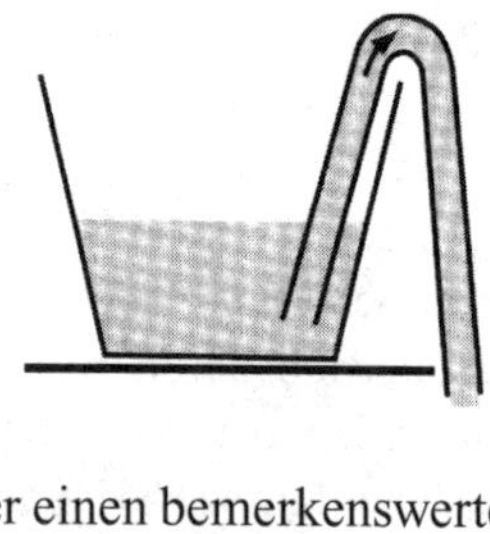

Genies verfügen über einen bemerkenswerten Blick für Ähnlichkeiten zwischen Objekten aus unterschiedlichen „Welten“. Der Biologe E.O. Wilson von der Universität Harvard, der die Welt mit seiner Theorie erschütterte, dass Gene die Kultur kontrollieren, gründete seine Theorie der „Soziobiologie" auf seinen Beobachtungen des Verhaltens von Ameisen.

Genies besitzen auch die Fähigkeit, ähnliche Unterschiede bei Objekten aus verschiedenen „Welten" zu entdecken. Unterschiedliche Arten von Beziehungen könnten zum Beispiel definiert werden durch die Betrachtung der Ähnlichkeit zwischen einem jungen Vogel und einem jungen Fisch, die sich von der Ähnlichkeit zwischen einem alten Vogel und einem alten Fisch unterscheidet. Diese Vorstellung ähnlicher Unterschiede ist die Basis einer neuen Ordnung, die die Grenzen zwischen den verschiedenen Erfahrungskategorien überschreitet. Newtons legendäre Geschichte vom Apfel und dem Mond war im Wesentlichen eine Wahrnehmung der ähnlichen Unterschiede zwischen der Bewegung eines Apfels und der Bewegung des Mondes. Newton bemerkte eine einheitliche Ordnung hinter zwei augenscheinlich nicht zueinander in Beziehung stehenden „Welten" – einem fallenden Apfel und einem die Erde umkreisenden Mond.

Parallele Welten

Hierbei handelt es sich um eine fundierte Technik, die Ihnen hilft, sich Vergleiche, Ähnlichkeiten und sogar ähnliche Unterschiede zwischen Subjekten aus verschiedenen „Welten" vorzustellen. Die Richtlinien sind folgende:

1. Formulieren Sie Ihre Aufgabe.
   Beispiel: Der Besitzer eines Holzlagers formulierte die Frage: „Auf welche Art und Weise könnte ich mehr Holz verkaufen?"
2. Schlüsselwörter oder einen Schlüsselsatz auswählen.
   Beispiel: „Verkaufen."
3. Wählen Sie eine „parallele Welt" oder einen entfernten Bereich. Je größer die Kluft zwischen der parallelen Welt und Ihrer Aufgabe ist, desto besser stehen die Chancen, neue Gedanken und Ideen hervorzubringen.

Beispiel: Für die Aufgabe, mehr Holz zu verkaufen, wurde der Bereich „Computer" ausgewählt.

4. Eine Liste der Bilder und Gedanken erstellen, die Sie mit der von Ihnen gewählten parallelen Welt assoziieren. Suchen Sie eines oder mehrere besonders ergiebige Bilder oder Gedanken aus. Das Auflisten bildlicher Vorstellungen ermöglicht es Ihnen, die Analogie möglichst detailliert zu schildern.

   Beispiel: Zu den durch den Computerbereich hervorgerufenen Bildern gehören Wissenschaft, vielfältige Anwendungsmöglichkeiten, Anwenderfreundlichkeit, Hardware, Software, Nachrüstoptionen, CAD, Computerlehrgänge, Verwendung in Beruf und Freizeit.

5. Stellen Sie Analogien zwischen den Bildern und Ihrem Subjekt her. Suchen Sie nach Ähnlichkeiten und Verbindungen. Bemühen Sie sich um möglichst viele Assoziationen.

   Beispiel: Der Besitzer des Holzlagers prüfte eine Reihe von Verbindungen zwischen den Bildern und seiner Aufgabe, mehr Holz zu verkaufen, und verwarf die meisten davon. Die Bilder, auf die er sich am Ende konzentrierte, waren „CAD", „Nachrüstoptionen" und „Verwendung in der Freizeit".

   Er kombinierte diese drei Konzepte mit seiner Aufgabe, Holz zu verkaufen, und kam auf die Idee von CAD-Entwürfen für Holzveranden. Er könnte im Holzlager ein Computersystem zur Verfügung stellen, mit dem Verkäufer Holzveranden nach den genauen Angaben ihrer Kunden entwerfen könnten. Sein benutzerfreundlicher Kiosk hätte einen großen Videoschirm und einfach zu bedienende Kontrollen. Der Kunde gibt die Größe der Veranda und die Anzahl der benötigten Treppen an und wählt Design und Geländer aus. Das Computersystem fertigt einen Entwurf an – inklusive Kostenberechnung. Sind die Kosten zu hoch, können bestimmte Anpassungen vorgenommen werden. Dieser kostenlose Service regt zum Bau von mehr Holzveranden an, wodurch das Holzlager mehr Holz verkauft.

Ihre parallele Welt sollte ein Bereich sein, über den Sie einige Kenntnisse besitzen. Außerdem sollten Sie ein spezifisches Objekt, einc bestimmte Situation, ein spezielles Ereignis oder Beispiel aus diesem Bereich wählen. So ist beispielsweise eine spezifische Tanzfigur ergiebiger als „Ballet“. Je mehr Details Sie aufzählen können, desto besser. Wenn Sie „Restaurant“ wählen, suchen Sie ein bestimmtes, Ihnen vertrautes Restaurant aus.

Verwenden Sie für den Anfang die folgende Liste paralleler Welten, bevor Sie Ihre persönliche Sammlung erstellen, die Ihren Kenntnissen am besten entspricht. Prüfen Sie vier oder fünf mögliche parallele Welten und suchen Sie dann diejenige aus, die den grundlegenden Anforderungen Ihrer Aufgabe am besten entspricht.

Eine Liste paralleler Welten

Akupunktur · Angeln · Architektur · Astrologie · Astronomie · Atomkraft · Ballet · Baseball · Basketball · Bergbau · Bildhauerei · Biografie · Biologie · Black-Power-Bewegung · Bowling · Buchhaltung · Bücher · Bürgerkrieg · Cartoons · Comics · Chemie · China · Chiropraktik · Computer · Denkmäler · Deutschland · Druck · Dschungel · England · Erfindungen · Erholungsorte · Ernährung · Erster · Weltkrieg · Erziehung · Evolution · Fastfood-Industrie · Fernsehen · Fernsehnachrichten · Finanzamt · Finanzen · Fitness Fliegen · Fotografie · Fußball · Geografie · Geologie · Geschichte · Golf · Hawaii · Hypnose · Indien · Industrie · Infinitesimalrechnung · Insekten · Innenausstattung · Installationen · Jagd · Japan · Journalismus · Kardiologie · Karibik · Kino · Klöster · Kochen · Komponisten · Korea · Krebs · Kunst · Landwirtschaft · Lebensmittelgeschäfte · Leichenhallen · Literatur · Mafia · Mathematik · Medizin · Meteorologie · Militär · Mond ·

Müllabfuhr · Musik · Mythologie · Produktion · Physik · Physiotherapie · Planeten · Ozean · Olympiade · Pharmakologie · Philosophie · Politik · Politikwissenschaften · Pornografie · Psychiatrie · Psychologie · Recht · Regierung · Reisen · Religion · Restaurants · Russland · Segeln · Seifenopern · Seminare · Shakespeare · Skifahren · Sonne · Soziologie · Spezialausbildung · Stahlindustrie · Sterne · Südamerika · Tanz · Tavernen · Tennis · Terrorismus · Theater · Tiere · Transport · Unionen · Unterhaltung · Vaktikan · Verlagswesen · Vietnam · Vögel · Wein · Weltall · Weltwirtschaftskrise · Wilder · Westen · Wirtschaftswissenschaft · Wüste · Zahnheilkunde · Zweiter · Weltkrieg

Einer der Vorteile bei der Suche nach Analogien in parallelen Welten besteht darin, dass man ein anderes Bild oder eine andere Welt wählen kann, wenn ein Bild nicht passt, und zwar so lange, bis Sie die von Ihnen benötigte Inspiration erhalten. Viele Menschen begehen den Fehler, anzunehmen, ihr erster Versuch, eine Analogie herzustellen, müsse gleich der richtige sein. Betrachten Sie die folgende Divisionsaufgabe. Wie viele Male passt der Divisor in die Zahl – sechs, sieben oder acht Mal?

326.574 : 47

Was für eine Rolle spielt das? Sie können eine beliebige Zahl auswählen und das Ergebnis überprüfen. Ist die Zahl zu klein, vergrößern Sie sie und starten einen neuen Versuch; ist sie zu groß, verkleinern Sie sie. So ist es auch bei den Bildern aus parallelen Welten. Testen Sie sie, und wenn Sie nicht die gewünschte Inspiration erhalten, unternehmen Sie einen neuen Versuch.

Gruppen

Nachfolgend finden Sie Richtlinien für dem Umgang mit parallelen Welten in kleinen Gruppen. Nehmen wir an, eine Gruppe sucht nach Möglichkeiten, Kunden die Vorteile einer Investition in die Aus- und Weiterbildung ihres Forschungs- und Entwicklungspersonals deutlich zu machen.

1. Bitten Sie die Gruppe, das Problem als Wunsch umzuformulieren.
   Beispiel: Wir wünschten, wir könnten die Kunden dazu bringen, sich vorzustellen, wie sie von den neuen Produkten und Fertigkeiten als Ergebnis der Fortbildung profitieren würden.
2. Lassen Sie die Gruppe die in dem Wunsch enthaltenen Schlüsselwörter heraussuchen.
   Beispiel: „Neue Produkte" und „Fertigkeiten".
3. Legen Sie der Gruppe eine Liste mit etwa zehn parallelen Welten vor. Bitten Sie sie, zwei Welten auszuwählen, die in keiner Verbindung zu dem Problem stehen.
4. Lassen Sie die Gruppe die Schlüsselwörter in Beziehung zu diesen Welten setzen, um die Entwicklung augenscheinlich irrelevanter Bilder und Assoziationen zu unterstützen.
   Beispiel: Die Gruppe sucht nach neuen Produkten und Fertigkeiten in der Welt des Bergbaus und des Wetters. Mögliche Themen wären „Gezielte Sprengungen", „neue Technologie zur Wiederherstellung der Umwelt", „Lampen an den Helmen" etc.
5. Bitten Sie die Gruppe, provisorische Beziehungen zwischen ihren Bildern und Assoziationen und dem Problem herzustellen.
   Beispiel: Gezielte Sprengungen rufen die Idee fokussierter Investitionen in einem einzigen Fortbildungsbereich wach.

Kern-Welten

Gestaltpsychologen führten ein aufschlussreiches Experiment mit einer Gruppe von Hunden durch. Die Hunde wurden abgerichtet, sich einem Objekt zu nähern, wenn man ihnen ein weißes Quadrat zeigte, und ihm aus dem Weg zu gehen, wenn sie ein graues Quadrat sehen. Nachdem die Hunde dies gelernt hatten, fingen die Leiter des Experiments an, ein graues und ein schwarzes Quadrat zu verwenden. Die Hunde gingen sofort dazu über, sich als Reaktion auf das graue Quadrat dem Objekt zu nähern (grau hatte zuvor eine Vermeidungsreaktion ausgelöst) und dem schwarzen (für sie neutralen) Quadrat aus dem Weg zu gehen. Vermutlich nahmen die Hunde grau nicht als eigenständigen Stimulus wahr, sondern reagierten auf den tieferen Kern des Verhältnisses „heller kontra dunkler".

Wir haben häufig das Gespür für tiefere Zusammenhänge und „Kern-Welten" verloren, weil wir erzogen wurden, uns auf Einzelheiten einer Erfahrung zu konzentrieren statt auf ihre universellen Elemente. Nehmen wir zum Beispiel an, wir sollten einen neuen Dosenöffner entwerfen. Die meisten unserer Ideen würden auf unseren Erfahrungen und Assoziationen im Zusammenhang mit den spezifischen Einzelheiten bereits existierender Büchsenöffner beruhen, und wir würden sehr wahrscheinlich ein Modell entwerfen, das sich nur geringfügig von schon auf dem Markt befindlichen Öffnern unterscheidet. Definieren wir jedoch den Kern eines Dosenöffners als „Öffnen von Dingen" und suchen nach Analogien und Stichworten in anderen Welten, steigen unsere Chancen auf einen innovativen Einfall. Ein Beispiel für das „Öffnen von Dingen" sind Erbsenschoten. Der Reifungsprozess schwächt die entlang des Randes der Schote verlaufende Rille – die Schote öffnet sich. Dies bringt uns auf die Idee, eine Dose aufzumachen, indem man den Deckel entlang einer dünner geprägten Rille öffnet (nach dem Vorbild iner Erbsenschote). Statt eines Einfalls zur Verbesserung des

Büchsenöffners haben wir eine Idee für ein neues Dosendesign entwickelt.

Eines der frühen Probleme der Raumfahrt war der Wiedereintritt in die Erdatmosphäre, ohne dass die Raumkapsel verbrannte. Die Wissenschaftler standen vor einem Rätsel, bis sie den Kern des Problems herauskristallisierten, der darin bestand, die durch die Reibung entstehende Hitze zu überleben. Sie erforschten, wie Meteore Reibungswärme überstehen, und entdeckten, dass die während des Eintritts in die Erdatmosphäre entstehende Reibungswärme durch die beim Verdampfen entstehende Abkühlung z.T. ausgeglichen wird. Ein Vergleich zwischen der Raumkapsel und einem Meteor führte zur Verwendung eines Materials, das verdampft und auf diese Weise die durch die Reibung entstehende Hitze ausgleicht.

Das Prinzip der „Resonanz“ bildet das Herzstück eines großen Teils von Nikola Teslas Werk. Unter Resonanz versteht man den Austausch großer Energiemengen zwischen Systemen, deren Schwingungen übereinstimmen. Ein Beispiel für „Resonanz“ ist ein kleines Mädchen, das seinen Bruder höher und höher auf einer Schaukel anschubst, indem es seine Stöße den Schwingbewegungen der Schaukel anpasst. Tesla erkannte dieses Prinzip überall – im Schwingen des Pendels einer Standuhr, in den Tönen einer Geige, den Schwingungen elektrischen Stroms, den Wellen eines Sees etc. Es wurde zur Grundlage vieler seiner Erfindungen, einschließlich der Tesla-Spule, die hochfrequenten Wechselstrom erzeugt.

Um mit den „Kern-Welten“ zu arbeiten, definieren Sie zunächst das durch Ihr Problem repräsentierte Grundprinzip. Welchen Kern hat Ihr Problem? Der Kern einer neuen Marketingstrategie kann zum Beispiel „Anziehen“ sein, nämlich das Anziehen von Dingen und Menschen. Haben Sie den Kern herausgeschält, stellen Sie eine Liste von Dingen aus anderen „Welten“ zusammen, die dieses Grundprinzip reflektieren. Beispiele für „anziehen“ sind:

- Bienen, die von Honig angezogen werden
- Magneten, die Metall anziehen
- Politiker, die Wähler anziehen
- Leute, die von einer Web-Site im Internet angezogen werden

Wählen Sie ein Beispiel aus und schildern Sie es möglichst detailliert. „Politiker, die Wähler anziehen“ regt zu vielen Einfällen an, einschließlich des Themas „Werte“, „von Tür zu Tür auf Stimmenfang gehen“ und „Debatten“. Benutzen Sie die Beschreibungen, um Analogien zu finden, und suchen Sie nach Stichworten, um auf Ideen zu kommen. So warben in den USA beide große Parteien bei einem Präsidentschafts-Wahlkampf mit dem Thema „Werte“. Während die Republikaner Substantive verwendeten – „Aufrichtigkeit“, „Ehre“ und „Verlässlichkeit“ –, wählten die Demokraten Verben und wiesen auf spezifische Leistungen hin. Der auf Verben gestützte Wahlkampf war erfolgreicher bei den Wählern, die ihn als proaktiv und handlungsorientiert interpretierten. Das führt zur Idee einer aktionsorientierten Marketingstrategie, die aktive Verben sowie Hinweise auf spezielle Vorteile für den Kunden beinhaltet.

Manchmal enthält die Beschreibung selbst das Stichwort für eine Idee, wie es bei einer Gruppe von Ingenieuren der Fall war, die das Telefon verbessern wollten. Sie definierten das Grundprinzip als „Möglichkeit der Kommunikation“ und listeten „alternative Arten der Kommunikation“ auf, unter anderem:

- Zeichensprache
- Nonverbale Sprache
- Küsse und Umarmungen
- Katzen, die durch Reiben kommunizieren
- Polizeikodes zur internen Kommunikation

„Küsse und Umarmungen“ war das Stichwort, das die Ingenieure darauf brachte, ein Telefon zu erfinden, das „die Arme ausstrecken" und jemanden „berühren" kann. Es handelt sich um ein Video-, Audio- und „Fühl"-Telefon. Wenn Sie auf ein Stiftekissen drücken (die Stifte wandeln die Impulse um), werden dieselben Stifte beim Telefon des anderen Gesprächsteilnehmers nach oben gedrückt. Wie auch immer Sie Ihre Finger bewegen – exakt derselbe Druck und dasselbe Muster werden auf das Kissen des Gesprächsteilnehmers am anderen Ende der Leitung übertragen.

Die Welt der Interessengebiete

Die meisten Menschen verfügen über spezielle Kenntnisse auf einem bestimmten Gebiet oder in Bezug auf ein Hobby. Sie können auf neue Einfälle kommen, indem Sie Beziehungen und Konzepte von Ihrem speziellen Interessengebiet auf Ihr Problem übertragen. Jahrelang verstanden die Physiologen den Zweck der langen Schleifen der Nierenkanäle nicht. Sie nahmen an, dass die langen Schleifen keinen speziellen Zweck erfüllten, sondern ein Relikt aus früheren Entwicklungszeiten waren. Eines Tages sah sich ein Physiologe mit einem speziellen Interesse an Maschinenbau die Kanäle an und erkannte, dass sie Teil eines Gegenstromverstärkers sein könnten, einer bekannten Vorrichtung zur Erhöhung der Konzentration von Lösungen. Sein Interesse an Maschinenbau erbrachte die Antwort auf eine Frage, die lange Zeit ein medizinisches Rätsel gewesen war. Wenn Sie in einem bestimmten Bereich eine Idee herauskristallisiert haben, können Sie in anderen Bereichen komplementäre Ideen mit ähnlicher Dynamik entwickeln. Hier die Richtlinien:

1. Listen Sie einige Begriffe aus Ihrem Wissens- oder Interessengebiet auf.
2. Wählen Sie einen Begriff aus und beschreiben Sie ihn möglichst detailliert. Listen Sie die Bilder und Gedanken auf, die er in Ihnen auslöst. Dann benutzen Sie jede Ihrer Beschreibungen zur Entwicklung von Ideen. Su-

chen Sie nach Ähnlichkeiten und Verbindungen zwischen den einzelnen Beschreibungen und Ihrem Problem und stellen Sie Analogien her.

Gruppen

Beim Brainstorming in einer kleinen Gruppe bitten Sie jeden Teilnehmer, ein spezielles Interessengebiet auszuwählen. Dann sucht jeder Teilnehmer einen Begriff aus dem von ihm gewählten Bereich aus und der Gruppenleiter listet die Begriffe auf einer Tafel oder einer Flipchart auf. Wenn alle Begriffe notiert sind, wählt die Gruppe einen davon aus und derjenige, der diesen Begriff eingebracht hat, liefert eine detaillierte Beschreibung. Nehmen wir beispielsweise an, ein Teilnehmer sucht sich Ballett als spezielles Interessengebiet aus. Als spezifischen Begriff würde er eine Tanzfigur auswählen. Dann würde er die Tanzfigur präzise beschreiben und eventuell vorführen. Als Nächstes würde die Gruppe Beschreibungen auflisten, Analogien zwischen der Tanzfigur und ihrem Problem herstellen und die Analogien zur Entwicklung neuer Ideen verwenden. Die Gruppe würde damit fortfahren, weitere, ergänzende Konzepte auszuwählen, und diesen Prozess so lange wiederholen, bis sie mit den entwickelten Ideen zufrieden ist.

Die Welt der Natur

Werfen Sie einen Blick in die Welt der Natur, um Analogien zu Ihrem Problem zu entdecken. Wissenschaftler, die sich mit der Erforschung künstlicher Intelligenz beschäftigen, befanden sich jahrelang auf dem Holzweg, weil sie sich auf eine einzige Verarbeitungsebene des Nervensystems konzentrierten, bevor sie den vielschichtigen Verarbeitungsprozess entdeckten. Die Forscher hätten diese Verschwendung von Zeit und Energie vermeiden können, wenn sie zuerst einen Blick in die Natur geworfen hätten. Jeder Biologe hätte ihnen sagen können, dass die Bilder verarbeitenden Zellen im Auge in drei verschiedenen Schichten angeordnet sind.

Denken Sie an die Geschichte George de Mestrals, eines Schweizer Erfinders, der im Jahr 1940 eines Tages auf der Jagd war und dessen Hund aus Versehen einen Strauch streifte, worauf beide mit Kletten übersät waren. Als de Mestral versuchte, die Kletten zu entfernen, blieben sie hartnäckig an seiner Kleidung haften. Für die meisten Menschen wäre dies nicht mehr als ein unbedeutendes Ärgernis gewesen, aber de Mestral war neugierig, weshalb sich die Kletten so schwer entfernen ließen. Als er heimkam, untersuchte er sie unter dem Mikroskop und entdeckte, dass sich jede Klette mit hunderten winziger Klettenhäkchen in den Fäden seiner Hosen verhakt hatten. Mestral stellte eine Analogie her und suchte nach Vergleichen und Ähnlichkeiten zwischen der Welt „wilder Kletten" und der Welt der „Verschlüsse".

Einige Jahre lang arbeitete Mestal daran, herauszufinden, wie man winzige Häkchen an einem Stück Klebestreifen befestigen konnte, um sie an ihrem Platz zu fixieren. Er bemühte sich auch, eine Methode zu finden, winzige Schlaufen zum Befestigen der Häkchen herzustellen. Das Ergebnis: Der Klettverschluss, der bei Millionen von Objekten Verwendung findet – von Blutdruckmessmanschetten bis zu Tennisschuhen.

Das Sechseck in der unten stehenden Abbildung ist in der rechts abbgebildeten Figur enthalten, was man überprüfen kann, wenn man seine Umrisse mit einem Bleistift nachzeichnet.

Die Figur auf der rechten Seite besteht aus Linien, die zusammengenommen das Sechseck verschwinden lassen, es sei denn, man sucht ganz bewusst danach. In derselben Weise können die

Ähnlichkeiten und ähnlichen Unterschiede zwischen Ihrem Subjekt und solchen Objekten oder Vorgängen in der Natur, die Ihnen helfen, eine analoge Verbindung zu Ihrem Subjekt zu entdecken, versteckt sein. Sie müssen sich aktiv auf die Suche nach den passenden Objekten und Vorgängen in der Natur begeben.

Unternehmen Sie einen Spaziergang in der Natur (real oder in Ihrer Fantasie) und sehen Sie sich um. Das Bauen unter Wasser wurde beispielsweise durch die Beobachtung ermöglicht, dass Bohrmuscheln sich in Holz bohren, indem sie zuerst röhrenartige Gänge anlegen. Die Frage, die Sie sich stellen, lautet: „Welche natürlichen Objekte, Vorgänge oder Muster kann ich für die Entwicklung meiner Idee verwerten?" Stellen Sie sich vor, Sie möchten eine neue Methode zur Entsorgung von Hausmüll finden. Beispiele:

- Was passiert mit Blättern im Wald?
- Wie verfahren Tiere mit ihren Exkrementen?
- Wie gehen Insekten mit Abfallprodukten um? Vögel? Reptilien?
- Wie verfährt die Natur mit vulkanischer Asche?

Als Nächstes:

1. Ein Beispiel auswählen und eine Analogie zwischen diesem Beispiel und Ihrem Problem herstellen. Beschreiben Sie die Analogie möglichst detailliert. Listen Sie alle Ähnlichkeiten und Verbindungen, die Ihnen einfallen, auf. Erstellen Sie eine Liste ähnlicher Unterschiede.
   Beispiel: Ingenieure wollten eine neue Methode zur Entsorgung von Hausmüll finden. Sie stellten sich die Frage, welches Tier am effizientesten mit seinen Exkrementen umgeht. Kühe waren nicht effizient – aber Ziegen. Ihre Exkremente verlassen den Körper in trockener, kompakter Form, als komprimierte Kügelchen.

2. Bemühen Sie sich, eine Verbindung zwischen sämtlichen Punkten Ihrer Liste und dem Problem herzustellen. Lassen Sie Ihren Assoziationen freien Lauf und stellen Sie auch Beziehungen zwischen den aufgelisteten Punkten und anderen Ideen her.
   Beispiel: Die Idee, „Abfallstoffe zu komprimieren", führte zur Entwicklung des Trash Masher, des Prototyps einer Serie von Geräten zum Komprimieren von Hausmüll.

Die Welt der Fantasie

Normalerweise denken wir logisch und zielorientiert. Es ist schwierig, auf diese Weise kreativ zu sein, weil die Schlussfolgerung bereits in den Vorgaben enthalten ist. Wir könnten dieses Denkweise als kristallin bezeichnen. Sie ist wunderbar strukturiert, aber die Wahrscheinlichkeit, dass zwei Gedanken oder Konzepte, die eine entfernte Beziehung zueinander aufweisen, aufeinander stoßen, ist gleich null. Kreatives Denken ist analog, fantasievoll und assoziativ. Die Annäherung an kreatives Denken lässt sich mit der Erhitzung des Kristalls vergleichen. Ist er durch und durch erhitzt, verflüssigt er sich. Im „flüssigen" Zustand ist die Wahrscheinlichkeit wesentlich größer, dass zwei entfernt miteinander in Beziehung stehende Gedanken oder Konzepte aufeinander treffen und eine Verbindung eingehen. Mit einem fehlerhaften oder nicht perfekten Kristall (einer unvollkommenen Idee oder Lösung) würden wir genau so verfahren: ihn erhitzen, um ihn zu verflüssigen (uns kreativem Denken anzunähern), und dann allmählich die Temperatur verringern (zum logischen Denken zurückkehren). Das Ergebnis wäre ein makelloser Kristall.

Eine Methode, uns kreativem Denken zu nähern, besteht darin, Ihr Problem vorübergehend zu vergessen und Ihre Fantasie zu aktivieren. Sie machen eine imaginäre Reise zu einem Ort oder Zeitpunkt in der Vergangenheit, die nichts mit Ihrem

Problem zu tun haben, und suchen nach Analogien zwischen der imaginären Szenerie und Ihrem Problem.

So stand eine Gruppe von Verteidigungsexperten vor der Aufgabe einer Verbesserung von Raketenschusswaffen und kam nicht weiter. Schließlich machte ein Mitglied der Gruppe den Vorschlag, eine imaginäre Reise in die Wüste zu unternehmen. Zehn Minuten lang stellten sie sich vor, dass sie durch eine Wüste gingen und listeten alles auf, was sie sahen und erlebten. Ein Mitglied stellte sich vor, eine Giftschlange zu sehen, ein anderes bemerkte dazu, dass eine bestimmte Schlangenart ihre Beute durch die Wahrnehmung ihrer Körperwärme lokalisiere. Dies führte zu der Idee eines Luft-Luft-Flugkörpers, der sein Ziel selbstständig ansteuert, indem er die Hitzeemission des Flugzeugs ortet. Ein imaginärer Ausflug setzt sich aus drei Hauptschritten zusammen: dem eigentlichen Ausflug, dem Herstellen von Analogien zwischen dem Problem und den Erlebnissen während des Ausflugs und der Analyse dieser Analogien, um festzustellen, welche neuen Ideen oder Lösungen entwickelt werden können. Die Richtlinien sind folgende:

1. **Ausflug.** Visualisieren Sie einen imaginären Ausflug zu einem Ort, der nichts mit Ihrem Problem zu tun hat. Schließen Sie Ihre Augen und stellen Sie sich beispielsweise eine Reise in einem U-Boot auf tiefstem Meeresgrund, einen Besuch in einem Goldgräberlager im Jahr 1850 oder eine Safari in Afrika vor. Lassen Sie Ihrer Fantasie Flügel wachsen. Fertigen Sie eine detaillierte Beschreibung all dessen an, was Sie auf Ihrer imaginären Reise sehen und fühlen.
2. **Analogien.** Stellen Sie Analogien zwischen dem Gesehenen und dem Problem her. Samuel Taylor Coleridge, der große englische Dichter des 19. Jahrhunderts, sagte einmal, seine besondere Begabung sei die fortdauernde Suche nach den Gemeinsamkeiten zwischen den Dingen, während das Gros der Menschen vor allem die

Unterschiede sieht. Bemühen Sie sich, eine Verbindung zwischen jedem Punkt Ihrer Beschreibung dessen, was Sie auf Ihrer imaginären Reise gesehen oder erlebt haben, und dem Problem herzustellen.

3. **Analyse.** Suchen Sie nach Möglichkeiten, die Analogien und Beziehungen zur Lösung des Problems heranzuziehen. Denken Sie darüber nach, was die Beziehungen im Hinblick auf das Problem aussagen. Das ist die wirkliche Herausforderung bei diesem Prozess. Je mehr Sie sich bemühen, die Bedeutung dieser Verbindungen und Beziehungen zu analysieren, desto besser stehen Ihre Chancen, einen kreativen Durchbruch zu erzielen.

Indem Sie Verbindungen zwischen Ihrem Subjekt und Ereignissen oder Objekten Ihrer imaginären Reise herstellen, aktivieren Sie mehr und andere Denkstrukturen.

Nehmen wir an, Sie werden gebeten, einen geeigneten Verschluss für den Anzug eines Feuerwehrmannes zu entwickeln. Sie benötigen etwas, was Schutz bietet und dem Feuerwehrmann ein schnelles An- und Ausziehen ermöglicht. Sie machen eine imaginäre Reise zu einem anderen Planeten unseres Sonnensystems und stellen sich vor, dass Sie sich in einem dichten Dschungel befinden. Der erste Gedanken ist „Verschluss", der zweite „dichter Dschungel". Als Nächstes stellen Sie sich vor, wie die Lebensformen auf diesem Planeten ineinander greifen und miteinander verknüpft sind wie eine undurchdringliche Mauer. In unserem Beispiel könnten die Verbindungen zwischen den drei Gedanken zu der Idee eines Klettverschlusses (überlappen, ineinander greifen) für Feuerwehrschutzanzüge führen.

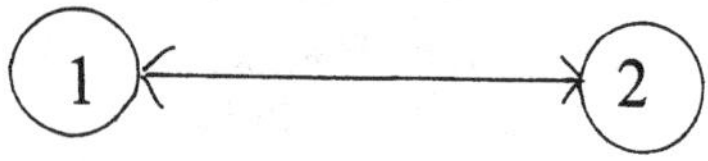

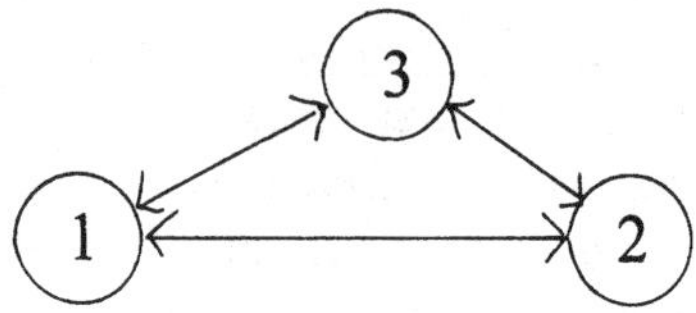

Gruppen

Wenn Sie die Technik der Fantasiereise in einer Gruppe anwenden, wird der Gruppenleiter zum Führer der imaginären Exkursion („wir befinden uns am Nordpol und sind in einem Blizzard gefangen"; „wir sind beim Tauchen"; „wir befinden uns in einem wissenschaftlichen Museum") und bittet die Teilnehmer, zehn Minuten lang zu visualisieren und alles aufzuschreiben, was sie sehen. Ermutigen Sie die Teilnehmer, ihrer Fantasie freien Lauf zu lassen. Geben Sie der Gruppe dann zehn oder 15 Minuten Zeit, um Analogien und Verbindungen zwischen ihren mentalen Bildern und dem Problem herzustellen. Jeder Teilnehmer sollte dies still für sich tun. Gestatten Sie den Teilnehmern, die Beziehungen in jeder beliebigen Art und Weise zum Ausdruck zu bringen. Zum Schluss diskutiert die Gruppe ihre Analogien und auf welche Weise diese zur Lösung des Problems beitragen können.

Eine Gruppe von Innenarchitekten wollte Videos ihrer Arbeit an potenzielle Kunden versenden, stellte jedoch fest, dass das zu teuer war. Sie begaben sich auf einen Ausflug in den Wilden Westen und stellten sich eine Wasserstelle vor, an der sich Cowboys, Grenzsiedler, Pferde, Rinder und Indianer einfanden, um ihren Durst zu stillen. Ihre Idee: Stofffabrikanten und andere Groß- und Einzelhändler zu überzeugen, die Kosten für Herstellung und Lieferung zu teilen, indem sie für gemeinsame Werbespots bezahlten.

Einsteins Welt

Anstelle von Logik und Mathematik benutzte Einstein zur Überprüfung fundamentaler und abstrakter Prinzipien bisweilen seine Eindrücke und geistigen Bilder, indem er imaginäre, metaphorische Szenarios schuf. Er verkehrte mit imaginären Wesen in Welten, die es nur in seiner Vorstellung gab. Er stellte sich zum Beispiel vor, dass er eine Straße hinunterging und sich verliebte. Zwei Wochen später stellte er sich vor, wie er die Frau, in die er sich verliebt hatte, zum ersten Mal traf. Dann klopfte er die Metapher auf Ideen und Vermutungen hin ab, die sich eventuell auf sein reales Problem übertragen ließen. Wie ist es möglich, sich in eine Person zu verlieben, bevor man diese getroffen hat? Speziell dieses imaginäre Szenario half Einstein beim Nachdenken über die Kausalität.

Zu anderen Anlässen stellte sich Einstein vor, als zweidimensionales Wesen in einer zweidimensionalen Welt zu leben und mit einer flachen Messlatte Experimente über die Unendlichkeit durchzuführen; oder er wurde in seiner Vorstellung zu einem Mann in einem Fahrstuhl, der von einer Fantasiefigur durchs Weltall gezogen wurde; oder er stellte sich vor, er sei ein blinder Käfer, der ewig in einer perfekten Welt seine Kreise zog. Eine seiner Metaphern war der Ritt auf einem Lichtstrahl, mit einem Spiegel in der Hand, in dem er sein Spiegelbild zu sehen versuchte (was nach der klassischen Physik unmöglich ist). Einstein spielte mit diesen geistigen Bildern und stellte andere Gesetze für das Universum auf. Diese Art zu denken führte zu seiner berühmten Relativitätstheorie.

Im Folgenden finden Sie einige Richtlinien zur Erstellung und Verwendung imaginärer metaphorischer Szenarios, mittels derer Sie Ideen und Lösungen für Probleme entwickeln können:

1. Schließen Sie Ihre Augen, entspannen Sie sich und stellen Sie sich Ihr Subjekt oder Problem bildlich vor.

Beispiel: Stellen Sie sich vor, Sie seien ein Arzt und hätten einen Patienten mit einem bösartigen Magentumor. Eine Operation ist unmöglich, aber wird der Tumor nicht zerstört, stirbt der Patient. Es gibt eine Strahlenart, die, in genügend hoher Konzentration verwendet, den Tumor zerstören würde. Unglücklicherweise aber auch das umliegende gesunde Gewebe. Welche Behandlung könnte den Tumor zerstören und gleichzeitig die Zerstörung gesunden Gewebes vermeiden?

2. Kristallisieren Sie den Kern oder das Prinzip des Problems heraus.

   Beispiel: Der Kern Ihres Problems könnte heißen: „Eine Kraft auf ein Ziel richten, ohne etwas anderes zu zerstören".

3. Schaffen Sie nun ein imaginäres Szenario, das den Kern des Problems einfängt. Benutzen Sie Ihre Vorstellungskraft und verfassen Sie möglichst detailliert eine metaphorische Geschichte oder ein Märchen, das ein ähnliches Problem zum Thema hat. Die Geschichte muss metaphorisch sein. In Bezug auf unser Beispiel errichten wir um den Kern unseres medizinischen Problems herum das folgende kriegerische Szenario:

   Ein böser Diktator regierte von einer starken Festung aus. Die Festung lag in der Mitte des Landes und war umgeben von Bauernhöfen und Dörfern. Viele Straßen gingen von der Festung aus, wie Speichen eines Rades. Ein gutherziger General wollte die Festung zerstören und das Land befreien. Der General war der Ansicht, dass die Festung zerstört werden könne, wenn seine ganze Armee konzentriert angreifen würde. Er hatte jedoch Grund zu der Annahme, dass der Diktator sämtliche Straßen vermint hatte. Die Minen waren so gelegt, dass kleine Gruppen von Männern sie sicher überqueren konnten, da der Diktator Truppen und Arbeiter aus der Festung hinaus und wieder hinein bewegen musste. Jede starke Kampftruppe jedoch würde die Minen zur Explosion bringen. Das würde nicht nur die Straße zerstören und sie unpassierbar machen, sondern auch angrenzendes Land. Ein direkter Angriff mit der ganzen Armee schien deshalb unmöglich.

4. Lösen Sie das in dem imaginären Szenario dargestellte Problem.
   Beispiel: Eine Idee wäre, die Armee in kleine Gruppen aufzuteilen und diese zeitgleich verschiedene Straßen entlang marschieren zu lassen. All diese kleinen Gruppen könnten die Minen ohne Schaden überqueren, zeitgleich an der Festung eintreffen und gemeinsam angreifen.
5. Übertragen Sie diese Lösung auf Ihr ursprüngliches Problem.
   Beispiel: Statt einer einzigen hoch dosierten Bestrahlung (Figur A) verabreicht der Arzt mehrere niedrig dosierte Strahlungsmengen aus verschiedenen Richtungen gleichzeitig. So wäre jede der separaten Strahlungsmengen unschädlich für das gesunde Gewebe (Figur B), aber die Wirkung der einzelnen Dosen zusammengenommen hätte an ihrem gemeinsamen Zielort – dem Sitz des Tumors – den Effekt einer hochdosierten Strahlenmenge.

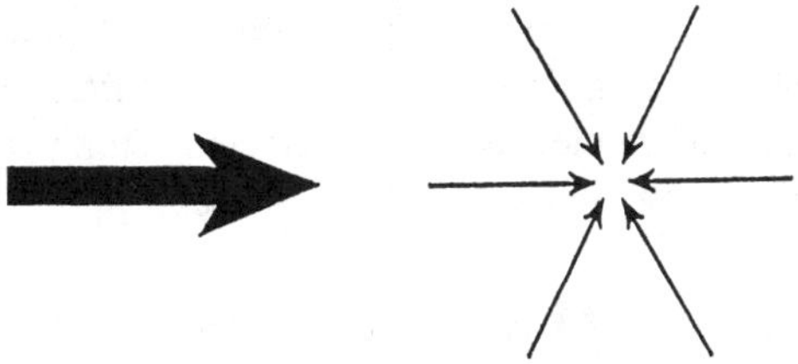

A B

Stellen Sie sich einen Fluss vor, der sein Bett tief ins Land gegraben hat. Wasser folgt stets seiner natürlichen Fließrichtung.

Regenwasser fließt also so schnell in das vorhandene Flussbett, dass keine Gelegenheit zur Entstehung von Seen oder anderen Flüssen bleibt. In gleicher Weise bestimmt Ihre gewohnheitsmäßige Sichtweise eines Subjekts Ihre Perspektive und leitet Ihr Denken in eine bestimmte Bahn, wodurch kein Platz für andere Denkansätze bleibt. Imaginäre Szenarios helfen, einen von dieser vorgefassten Sichtweise unabhängigen Blick auf das Subjekt oder einen seiner Aspekte zu werfen und unerwartete Ideen und Denkansätze zu stimulieren.

Nehmen wir an, Sie sind Verkäufer und wollen einen unwilligen Kunden dazu bringen, einen Blick auf Ihr Produkt zu werfen. Folgendes imaginäre Szenario wäre denkbar: Ein marsianisches Raumschiff hat eine Panne und landet in der Nähe unseres Hauses. Die Marsianer verstehen unsere Sprache ein wenig, trauen uns jedoch nicht. Sie sind äußerst misstrauisch, weil sie von der Bevölkerung anderer Planeten betrogen wurden. Wie können wir sie überzeugen, uns ihr Raumschiff reparieren zu lassen?

Eine Idee wäre, den Marsianern außerirdische Bewohner anderer Planeten vorzustellen, denen wir in der Vergangenheit geholfen haben, um auf diese Weise unsere Vertrauenswürdigkeit zu demonstrieren. Wie können Sie Ihr kaufmännisches Problem in derselben Art und Weise lösen, wie wir es in Bezug auf die Marsianer getan haben? Dies bringt Sie auf die Idee, Ihren Kunden in Kontakt mit Ihrer zufriedenen Kundschaft zu bringen, die seine Sprache sprechen und vertraut mit seinen Bedenken sind. Geben Sie den zufriedenen Kunden einen Preisnachlass auf Produkte und Serviceleistungen als Gegenleistung für die Zeit, die sie in die Überzeugungsarbeit investieren.

Musterszenarios

Im Folgenden finden Sie Musterszenarios für einige häufig vorkommende geschäftliche Probleme:

Aufgabe: Wie können Sie Ihr Geschäft neu strukturieren?

Szenario: Ein Komet stößt mit der Erde zusammen und löscht bleibend das Langzeitgedächtnis aller Menschen, mit Ausnahme der Personen in diesem Raum. Wie kann mit diesem globalen Problem umgegangen werden?

Aufgabe: Wie können Sie die Kommunikation von Firmen untereinander verbessern?

Szenario: Astronauten reisen zum Mars. Während ihres Besuchs nimmt jeder Astronaut die Geschehnisse anders wahr, jeweils abhängig von seiner persönlichen Vorgeschichte. Eine Abfolge von Ereignissen kann auf die unterschiedlichsten Weisen wahrgenommen werden: schnell oder langsam, geordnet oder willkürlich, kausal oder zusammenhanglos etc. Wie können sie zusammenarbeiten, um zur Erde zurückzukehren?

Aufgabe: Wie können Sie eine neue Werbekampagne gestalten?

Szenario: Wir entdecken eine Gruppe primitiver Höhlenbewohner, die in den Bergen leben und sich nicht verständigen können. Wie bringen wir Fortschritt in ihr Leben?

Aufgabe: Wie können Sie die Unternehmensleitung von einer Idee überzeugen?

Szenario: Die Später-Familie ist unsterblich. Seit Anbeginn der Zeit ist kein Mitglied der Familie gestorben. Jedes Mitglied lebt, und die meisten Mitglieder der Familie haben ad infinitum geheiratet. Joe, der jüngste Spross, möchte heiraten und die Zustimmung der Familie für seine Entscheidung. Wie kann er sie erhalten?

Die Welt der mentalen Bilder

Wörter beschreiben die Welt meist starr, fragmentarisch und statisch. Doch alles in der Welt befindet sich im Zustand permanenter Veränderung. Das ist ein Grund, weshalb Einstein mentale Bilder und Symbole Worten vorzog.

Hatte Thomas Jefferson einen Bart? Die meisten Menschen müssen sich Jefferson zuerst geistig vorstellen, um diese Frage beantworten zu können. Aus diesem Grund ist das Formen mentaler Bilder nützlich für die Erinnerung von Einzelheiten, die ursprünglich vielleicht keine Bedeutung hatten und von unserem Gehirn nicht entsprechend gespeichert wurden. Dies könnte die Erklärung dafür sein, weshalb sich kreative Erkenntnisse häufig dann ergeben, wenn jemand ein mentales Bild formt und daraufhin bestimmte Merkmale wahrnimmt, die er zuvor übersehen hatte. Vielleicht ist das der Grund, warum Einstein lieber mit Bildern anstatt mit Zahlen oder Worten arbeitete. Auch die Auswirkungen und Dimensionen seines Forschungsgegenstandes visualisierte er in mentalen Bildern.

Versuchen Sie, die Schlüsselaspekte Ihrer Aufgabe in Form mentaler Bilder darzustellen, die Ihr Subjekt symbolisch zum Ausdruck bringen. Lösen Sie sich von Etikettierungen und Wörtern, schließen Sie Ihre Augen und kreieren Sie mentale Bilder Ihres Problems. Schalten Sie alles Verbale aus. (Das können Sie tun, indem Sie ein einfaches Wort wie zum Beispiel „Aum“ oder „Om“ ständig wiederholen.) Halten Sie die entstehenden Bilder und Assoziationen schriftlich oder zeichnerisch fest. Stellen Sie Analogien zwischen diesen Gedanken und Ihrem Problem her. Suchen Sie nach Beziehungen und Verbindungen.

Die in der folgenden Abbildung dargestellte Aufgabe besteht darin, die Streichhölzer so anzuordnen, dass „nichts“ dabei herauskommt. Kein Streichholz darf geknickt, zerbrochen oder über ein anderes gelegt werden. Versuchen Sie zunächst, das Problem mit Ihrem gewohnten Denken zu lösen. Als Nächstes schließen Sie die Augen und stellen sich das Konzept des „nichts“ vor. Wodurch wird es symbolisch repräsentiert? Notieren Sie die Bilder und Assoziationen, die in Ihnen entstehen. Versuchen Sie, eine Verbindung zwischen Ihren Bildern und der Aufgabe herzustellen.

Etwa sechzig Prozent der Testpersonen, die diese Technik anwenden, lösen das Problem. Einige stellen symbolisch eine Null dar, andere das Wort „Nil“ (siehe folgende Abbildung).

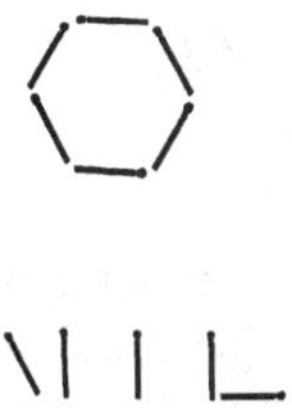

Sobald Sie sich an das Visualisieren gewöhnt haben, werden Ihre Ideen spontan und mühelos fließen. Bei einer Kette von Bildern sind die ersten häufig am bedeutsamsten.

Eine Gruppe von Ingenieuren benutzte bildliche Vorstellungen, um eine kompakte, flexible Hebevorrichtung zu erfinden, die sich um etwa einen Meter hob und bis zu fünf Tonnen tragen konnte. Zu ihren mentalen Bildern gehörten unter anderem die folgenden:

- Ein Zauberer, der einen Trick erarbeiten musste, bei dem ein Seil zuerst biegsam und weich ist und dann hart wird, wenn es ins Publikum gehalten wird
- Das hydraulische Prinzip einer Peniserektion
- Ein Metallmaßband

Aus der Kombination dieser Bilder erwuchs ein Konzept, das zur Grundlage der kompakten Hebevorrichtung wurde.

Eines der berühmtesten Beispiele dieser Technik war Friedrich Kekules Entdeckung, dass Benzol und andere organische

Moleküle eine Kette oder einen Ring bilden – Ergebnis des mentalen Bildes einer Schlange, die sich in den eigenen Schwanz beißt. Er dachte analog und stellte die Hypothese auf, dass die Kohlenstoffatome des Benzols in Ringform angeordnet seien.

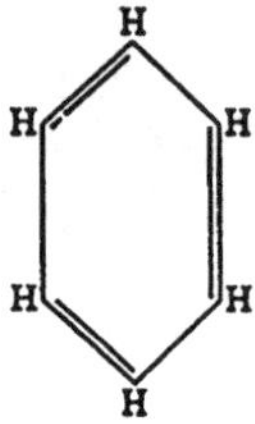

Das Bild der Schlange inspirierte Kekule zu einer Analogie, welche zu seiner bahnbrechenden Entdeckung führte. In gleicher Weise betrachtete Picasso als Junge Zahlen als Muster und nicht als Symbole für Mengen: Die 2 wurde zu einem gefalteten Taubenflügel, die 0 ein Auge.

Die Sprache der Schaubilder

Der bekannte Physiker Niels Bohr befand die Sprache als schlicht unangemessen zur Beschreibung der Prozesse innerhalb des Atoms. Er erarbeitete seine komplexen Atommodelle, indem er sich abstrakte Symbole vorstellte und sie auf verschiedene Arten in Beziehung zueinander setzte. Später übersetzte er die Bilder in Worte. Auch beim Arbeiten mit sehr komplexen Prozessen benutzen Genies gewöhnlich grafische, abstrakte Modelle als Grundlage ihrer Überlegungen. Diese Modelle sind häufig vereinfachte Darstellungen der Realität, die sich auf bestimmte grundlegende Aspekte konzentrieren. Anstatt mathematische Gleichungen zu verwenden, stellte sich Einstein oft fundamentale Formen (Kugeln, Scheiben, Dreiecke) und deren Beziehungen zueinander vor.

Die Sprache der Schaubilder ist eine Sprache abstrakter Symbole, die als Ersatz für Worte dienen. Es ist eine sorgfältig durchdachte Methode, Ihr Problem in Symbole zu übertragen und die Symbole zu Schaubildern zusammenzusetzen. Die Richtlinien sind folgende:

1. Kristallisieren Sie die Hauptelemente Ihres Problems heraus und listen Sie sie auf. Beim Marketing für ein Produkt könnten das vier Aspekte sein: Verpackung, Lieferung, Werbung und Verkauf. Listen Sie unter jedem Aspekt so viele Varianten und Methoden wie möglich auf (unterschiedliche Arten der Verpackung, Lieferung, Werbung und des Verkaufs).
2. Beschreiben Sie jede Variante durch ein abstraktes Bildsymbol. Jedes Zeichen kommt auf eine separate Karteikarte und symbolisiert eine spezifische Variante. Notieren Sie die jeweilige Variante auf der Rückseite der Karte. Zeichnen Sie die Grafiken auf verschiedenfarbige Karten, oder verwenden Sie Stifte in unterschiedlichen Farben, um die verschiedenen Aspekte voneinander abzugrenzen. Sie könnten beispielsweise rote Karten für die Zeichnungen nehmen, die sich auf die Verpackung beziehen, gelbe für die Lieferung, blaue für das Marketing und weiße für den Verkauf.

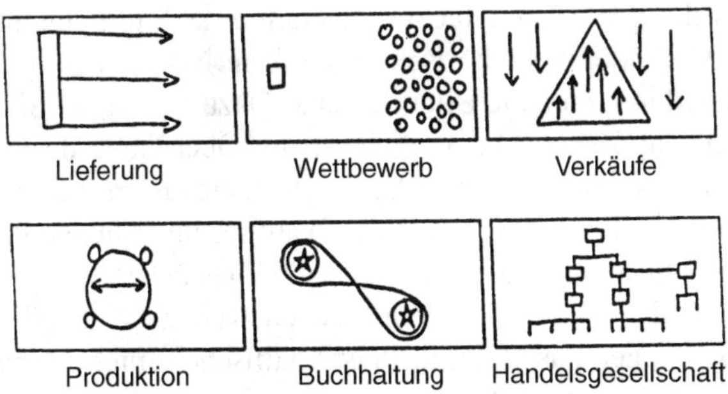

3. Legen Sie alle Karten mit der Seite, auf der sich die Grafiken befinden, nach oben auf einen Tisch. Gruppie-

ren Sie die Karten zu immer neuen Varianten. Versuchen Sie, beim Gruppieren der Karten nicht nachzudenken, sondern die Karten sozusagen selbst ihren Platz auswählen zu lassen. Variieren Sie die Gruppierungen, ohne dabei über die Bedeutung der Symbole nachzudenken.
4. Wenn Sie eine interessante Anordnung kreiert haben, sehen Sie auf den Rückseiten der Karten nach, was darauf geschrieben steht, und versuchen Sie dann, eine neue Idee aus diesen Aspekten zu entwickeln.
5. Wenn Sie nicht mehr weiter wissen, fügen Sie weitere Aspekte und Möglichkeiten hinzu oder fangen Sie mit neuen Karten von vorn an.

Der Sandkasten

Roald Hoffmann von der Cornell Universität erhielt 1981 den Nobelpreis für seine wegweisende Entdeckung auf dem Gebiet der theoretischen organischen Chemie. Hoffmann ist zugleich Dichter. Seine Poesie half seiner Vorstellungskraft, metaphorische Beziehungen zwischen der Chemie und seiner Dichtkunst herzustellen. Metaphorisches Denken verändert Perspektiven in beträchtlichem Maße.

Bei der Sandkasten-Technik handelt es sich um eine interessante Methode, metaphorisch zu denken, indem man greifbare Objekte durch mentale Bilder ersetzt. Dazu benötigen Sie einen großen Sandkasten. Anfänglich ist die Oberfläche des Sandes glatt und sauber geharkt. Um den Sandkasten herum sind buchstäblich hunderte von Objekten aufgebaut: winzige Puppen, farbige Murmeln, Muscheln, Federn, Holzstücke, Spielzeugsoldaten aus Plastik, ein Miniaturhochzeitspaar, Spielzeugdinosaurier, Schlangen aus Gummi, Plastikhaifische, Spielzeugpistolen etc. Nun tun Sie Folgendes:

1. Verbannen Sie alle ablenkenden Gedanken aus Ihrem Kopf und konzentrieren Sie sich ausschließlich auf Ihr Subjekt.
2. Gestalten Sie mit den Figuren, die Ihnen gefallen, im Sand eine Szenerie, die Ihr Subjekt oder einen Aspekt davon metaphorisch zum Ausdruck bringt.
3. So lange Objekte hinzufügen oder die Architektur ändern, bis die Szene sich vom symbolischen Gehalt her „richtig anfühlt".
4. Interpretieren Sie die Szene. Ihr Aufbau und jedes einzelne Objekt vermittelt eine Bedeutung. Lassen Sie bei der Interpretation Ihren Assoziationen freien Lauf. Achten Sie bei der Interpretation darauf, ob es Elemente gibt, die Sie verwirren, zu fehlen scheinen oder auftauchen, wenn Sie Ihre Perspektive verändern. Stellen Sie sich Fragen wie beispielsweise:
   - „Was ist das?"
   - „Was könnte das bedeuten?"
   - „Was hat die häufige Verwendung dieses Objekts zu bedeuten?"
   - „Wen stellt das dar?"
   - „Welches Objekt kommt dem Kern meines Subjekts am nächsten?"
   - „Woran erinnert mich das?"

   Unter Umständen sticht unter diesen Fragen eine hervor, die den Schlüssel zur Lösung Ihres Problems beinhaltet.
5. Schreiben Sie Ihre Interpretationen auf. Suchen Sie nach Stichwörtern, neuen Ideen, Erkenntnissen und neuen Vermutungen. Fügen Sie die Interpretationen zu einer Schilderung zusammen, die alles einschließt. Versuchen Sie, eine Geschichte zu schreiben, in der Sie erklären, inwiefern Ihre Sandkastenszene sich auf Ihr Subjekt bezieht.

Die Gabe der Fantasie ist wichtiger als die Fähigkeit, Wissen aufzunehmen. Denken Sie beispielsweise an Benoit Mandelbrot, den Euklid des 20. Jahrhunderts, der eine spezielle Art der Geometrie erfand, die sich auf so komplexe Objekte wie Bäume, Küsten, Schneeflocken oder Wellen anwenden lässt. Mandelbrot erklärte, diese natürlichen Objekte würden eine „Selbstähnlichkeit“ besitzen: ein Zweig hat die Form des Astes, dem er entsprießt, der Ast die Form des Baumes. Unglaublicherweise behauptet Mandelbrot, des Alphabets unkundig zu sein und kein Telefonbuch benutzen zu können. Er beherrsche die Grundlagen der Mathematik nicht und sei nicht fähig, Lösungen auf „normalen“ Weg zu finden.

Als Mandelbrot die Aufnahmeprüfung an Frankreichs Prestige-Polytechnikum ablegte, war er nicht im Stande, algebraische Gleichungen zu lösen, erreichte aber trotzdem Top-Noten, weil er die Fragen im Geist in Bilder übertrug. Dadurch, dass er visuell dachte, konnte er Dinge sehen, die andere nicht sahen. Er war beispielsweise nicht im Stande, einen Computer zu programmieren, entwickelte jedoch die Fähigkeit, Programme zu entwanzen, die er nicht lesen konnte, indem er die falschen „Bilder“ analysierte, die diese Programme erzeugten. Die Sandkasten-Technik regt die Fantasie an und lässt ihr freien Lauf.

Gruppen

Wenn Sie in einer Gruppe arbeiten, diskutieren Sie das Subjekt und bitten Sie dann einen Teilnehmer, eine Szene, die dieses zum Ausdruck bringt, im Sandkasten aufzubauen. Die Gruppe sieht sich die Szene an und trägt möglichst viele Interpretationen zusammen. Die Interpretationen werden an einer Tafel festgehalten; danach wird jede Interpretation einzeln zu dem Subjekt in Beziehung gesetzt.

Kreative Collagen

Eine der Sandkasten-Technik verwandte Methode ist die metaphorische Collage. Eine Collage ist eine Montage verschiedener Bilder oder Bildfragmente, bei der einzelnen Elemente ihre Identität aufgeben und zu einem Ganzen verschmelzen.
Max Ernst, einer der führenden Surrealisten des 20. Jahrhunderts, konstatierte, dass das zufällige Zusammentreffen von zwei oder mehr ungleichen Subjekten in einer Collage seine Fantasie stimulierte und ihn zu metaphorischem Denken anregte.

Häufig ermöglicht die Verwendung von Metaphern eine Konzentration auf die wichtigeren tieferen Strukturen eines Subjekts. Leonardo da Vinci stellte eine Analogie zwischen der Erde und dem menschlichen Körper her, um seine anatomischen Darstellungen anzufertigen. Mozart zog einen Vergleich zwischen seiner Musik und der Zubereitung einer Mahlzeit, um seine Art des Komponierens zu erklären. Disneys Geschäft war das Produzieren von Metaphern, und Freud konzentrierte sich selbstverständlich intensiv auf die metaphorische Bedeutung von Symbolen und Träumen als eine Methode, psychologische Vorgänge zu begreifen.

Metaphorische Darstellungen aktivieren die rechte Hirnhälfte und verhelfen zu einer andernfalls unwahrscheinlichen Betrachtungsweise des Problems. Vor vielen Jahren glaubte eine Gruppe Ärzte der israelischen Luftwaffe, den Wundverband verbessern zu können. Ihnen war aufgefallen, dass Verbände oft die Blutzirkulation abschnürten, was den Heilungsprozess verlangsamte. Das Bild einer elektrischen Lampe mit einem Kabel und ein Bild von einem Mann, der eine Brücke reparierte, lieferten die Anregungen für eine neue Idee. Sie kamen auf den Gedanken, ein zerrissenes Kabel zu reparieren, indem sie es zusammenklebten, und zwar so sorgfältig, dass der Stromfluss nicht unterbrochen wird. Magnesium ist ein Element, das Strom leitet. Dies führte zu der Idee eines mit Magnesium beschichteten Verbands, der den Blutkreislauf nicht abschnürt.

Metaphorische Bilder stimulieren den Denkprozess. Wenn Sie Ihr Subjekt in Beziehung zu etwas anderem setzen und die Verbindung zwischen beiden Elementen sehen, können Sie andere Ideen mit ähnlichen Verbindungen entwickeln. Die von Ihnen kreierten Metaphern liefern möglicherweise das Stichwort zu einem Aspekt Ihres Subjekts, den Sie anderenfalls nicht bemerkt hätten. Die Richtlinien für die Erstellung einer kreativen Collage sind folgende:

1. Schneiden Sie verschiedene Bilder oder Teile von Bildern aus Zeitschriften, Zeitungen, Katalogen, Flugblättern und so weiter aus.
2. Diese Bilder zu immer wieder neuen unterschiedlichen Mustern und assoziativen Bildern zusammenfügen. Seien Sie offen für Experimente, aber forcieren Sie nichts. Fahren Sie so lange fort, bis Sie das Gefühl haben, dass Ihre Collage vollständig ist. Stellen Sie ein einziges umfassendes metaphorisches Bild zusammen, indem Sie jedem Bild ein Wort oder einen Satz zuordnen und dann den Satz „Mein Subjekt hat große Ähnlichkeit mit (ein Wort oder einen Satz aus Ihrer Montage einsetzen), weil es …" ergänzen.

Denken Sie metaphorisch und analog. Die Forschungs- und Entwicklungsabteilung einer Möbelfirma suchte nach Möglichkeiten, eine Farbe zu entwickeln, die nicht verblasste, nicht abblätterte und kratzfest war. Die Leute fertigten eine Collage an, zu der unter anderem auch Bilder verschiedener Bäume und anderer Pflanzen gehörten. Die Collage brachte eine Diskussion über die Entstehung von Farbe in Pflanzen in Gang und führte zur Idee einer „immerwährenden" Farbe. Sie hatten den Einfall, Bäumen Farbzusätze einzuspritzen, wodurch sich deren Zellen mit Farbe füllten und diese Farbe im ganzen Baum verbreiteten. Der Baum wird vor dem Fällen eingefärbt.

Eine andere interessante Möglichkeit besteht darin, zwei verschiedene Farben zur Darstellung zweier unterschiedlicher Aspekte Ihres Subjekts zu verwenden. Nehmen wir an, Sie wollen die Kommunikation innerhalb einer Firma verbessern. Sie könnten eine Collage anfertigen, die die Betriebsleitung darstellt, und eine andere, die die Angestellten repräsentiert. Anhand dieser beiden visuellen Darstellungen identifizieren und vergleichen Sie die Gemeinsamkeiten und die „Kommunikationslücken“ zwischen der Betriebsleitung und den Angestellten.

Gruppen

Dies ist eine amüsante Übung, die Sie in einer kleinen Gruppe durchführen können. Den Teilnehmern macht es Spaß, Collagen anzufertigen, weil sie den visuell-emotional orientierten Teil ihres Gehirns aktivieren und zu neuen Einsichten gelangen können. Die Richtlinien für die Gruppenarbeit:

1. Verteilen Sie alte Zeitschriften und Scheren.
2. Bitten Sie die Teilnehmer, Bilder aus verschiedenen Zeitschriften auszuschneiden, die Ihr Subjekt oder einen Aspekt davon metaphorisch darstellen.
3. Lassen Sie jeden Teilnehmer eine Collage anfertigen. Kleben Sie die Bilder zu einer ästhetischen Montage zusammen.
4. Ordnen Sie jedem in der Collage enthaltenen Bild ein Wort oder einen Satz zu.
5. Danach gestaltet jeder Teilnehmer das Thema zu einem einzigen umfassenden metaphorischen Wortbild, indem er den Satz „Unser Subjekt hat große Ähnlichkeit mit (ein Wort aus der Montage einsetzen), weil es …“ ergänzt.
6. Hängen Sie die Collagen an die Wand und bitten Sie die Gruppe, sie zu vergleichen, nach Gemeinsamkeiten und möglichen Lücken zu fahnden.

Metaphorische Bilder sind häufig der Schlüssel zu genialen Eingebungen. Aristoteles schrieb, der Meister der Metapher sei auch (…) der Meister des Denkens. Die fruchtbarste Metapher Darwins war der sich verzweigende Baum der Evolution, mit dessen Hilfe er Entstehung und Untergang verschiedener Arten verfolgen konnte.

Metaphorische Spaziergänge

Unternehmen Sie einen Rundgang durch Ihr Haus oder Ihr Büro und die Umgebung. Halten Sie Ausschau nach Objekten, Situationen oder Ereignissen, die Sie mit Ihrem Subjekt vergleichen können. Nehmen wir beispielsweise an, Ihr Problem sei es, die Kommunikation innerhalb Ihrer Firma zu verbessern. Sie machen einen Spaziergang und bemerken Schlaglöcher in der Straße. Inwiefern lassen sich Schlaglöcher mit dem Kommunikationsproblem in Ihrer Firma vergleichen? Erstens werden Schlaglöcher größer und gefährlicher, wenn man sie nicht repariert. In der Regel werden Straßenbauarbeiter mit der Reparatur beauftragt. In ähnlicher Weise wird sich die Kommunikation in Ihrer Firma weiter verschlechtern, wenn Sie den Dingen ihren Lauf lassen, keine Maßnahmen ergreifen. Eine Idee, die mit dem Aspekt der Straßenbauarbeiter zusammenhängt, wäre, jemanden in der Firma zum „Kommunikations-Coach" zu ernennen. Der Coach hat unter anderem die Aufgabe, die Kommunikationsfähigkeiten aller Angestellten zu entwickeln und zu fördern. Und ähnlich wie Straßenbautrupps ausgewechselt werden, können Sie alle sechs Monate jemand anderen mit der Aufgabe des Coaches betrauen.

Die Richtlinien für einen metaphorischen Spaziergang sind folgende:

1. Unternehmen Sie einen zehnminütigen Spaziergang und halten Sie Ausschau nach Objekten, Ereignissen oder Situationen, die Ihnen interessante Metaphern in

Bezug auf Ihr Thema liefern könnten. Erstellen Sie eine Liste.

2. Stellen Sie nach Ihrer Rückkehr möglichst viele metaphorische Verbindungen zwischen Ihrer Liste und Ihrem Subjekt her. Nach Ähnlichkeiten und ähnlichen Umständen suchen.
3. Versuchen Sie, Prinzipien und ähnliche Umstände von Ihren Beobachtungen auf Ihr Subjekt zu übertragen. Bemühen Sie sich, mindestens eine Idee oder Lösung aus jeder Metapher abzuleiten.

Fotospaziergänge

Eine andere Möglichkeit für einen metaphorischen Spaziergang besteht darin, eine Polaroidkamera zu nehmen und mindestens fünf Bilder von visuellen Metaphern Ihres Subjekts zu fotografieren. Anschließend beschreiben Sie die Metaphern. Dann klopfen Sie jede Metapher auf neue Erkenntnisse oder Lösungsmöglichkeiten ab.

Wenn Sie mit einer kleinen Gruppe arbeiten, bitten Sie jeden Teilnehmer, einen Spaziergang zu unternehmen und mit mindestens fünf Fotos visueller Metaphern zurückzukommen. Dann bitten Sie die Teilnehmer, eine Beschreibung ihrer jeweiligen Metaphern zu verfassen. Heften Sie die Fotos mit der dazu gehörigen Beschreibung darunter auf ein Stück Karton. Bitten Sie die Gruppe, die Fotoausstellung zu besichtigen und dann Ideen oder Lösungsmöglichkeiten auf der Basis der Metaphern zu entwickeln.

Strategie acht: Finden, wonach Sie *nicht* gesucht haben

Immer wenn wir bei etwas scheitern, tun wir am Ende etwas anderes. So vereinfachend sich diese Aussage anhört – sie ist das Grundprinzip des kreativen Zufalls oder besser „Spürsinns". Wir können uns fragen, weshalb wir in unserer Absicht gescheitert sind – das wäre logisch. Doch der kreative Zufall wirft noch eine andere Frage auf: Was haben wir getan? Auf diese Frage eine innovative, unerwartete Antwort zu finden, ist ein essentiell kreativer Akt – eine kreative Erkenntnis in höchster Form.

Die Entdeckung der Gesetze des Elektromagnetismus war so ein kreativer Zufall. Die Beziehung zwischen Elektrizität und Magnetismus wurde zuerst 1820 von Hans Øersted im Rahmen eines öffentlichen Vortrags beobachtet, bei dem er demonstrierte, dass Elektrizität und Magnetismus zwei voneinander völlig unabhängige Phänomene seien.

Diesmal schlug das Experiment fehl – der elektrische Strom erzeugte einen magnetischen Effekt. Øersted war aufmerksam genug, diesen Effekt zu bemerken, aufrichtig genug, ihn zuzugeben, und gewissenhaft genug, ihm auf den Grund zu gehen. Maxwell bediente sich dieser Experimente, um Newtons Methoden der mathematischen Analyse der mechanischen, sichtbaren Welt auf den unsichtbaren Kosmos der Elektrizität zu übertragen und stellte die Maxwellschen Gesetze auf, die das Tor zu unserem modernen Zeitalter der Elektrizität und der Elektronik öffneten.

John Wesley Hyatt, ein Drucker und Mechaniker aus Albany, bemühte sich lange Zeit, einen Ersatz für das knapp werdende Elfenbein zu finden, aus dem Billardbälle hergestellt wurden. Stattdessen erfand er das Zelluloid, das erste erfolgreiche Plastikmaterial, das in den Handel kam.

B.F. Skinner riet Menschen, alles andere stehen und liegen zu lassen, wenn sie an etwas arbeiteten und etwas Interessantes entdeckten, um sich mit dieser Neuentdeckung zu beschäftigen.

Er bezeichnete dies als das Hauptprinzip wissenschaftlicher Methodologie.

Richard Feynman erfand einen interessanten Test, der ihm half, sich ein Urteil über neue Ideen zu bilden. Ergab sich aus dieser Idee eine Erklärung für etwas, das mit der Idee in keinem Zusammenhang stand? Das heißt: „Was kann ich jetzt erklären, wofür ich eigentlich keine Erklärung gesucht habe?“ und „Was habe ich entdeckt, wonach ich nicht auf der Suche war?“ 1938 versuchte der 27-jährige Roy Plunkett, ein neues Kühlmittel zu erfinden. Statt dessen stellte er ein Klümpchen weißen, wachsähnlichen Stoffs her, das Wärme leitete und nicht an Oberflächen haftete. Prompt gab er seine ursprünglichen Forschungspläne auf und experimentierte mit diesem interessanten Stoff, der schließlich unter dem Handelsnamen „Teflon“ bekannt wurde.

Prinzipiell unterscheidet sich eine unerwartete Begebenheit, aus der eine kreative Erfindung entsteht, nicht von einer Autopanne, die uns zwingt, eine Nacht in einer neuen, reizvollen Stadt zu verbringen, dem Buch, das uns aus Versehen zugesandt wurde und unsere Fantasie anregt, oder dem geschlossenen Restaurant, das uns zwingt, eine andere Art Küche auszuprobieren. Sie müssen sich selbst die Freiheit zugestehen, das zu sehen, wonach Sie nicht gesucht haben. Im Jahr 1839 forschte Charles Goodyear nach einer Methode, die Verarbeitung von Gummi zu erleichtern, und verschüttete versehentlich eine Mixtur, die erhärtete, aber noch gebrauchsfähig war. Indem er sich die Freiheit zugestand, eine unvorhergesehene Richtung einzuschlagen, entwickelte er ein praktisches Vulkanisierungsverfahren. Alexander Fleming war nicht der erste Arzt, dem im Rahmen seines Studiums tödlicher Bakterien der Schimmel auffiel, der sich auf einer angelegten Kultur bildete. Weniger begabte Ärzte hätten diesen augenscheinlich unwichtigen Vorgang routinemäßig übergangen, doch Fleming fiel er als interessant ins Auge und er fragte sich, ob vielleicht irgendwelche Möglichkeiten darin verborgen seien. Diese interessante Beobachtung führte zur Erfindung des Penicillins, das unzählige Leben rettete.

Stellen Sie sich folgende Situation vor: Susanne ist 28 Jahre alt, allein stehend, offen und sehr klug. Sie besitzt Universitätsabschlüsse in Soziologie und Philosophie. Während ihrer Studienzeit hat sie sich intensiv mit den Themen Rassendiskriminierung und sozialer Gerechtigkeit beschäftigt und auch an Anti-Atomkraft-Demonstrationen teilgenommen. Welche der beiden folgenden Aussagen ist die wahrscheinlichere?

A. Susanne ist Büroleiterin.
B. Susanne ist Büroleiterin und aktiv in der Frauenbewegung.

Logisch betrachtet ist es wahrscheinlicher, dass Susanne Büroleiterin ist, als dass sie sowohl Büroleiterin als auch in der Frauenbewegung aktiv ist. Die Wahrscheinlichkeit, dass x zutrifft, ist stets größer als die Wahrscheinlichkeit der Gleichzeitigkeit zweier unabhängiger Geschehen x und y. Trotzdem stimmen über 80 Prozent der Versuchspersonen, einschließlich derer, die auf dem Gebiet der Statistik bewandert sind, eher der Aussage zu, dass Susanne Büroleiterin und in der Frauenbewegung aktiv sei, statt der Aussage, Susanne sei nur Büroleiterin.

Auf die abstrakte Frage „Was ist wahrscheinlicher, x allein oder x und y zugleich?“ antworten die Versuchspersonen häufiger, x allein sei wahrscheinlicher. Zudem geben sie bereitwillig zu, sich geirrt zu haben, wenn man sie mit dem offenkundigen Widerspruch zwischen dieser abstrakten Antwort und der Frage in Bezug auf Susanne konfrontiert. Hier scheint sich eine tiefer liegende einseitige Ausrichtung im menschlichen Urteilsvermögen widerzuspiegeln. Wenn Versuchspersonen die Information erhalten, dass Susanne ein bestimmter Persönlichkeitstyp ist, bauen sie leicht andere charakteristische Merkmale ein, die in der Vergangenheit auf derartige Persönlichkeiten zutrafen, und ignorieren, was sie verstandesmäßig in Bezug auf die Wahrscheinlichkeit wissen. Menschen hegen das emotionale Vorurteil, dass eine Person, die über bestimmte Persönlichkeitsmerkmale verfügt, auch entsprechende andere Charakteristika besitzt (zum Beispiel, dass es gut möglich ist, dass eine Frau, die sich für soziale Belange einsetzt, auch eine Feministin ist).

Im Allgemeinen benutzen wir unsere Intelligenz, um unsere Gefühle und Vorurteile in Bezug auf ein bestimmtes Thema oder eine bestimmte Vorstellung zu rationalisieren. Nehmen wir zum Beispiel an, Sie haben vor, einen Pullover im Wert von 200 Mark und ein Ordnungssystem für den Schreibtisch für 20 Mark zu kaufen. Der Verkäufer für Büroartikel sagt Ihnen, dass das von Ihnen gewünschte Ordnungssystem in der anderen Filiale des Ladens, die 20 Minuten entfernt ist, für zehn Mark verkauft wird. Würden Sie diesen Weg auf sich nehmen? Die meisten Leute bejahen diese Frage. Einer anderen Gruppe wird eine ähnliche Frage vorgelegt. Diesmal wird der Preis des Pullovers mit 20 Mark angegeben und der Preis des Ordnungssystems von 200 Mark auf 190 Mark in der Filiale herabgesetzt. Die Mehrzahl der mit dieser Frage konfrontierten Versuchspersonen antworteten, dass sie den zusätzlichen Weg nicht machen würden. Beachten Sie, dass in beiden Fällen die Frage dieselbe ist: Würden die Versuchspersonen 20 Minuten fahren, um zehn Mark zu sparen? Doch offensichtlich beurteilten die Probanden die Ersparnis von zehn Mark im Verhältnis zum Preis der Ordnungssysteme für den Schreibtisch. Relativ gesehen kann man einer Reduzierung von 20 auf zehn Mark (50 Prozent) weniger widerstehen als einer Senkung des Preises von 200 auf 190 Mark (fünf Prozent).

Wir sollten unsere Intelligenz einsetzen, um unser Problem einer Überprüfung zu unterziehen, bevor wir unsere Emotionen und Vorurteile darauf ausrichten. Hätten die oben genannten Versuchspersonen das getan, wäre ihnen sofort klar geworden, dass sie in beiden Fällen vor derselben Wahl standen – 20 Minuten zu fahren, um zehn Mark zu sparen, oder nicht. Wir müssen uns bewusst zu einer verstandesmäßigen Überprüfung von Problemen zwingen.

Die Überprüfung von Fragen und Problemen

Die meisten Menschen beschreiben die unten stehende Abbildung als eine Anordnung von zehn Kreisen, die ein Dreieck bilden, und die drei Sterne als eine separate Gruppe. Nur wenige Leute beschreiben sie spontan als einen sechszackigen Davidsstern, was ebenfalls richtig wäre. Um den Davidsstern zu erkennen, muss man sich bewusst auf eine andere Betrachtungsweise konzentrieren.

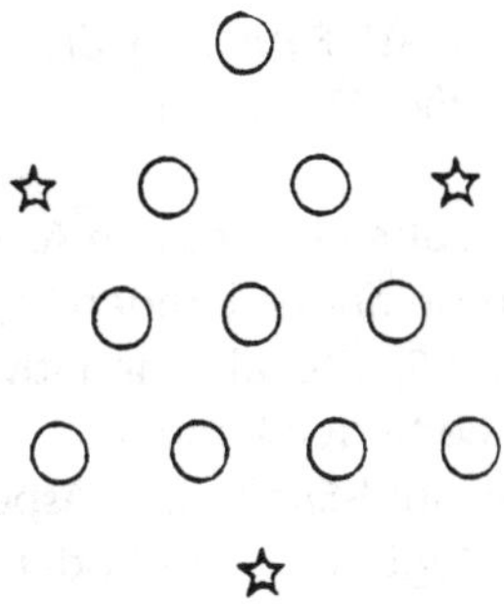

In ähnlicher Weise müssen wir uns bei der verstandesmäßigen Analyse eines Problems bewusst zwingen, unsere Konzentration in die entsprechende Richtung zu lenken. Eine Technik, die dabei hilft, ist die so genannte PMI-Methode. Die PMI-Methode dient dazu, Ihre Konzentration bewusst auf sämtliche positiven, negativen und interessanten Aspekte Ihres Subjekts zu lenken. Die Anwendung der Technik ist einfach. Schwierig ist es, Ihre Aufmerksamkeit bewusst in verschiedene Richtungen nacheinander zu lenken, wenn Ihre Entscheidung, wie Sie in Hinsicht auf Ihr Subjekt empfinden sollen, durch Ihre Emotionen und Vorurteile bereits festgelegt wurde. Das unten stehende Schaubild zeigt, wie sämtliche kreativen Ansätze zur Überprüfung einer Idee zurückgewiesen werden, wenn die Idee emotional abgelehnt wird.

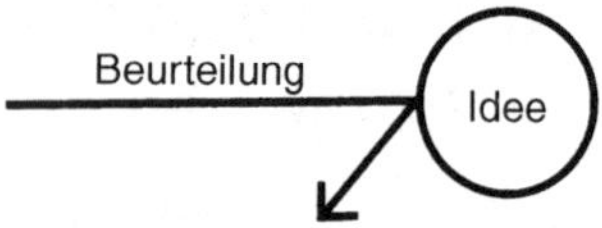

Sie müssen sich willentlich zu anderen Perspektiven zwingen. Anstatt Ihren Verstand zu benutzen, um Emotionen und Vorurteile zu untermauern, setzen Sie ihn bei der PMI-Methode für eine Analyse des Problems ein.

Die Richtlinien für die Durchführung der PMI-Methode sind folgende:

1. Teilen Sie ein Blatt Papier in drei Spalten ein. Überschreiben Sie die Spalten mit „Plus", „Minus" und „Interessant".
2. In der „Plus"-Spalte alle positive Aspekte Ihres Subjekts aufzählen, die Sie finden können.
3. In der „Minus"-Spalte alle negativen Gesichtspunkte auflisten, die Sie finden können.
4. In der „Interessant"-Spalte alle Aspekte aufzählen, die nicht in die Kategorien „Plus" oder „Minus" einzuordnen sind. Die aufgezählten Gesichtspunkte helfen, auf das Interesse an einer Idee zu reagieren, statt nur auf Vorurteile und andere Emotionen in Bezug auf die Idee. „Ich finde die Idee unsympathisch, aber sie hat interessante Aspekte ..."

Bei der PMI-Methode besteht der Unterschied darin, dass Emotionen erst nach der Überprüfung einer Idee eingeschaltet werden und nicht vorher, zu einem Zeitpunkt, an dem sie eine objektive Überprüfung verhindern würden. Wenn Sie die PMI-Technik anwenden, tritt einer von drei möglichen Fällen ein:

- Sie ändern Ihre Ansichten über die Idee und entscheiden sich, sie als brauchbare Alternative anzusehen.
- Sie verwerfen die Idee weiterhin als unvernünftig.

- Sie kommen durch die Idee auf einen anderen Einfall.

Durch die Analyse ihrer positiven und negativen Aspekte gelingt es Ihnen möglicherweise, aus der Idee etwas anderes zu machen.

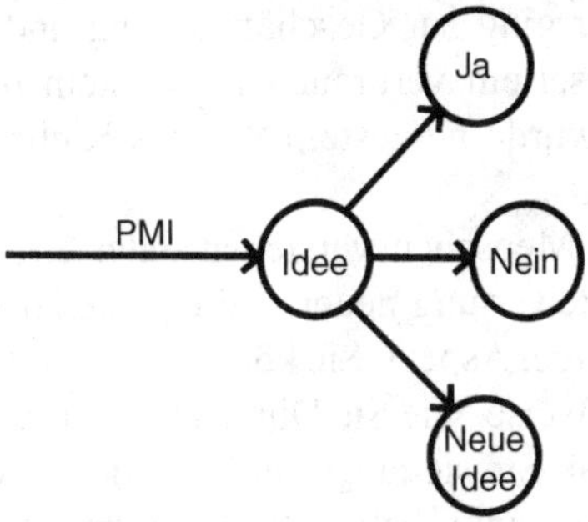

Vor einiger Zeit suchte eine Gruppe von Designern nach einem neuen Regenschirm-Design. Einer der Teilnehmer schlug eine Kombination von Regenschirm und Halfter vor. Das Halfter sollte am Gürtel befestigt werden. Ein Auslösemechanismus am Griff des Schirms würde den mit Sprungfedern ausgerüsteten Regenschirm entfalten, sobald man ihn aus dem Halfter zieht.

Die Gruppe ging zunächst von einer schrecklichen Idee aus, weil jedermann bewaffnet und gefährlich aussehen würde. Sie beschlossen, die Idee mittels der PMI-Methode zu überprüfen, und einer der interessanten Aspekte, auf die sich ihr Augenmerk richtete, war der Einfall, den Regenschirm zum Schutz zu benutzen. Dies brachte sie auf die Idee, ein Betäubungsgewehr in den Schirm zu integrieren. Bei einem Angriff würde man den Angreifer mit der Spitze des Schirms berühren und vorübergehend außer Gefecht setzen. Angeregt durch die interessanten Aspekte der Regenschirmidee, beschaffte sich die Gruppe Informationsmaterial, um sich näher anzusehen, wonach sie nicht gesucht hatten.

Vor vielen Jahren erfand die Firma 3M einen neuen Industrieklebstoff. Keine Firma signalisierte Interesse und die Geschäftsleitung wies einen Ingenieur an, die Proben zu verbrennen. Der Ingenieur jedoch fand den Klebstoff interessant und nahm einige Proben mit nach Hause. Er beobachtete, wie seine Töchter, die im Teenageralter waren, sich Frisuren mit dem Klebstoff machten und ihn zu verschiedenen anderen Zwecken verwendeten. Er ging zur Geschäftsleitung und überzeugte sie, ihre Erfindung sei ein Verbraucher- und kein Industrieprodukt. Der Klebstoff wurde hergestellt und als Klebestreifen auf den Markt gebracht.

Die meisten Menschen verstehen unter Kreativität die Entwicklung und Bewertung neuer und origineller Ideen, doch das ist nicht ihr einziger Aspekt. Sie können Ihren Intellekt einsetzen, um die Art und Weise, wie Sie Dinge betrachten, grundlegend zu verändern, indem Sie sie länger prüfen und auf diese Weise den kreativen Prozess ankurbeln. Die Gestaltpsychologen sind zu dem Schluss gekommen, dass eine längere Betrachtung eines Gegenstandes zu spontanen Veränderungen der Art und Weise führt, wie wir ihn wahrnehmen. Wenn Sie einen Gegenstand länger als gewöhnlich betrachten, langweilt sich der Kopf und sucht nach alternativen Wahrnehmungsmöglichkeiten. Im Anfangsstadium dieses Prozesses liegen die Auswirkungen dieser Veränderungen unterhalb der Schwelle der bewussten Wahrnehmung. Nach einiger Zeit treten sie als neue Ideen und Erkenntnisse in das Bewusstsein.

Gruppen

Es ist eine interessante Übung, einer kleinen Gruppe absichtlich eine wertlose oder dumme Idee vorzulegen. Bitten Sie die Teilnehmer, ihre Ansichten zu der Idee in einzelne Abschnitte aufgegliedert (ja oder nein und Begründung) auf ein Blatt Papier zu schreiben. Diskutieren Sie die Ansichten. Bitten Sie dann die Teilnehmer, jeder für sich die PMI-Methode auf die Idee anzuwenden. Kombinieren Sie zum Schluss die Einzelergebnisse zu einem übergreifenden PMI-Ergebnis.

Latentes Potenzial

In jedem Subjekt stecken verborgene Möglichkeiten. Wir werfen heutzutage eine Menge Gegenstände weg – von Uhren bis zu Autoreifen – und ersetzen sie, anstatt sie zu reparieren. Die Länder der Dritten Welt müssen notgedrungen kreativer sein. Sie finden häufig verblüffend neue Verwendungszwecke für Materialien, die zu abgenutzt sind, um ihren ursprünglichen Zweck zu erfüllen. In Nairobi werden abgenutzte Autoreifen recycelt und zu Sandalen verarbeitet. Die Strapazierfähigkeit der Sandalen ist ein latentes Potenzial von Autoreifen, und die Herstellung von Sandalen bedeutet eine Veränderung des Verwendungszwecks. Dieses Recyling ist ein Beispiel für Darwins Theorie der Anpassung, die zu einfallsreichen Funktionsveränderungen und neuen Ideen führt.

Die Evolution vollzieht sich nach dem Prinzip der Sandalenhersteller von Nairobi und nicht nach dem Vorbild unserer Wegwerfgesellschaft. Arten können sich nur weiterentwickeln, wenn sie das, was sie haben, auf neue und interessante Weise nutzen. Organismen können nur auf ihre eigenen Bestandteile zurückgreifen, um sich weiterzuentwickeln.

In ähnlicher Weise bringt ein neues Subjekt oder eine neue Idee zahlreiche kreative Nebenprodukte hervor, die zunächst als unwesentlich angesehen werden, aber für eine Weiterentwicklung zur Verfügung stehen. Kreativität hängt in hohem Maß von der Bereitschaft ab, scheinbar unwesentliche Aspekte kreativ zu betrachten und ihr latentes Potenzial zu entdecken.

In der unten stehenden Abbildung sehen Sie sechs unregelmäßige Formen, die man zunächst als bedeutungslos ansehen könnte. Sie können jedoch Ihre Vorstellungskraft einsetzen, um diese in sinnvolle Formen zu verwandeln. Sie können die V-förmigen Formen in Ihrer Vorstellung zu einem großen Dreieck gestalten oder gegenüber der Spitze zu drei separaten weißen Dreiecken mit einer Spitze in jedem Kreis schließen. Sie haben auch die Möglichkeit, ein großes auf der Spitze stehendes

Dreieck zu bilden, oder Sie können einen sechszackigen Stern formen, indem Sie das weiße auf der Spitze stehende Dreieck mit dem durch die Vs geformten Dreieck kombinieren. Mittels Ihrer Fantasie haben Sie eine Reihe unterschiedlich geformter Dreiecke und Sterne aus scheinbar bedeutungslosen Formen gebildet.

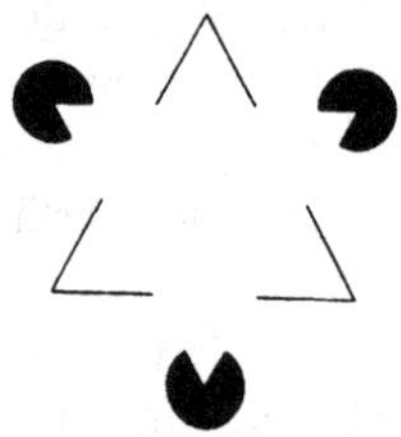

In gleicher Weise können Sie Ihre Fantasie nutzen, das latente Potenzial eines unwesentlich erscheinenden Gegenstandes zu entdecken und ihn zu etwas Neuem zu gestalten. Denken Sie zum Beispiel an den Walkman. Ingenieure der Firma Sony bemühten sich, einen kleinen, tragbaren Stereokassettenrekorder zu entwerfen, was aber fehlschlug. Am Schluss entwickelten sie einen kleines Stereokassettengerät ohne Aufnahmefunktion. Eines Tages entdeckte Masaru Ibuka, der Ehrenvorsitzende der Firma, das missratene Produkt und beschloss, es im Hinblick auf sein Potenzial zu untersuchen. Er erinnerte sich an ein völlig anderes Projekt von Sony, nämlich den Versuch eines Ingenieurs, leichte tragbare Kopfhörer zu entwickeln. „Wie wäre es", fragte er sich, „wenn man die Kopfhörer mit dem Kassettenrekorder kombiniert und die Aufnahmefunktion ganz beiseite lässt?"

Als Ibuka seinen kreativen Vorschlag unterbreitete, glaubte niemand in der Firma, dass man ein solches Produkt vermarkten könne. Doch Ibuka ließ sich nicht entmutigen und der Walkman wurde das bestverkaufte Sony-Produkt aller Zeiten – der Einstieg in die „Kopfhörerkultur".

Ein ähnliches Beispiel ist Michelangelos Meisterwerk David – das Ergebnis des fehlgeschlagenen Versuchs eines anderen Künstlers. Im Jahr 1463 erwarb die Obrigkeit der Kathedrale in

Florenz einen drei Meter hohen Marmorblock, aus dem eine Skulptur angefertigt werden sollte. Zwei bekannte Künstler arbeiteten an dem Werk, gaben auf, und der übel zugerichtete Block wurde eingelagert. Andere Bildhauer wurden geholt und gebeten, eine Statue anzufertigen. Sie weigerten sich, mit dem schlimm zugerichteten Block zu arbeiten. Vierzig Jahre später nahm Michelangelo den verunstalteten Marmorblock aus dem Lager und schuf aus ihm innerhalb von 18 Monaten den jugendlichen, mutigen David. Er nahm das, was er vorfand, und formte es zu einer der großartigsten Statuen der Welt.

Recycling

Sie können jedes Subjekt und jede Idee zu etwas anderem verarbeiten, wenn Sie etwas hinzufügen oder modifizieren. Während des Zweiten Weltkriegs arbeiteten Wissenschaftler des Strahlenlabors („Rad lab") des Massachusetts Institute of Technology an der Verbesserung des Radars. Anfang des Jahres 1944 setzten die Wissenschaftler eine neue Art Radarsystem ein, um einen Turm auf eine Entfernung von zehn Kilometern zu orten, doch als im Frühling die Luftfeuchtigkeit zunahm, funktionierte das System nicht mehr. Anstatt ihre Arbeit zu verwerfen, suchten sie nach Möglichkeiten, sie für einen anderen Zweck zu verwerten. Aus ihrer Arbeit entwickelte sich die Technologie, die schließlich zum Mikrowellenherd führte.

Klopfen Sie Ihr Subjekt oder Ihre Idee anhand der KAUFE-Checkliste auf Seite 80 auf verborgenes Potenzial zur Entwicklung eines anderen Subjekts oder einer anderen Idee ab.

Stellen Sie sich Ihr Subjekt als lebendigen, dynamischen Organismus vor, in ständigem Wandel begriffen. In der nachfolgenden Abbildung verwandelt sich das Muster von Figur 1 zu einem blumenähnlichen Muster in Figur 2. Wenn Sie das Muster in Figur 2 intensiv genug betrachten, können Sie plötzlich feststellen, dass man es als einen Stapel von drei Würfeln sehen kann; die obere Deckfläche des obersten Würfels ist mit A markiert. Genauso können Sie einen Stapel mit drei Würfeln sehen, bei dem die Deckfläche des obersten Würfels mit B markiert ist. Das Objekt verwandelt sein Muster, ohne dass ihm etwas hinzugefügt wird.

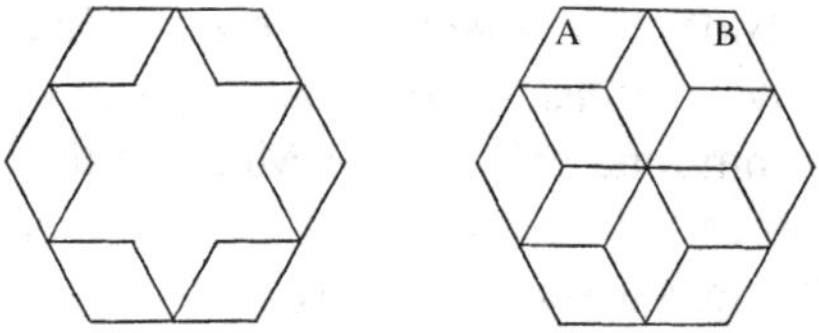

1 2

In ähnlicher Weise kann sich das verborgene Potenzial eines Gegenstandes als plötzliche Eingebung zeigen. So entwickelten im Jahr 1956 die Jacuzzi-Brüder den Whirlpool zur Behandlung von Arthritis. Sie verkauften einige Exemplare, ohne viel zu verdienen. 15 Jahre später forschte Roy Jacuzzi nach dem latenten Potenzial der Erfindung und verwandelte sie durch Veränderung des Designs in ein Luxusbad.

Sie können in jedem Subjekt schlummernde Möglichkeiten entdecken, sofern Sie es intensiv genug betrachten. Eine Firma, die Reinigungstücher für Babys herstellt, gestaltete ihre Verpackung zu einem eigenständigen Produkt um. Sind die Reinigungstücher aufgebraucht, wird die Verpackung zu einem farbenfrohen legoähnlichen Spielzeug. Die Behälter werden in vier verschiedenen Farben hergestellt und sind zusammensteckbar. Sie können auch als Vorratsbehälter verwendet werden.

Denken Sie nicht darüber nach!

Nehmen Sie sich einen Augenblick Zeit, um zu überlegen, was die unten stehende Abbildung alles darstellen könnte. Zweifellos haben Sie jede Menge spannende Interpretationen. Hätte ich statt dessen die Figur als von hinten dargestellte Putzfrau beschrieben, die auf Händen und Füßen einen Fußboden reinigt, und Sie dann gebeten, Alternativen zu notieren, wäre Ihre Liste sehr kurz und wesentlich weniger kreativ ausgefallen.

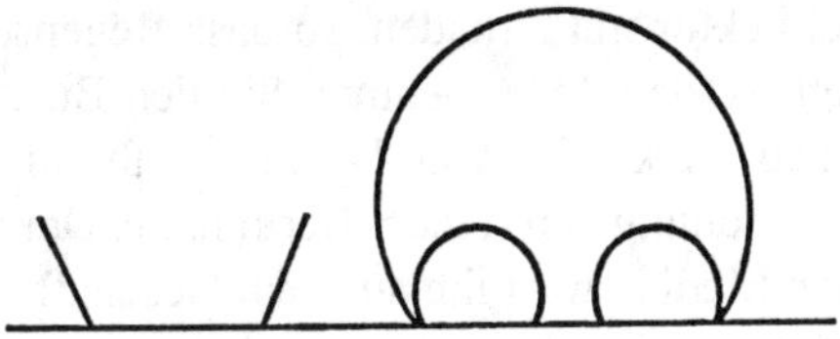

Sobald Sie den Dingen Namen gegeben und Bedeutungen zugeschrieben haben, ist es fast unmöglich, sie auf dieselbe Weise zu betrachten wie vorher, als Sie noch nicht wussten, was sie darstellen.

Sachkenntnisse auf einem bestimmten Gebiet können die Kreativität einschränken, indem sie uns auf eine spezielle Denkrichtung fixieren. So könnte unter Umständen die Fähigkeit, meisterhaft zu zeichnen, durch die Kenntnis unserer Zeichenmotive beeinträchtigt oder untergraben werden. In ihrem Buch Garantiert zeichnen lernen. Das Geheimnis der rechten Hemisphäre und die Befreiung unserer schöpferischen Gestaltungskräfte schreibt Betty Edwards, dass eine Person in der Lage sein kann, einen Gegenstand exakt zu zeichnen, wenn er auf dem Kopf stehend gehalten wird und die Person nicht erkennen kann, was sie malt. Bisweilen sehen wir den Wald vor lauter Bäumen nicht.

Wollen Sie etwas Kreatives produzieren, ein einfallsreiches Design für ein neues Auto beispielsweise, denken Sie nicht an ein Auto – zumindest nicht am Anfang. Es gibt viele Hinweise darauf, dass eine abstraktere Beschreibung eines Problems zu größerer Kreativität und innovativeren Ideen anregen kann als typische Schilderungen. Ihr Problem neu zu strukturieren, indem Sie es abstrakter darstellen, unterstützt den Abbau von Barrieren. Eine solche Neustrukturierung zwingt dazu, Vorurteile zu überprüfen und alternative Möglichkeiten zu erforschen. Nehmen wir an, Sie wollen das Design des Regenschirms verbessern.

Wenn Sie mit der abstrakteren Definition „Regenschutz“ arbeiten, werden Sie wahrscheinlich mehr Möglichkeiten ins Auge fassen, einschließlich Regenmäntel oder sogar eine neue städtebauliche Architektur mit Arkaden, so dass Regenschirme nicht mehr benötigt werden. Oder nehmen Sie den Buchhändler, der sich als reinen Verkäufer von Büchern sah, also eine sehr spezifische Vorstellung von seinem Beruf hatte. Der Trend zu den elektronischen Medien warf ihn aus dem Geschäft. Hätte er sich dagegen als Vertreiber informativer und unterhaltender Medien betrachtet – eine abstraktere Definition seines Aufgabenfeldes –, hätte eine Umstellung der Medien für ihn keine Gefahr bedeutet, sondern neue positive Möglichkeiten eröffnet.

Unser Denken gerät sehr leicht in einen Trott. Ihr Problem abstrakter zu formulieren verhilft zu einer produktiven Distanz. Anstatt sich in der Klassifizierung der Würmer und Pilze zu verlieren, stellte Darwin die abstrakte Frage: „Was ist das Leben?“

Die Richtlinien für das Abstrahieren sind folgende:

1. Verfassen Sie eine abstrakte Definition Ihres Problems. Worin besteht der grundsätzliche Charakter des Problems? Was ist sein Kern?
   Beispiel: Unser Problem ist, Designerbriefkästen in ländlichen Gegenden vor Diebstählen und Vandalismus zu schützen. Der Kern des Problems ist Schutz.
2. Suchen Sie nach verschiedenen Ideen für Schutzmöglichkeiten im Allgemeinen.
   - In einer Bank deponieren
   - Gegen Rost schützen
   - Gute Pflege
   - Versicherung abschließen
   - Verstecken
3. Wenn Sie eine Reihe verschiedener Einfälle entwickelt haben, formulieren Sie das Problem neu und etwas

weniger abstrakt. Suchen Sie wiederum nach so vielen Lösungen wie möglich.

Beispiel: Denken Sie an Möglichkeiten, Dinge zu schützen, die sich im Freien befinden.

- Eine Wache anstellen
- Ständig im Auge behalten
- Unter einer Tarnhaube verstecken
- Einzäunen
- Immer gut beleuchten

4. Sehen Sie sich jetzt das reale Problem an. Überprüfen Sie die Ideen und Lösungen, die Ihnen in Bezug auf die beiden vorhergehenden Abstraktionen eingefallen sind, und benutzen Sie sie als Anregung für die Suche nach Lösungsmöglichkeiten.

   Beispiel: Das reale Problem besteht darin, Briefkästen in ländlichen Gegenden vor Diebstahl und Vandalismus zu schützen. Der Punkt „Versicherung abschließen" führt zu der Idee, Besitzern ländlicher Briefkästen eine Versicherung anzubieten: Zehn Mark pro Jahr oder zwanzig Mark für drei Jahre versichern den Briefkasten gegen Diebstahl und Zerstörung.

Alexander Graham Bell wurde durch einen deutschsprachigen Artikel, in dem eine Erfindung beschrieben wurde, von der er dachte, sie habe die Funktion eines Telefons, zur Entwicklung des Telefons inspiriert. Nachdem er sein funktionierendes Telefon vorgestellt hatte, fand er heraus, dass er den Bericht aufgrund der Sprachbarriere falsch verstanden hatte und die deutsche Erfindung einem ganz anderen Zweck diente. Der deutsche Bericht lieferte ihm eine Anregung, die seine vorgefasste Ansicht erschütterte und ihn dazu inspirierte, in eine andere Richtung zu denken. In gleicher Weise liefern Ideen und Lösungsmöglichkeiten für abstrakte Problemstellungen Anregungen, mittels derer Sie Ihre vorgefassten Ansichten durchbrechen können.

Gruppen

Der Architekt und Designer Arthur Erickson möchte seinen Studenten helfen, vorgefasste visuelle und funktionale Vorstellungen zu vermeiden und Spielraum für Kreativität zu lassen. Wenn er beispielsweise nach einem neuen Stuhldesign sucht, bittet er seine Studenten zuerst, eine Figur zu zeichnen, die sich bewegt. Dann bittet er sie, ein Modell anzufertigen (aus Holz, Plastik, Metall oder Papier), das diese bewegte Person trägt. Zum Schluss lässt er sie das Modell als Anregung für ein neues Stuhldesign verwenden.

Im Folgenden finden Sie einige Richtlinien für Anwendung dieser Technik in der Gruppe:

1. Formulieren Sie eine abstrakte Definition des Problems. Bitten Sie die Gruppe, Lösungsmöglichkeiten und Ideen aufzulisten.
   Beispiel: Suchen Sie nach Aufbewahrungsmöglichkeiten für Dinge.
2. Verfassen Sie eine etwas weniger abstrakte Definition. Bitten Sie die Gruppe erneut, Lösungsmöglichkeiten und Ideen aufzulisten.
   Beispiel: Suchen Sie nach Möglichkeiten, Dinge zu stapeln.
3. Formulieren Sie eine noch weniger abstrakte Definition. Bitten Sie die Gruppe um Lösungsmöglichkeiten und Ideen.
   Beispiel: Suchen Sie nach Möglichkeiten, große Gegenstände zu ordnen.
4. Präsentieren Sie das reale Problem. Bitten Sie die Gruppe, sämtliche vorausgehenden Einfälle und Lösungsmöglichkeiten durchzugehen und sie als Anregung für die Suche nach Ideen und Lösungsmöglichkeiten für das reale Problem zu verwenden.
   Beispiel: Verwenden Sie nun diese Einfälle als Anregung für die Verbesserung eines Parkhauses.

Eine andere nützliche Anwendungsmöglichkeit der Abstraktionstechnik besteht darin, mit einer bestimmten Lösung oder Idee zu beginnen und sie zunehmend zu abstrahieren, indem Sie die Frage „Was ist wirklich wesentlich?“ stellen, worauf das Problem von einer höheren Abstraktionsebene aus betrachtet und neu formuliert wird. Wiederholen Sie diese Frage („Was ist wirklich wesentlich?“) zwei oder drei Mal, um das Problem aus unterschiedlichen Perspektiven zu beleuchten. Nehmen wir an, Sie bringen die Idee vor, Verpackungsmaterial zu zerkleinern, um es besser entsorgen zu können. Die Frage „Was ist wirklich wesentlich?“ beantworten Sie damit, dass es im Wesentlichen darauf ankommt, die Menge des Verpackungsmaterials zu verringern. Das bringt Sie auf die Idee, dünneres Verpackungsmaterial zu verwenden. Auf die erneute Frage „Was ist wirklich wesentlich?“ hin gelangen Sie zu der Antwort, das Wesentliche sei es, die Anzahl der Verpackungen zu reduzieren. Diese Abstraktionsebene bringt Sie dahin, an alternative Verpackungsmethoden zu denken, beispielsweise an Nachfüllbehälter.

Sind Ihre Ideen verrückt genug?

Wenn Menschen mithilfe ihrer Fantasie neue Ideen entwickeln, sind diese stark geprägt von bereits existierenden Anschauungsformen und Konzepten. Das trifft auf Wissenschaftler, Künstler, Erfinder, Politiker und Geschäftsleute gleichermaßen zu. Nehmen Sie zum Beispiel den folgenden Unfall, über den 1835 im *American Railroad Journal* berichtet wurde:

> „Als ein Zug sich dem Bahnhof Paterson näherte, löste sich eine Achse des vordersten Wagons, worauf dieser und die beiden folgenden Wagons umstürzten. Die Passagiere blieben unverletzt und kamen mit einem Schock davon. Mr. Speer, der Zugführer, ein sehr fleißiger, vernünftiger Mann, saß zum Zeitpunkt des Achsenbruchs auf dem

Wagon und wurde unglücklicherweise unter der Last zu Tode gequetscht."

Mr. Speer war das einzige Unfallopfer. Welche Faktoren trugen zu seinem vorzeitigen Tod bei? Natürlich gab es die unmittelbare Ursache – den Achsenbruch und das Umstürzen der Wagons –, aber es gab auch einen subtileren Grund. Beachten Sie, dass Mr. Speer sich nicht in, sondern auf dem Wagon befand, und dass keiner der Passiere, die sich innerhalb des Zuges befanden, verletzt wurde. Weshalb war er nicht im Zug? Was in aller Welt tat er auf dem Dach des Wagons? Speers Tod war die Folge eines fehlerhaften Designs, das die Zugführer zwang, außerhalb der Wagons zu fahren.

Dieser Fehler ist ein Beispiel für das Phänomen der so genannten vorgeprägten Vorstellungskraft. Das frühe Design der Wagons war angelehnt an die Postkutsche, das häufigste Verkehrmittel jener Zeit. Die ersten Wagons waren nicht viel mehr als Kutschen auf Schienen und hatten keinen Mittelgang zwischen den Sitzreihen, so dass die Zugführer gezwungen waren, außerhalb der Wagons auf Trittbrettern zu fahren. Zudem befanden sich die Bremsen, wie bei den Postkutschen, außerhalb des Zuges und wurden vom Zugführer bedient, der ganz vorne auf dem Wagon saß.

Erstaunlicherweise blieb selbst nach dem Tod einer Reihe von Zugführern der Widerstand stark, die Wagons so zu gestalten, dass die Zugführer sicher innerhalb des Zuges fahren konnten. Bis zum Jahr 1866 wurden der Berichterstattung des Railroad and Engineering Journals aus dem Jahr 1887 zufolge 72 Zugführer in Massachusetts, New York und Michigan allein durch das Herunterfallen von Wagons getötet.

Dies deutet darauf hin, dass selbst in hohem Maße kreative Menschen wie die Erfinder der Eisenbahn dem beschränkenden Einfluss der vorgeprägten Vorstellungskraft unterliegen. Das Design eines Zugwagons war stark geprägt von dem, was sie kannten, verstanden und womit sie am vertrautesten waren – der Postkutsche.

Es ist die spielerische Offenheit kreativer Geister, die sie in die Lage versetzt, interessante Zufallsereignisse zu sondieren. Genies tolerieren nicht vorhersagbare gedankliche Wege. Paul Cézanne, der Vater der modernen Malerei, prägte einen wunderbaren Satz, der das Paradoxon der Kombination des Beschreitens nicht vorhersagbarer gedanklicher Wege auf der einen und planvoller Strategie auf der anderen Seite zum Ausdruck bringt. Er bezeichnete die kreative Aktivität als „einen Fund machen".

Sie können aktiv nach zufälligen Funden suchen, indem Sie bewusst das Merkwürdige und Ungewöhnliche erkunden und auf diese Weise eine Kette von Geschehnissen auslösen, die sich anderenfalls nicht ereignet hätten. Im Folgenden finden Sie eine Technik, die Ihnen dabei hilft, das Merkwürdige und Ungewöhnliche zu suchen:

1. Listen Sie absurde oder verrückte Ideen im Zusammenhang mit Ihrem Problem auf – je bizarrer, desto besser.
   Problem: Eine Firma, die Grußkarten herstellt, sucht nach neuen Produkten und Absatzmärkten.
   Absurde Ideen:
   - Schicken Sie Grußkarten an verstorbene Menschen.
   - Versenden Sie schwere Steine als Grußkarten.
   - Verschicken Sie Karten per Nachnahme.
   - Senden Sie jemandem Geld mit der Nachricht: „Gehen Sie los und kaufen Sie sich Ihre eigene Grußkarte."
   - Verschicken Sie eine Spinne.
2. Wählen Sie eine der absurden Ideen aus.
   Absurde Idee: Schicken Sie Grußkarten an tote Menschen.
3. Kristallisieren Sie das Prinzip heraus. Was ist der Kern der absurden Idee?
   Prinzip: Mit den Toten kommunizieren.

4. Erstellen Sie eine Liste der charakteristischen Merkmale und Aspekte der absurden Idee.
   Merkmale/Aspekte:
   - Menschen kommunizieren in spiritistischen Sitzungen mit Verstorbenen.
   - Menschen bringen Blumen auf den Friedhof.
   - Menschen hinterlassen Gedichte, Briefe und andere Dinge am Grab.
   - Menschen setzen persönliche Gedichte, Nachrichten etc. für den Verstorbenen in Zeitungen.
   - Menschen beten für die Toten.
5. Konstruktive Umsetzung. Das Prinzip oder eines der charakteristischen Merkmale herauskristallisieren und daraus eine praktische Idee entwickeln.
   Beispiel: „Objekte auf dem Friedhof hinterlassen."
   Konstruktive Umsetzung zu einer Idee: Die Firma, die die Grußkarten herstellte, hatte den Einfall, Gedenkkarten auf „Stelzen" zu produzieren, die man auf dem Grab in die Erde stecken kann. Die „Stelzen-Karten" werden in friedhofsnahen Blumengeschäften verkauft.

Wenn Sie sich auf einen kleinen interessanten Aspekt einer bizarren Idee konzentrieren, enthält dieser kleine Aspekt ausreichend Informationen, um daraus eine neue Idee zu entwickeln. In unserem Beispiel enthielt der Gesichtspunkt „Dinge auf dem Friedhof hinterlassen" genügend Informationen für die Entwicklung einer neuen Produktserie.

Häufiger liegt die Gefahr nicht in einer übersteigerten Konzentration auf eine Idee, sondern darin, dass man alternative Perspektiven ignoriert, weil einem der Blick von der dominierenden Idee verstellt wird. Die Geschichte von der springenden Spinne demonstriert dies auf makabre Art und Weise. Ein Schüler hatte eine interessante Theorie: Er behauptete, Spinnen könnten mit ihren Beinen hören, und er könne das beweisen.

Er setzte die Spinne in die Mitte des Tisches und sagte: „Spring!“ Die Spinne sprang. Der Junge wiederholte die Vorstellung. Dann schnitt er die Beine der Spinne ab und setzte sie in die Mitte des Tisches zurück. Wieder sagte er: „Spring!“ Aber diesmal blieb die Spinne liegen. „Seht ihr“, sagte der Junge, „ihr schneidet einer Spinne die Beine ab und sie wird stocktaub.“

Viele Menschen kennen Beispiele aus ihrer persönlichen Erfahrung, bei denen sie, von ihrer persönlichen Theorie beherrscht, gar nicht auf die Idee kamen, Resultate auf andere Art und Weise zu betrachten. Dies geschieht in der Medizin immer dann, wenn ein Arzt, der der Krankheit eines Patienten mit einer vorgefassten persönlichen Ansicht begegnet, sich nach Kräften bemüht, die Symptome in ein bestimmtes diagnostisches Schema einzupassen, und dann ein anderer Arzt kommt und mit unverstelltem Blick auf die Gesamtsymptomatik eine andere und bessere Diagnose stellt.

Gruppen

Wenn Sie diese Denkstrategie in einer großen Gruppe anwenden, teilen Sie die Gruppe zuerst in vier Teams auf. Handelt es sich um eine kleine Gruppe, können Sie die Technik leicht modifizieren, insbesondere wenn die Gruppe nur aus vier Personen besteht. Lassen Sie in diesem Fall einfach jeden der Teilnehmer eine Idee in eines der Felder schreiben. Wenn die Gruppe aus mehr als vier Personen besteht, lassen Sie sie die Felder gemeinsam benutzen.

1. Jede Gruppe bekommt ein Blatt Papier, das in vier Felder (A bis D) aufgeteilt ist:

A	B
C	D

2. Jede Gruppe schreibt eine absurde, verrückte oder fantastische Idee in Feld A. Spornen Sie sie an, nach möglichst verrückten Einfällen zu suchen. Wenn jede Gruppe Feld A fertig ausgefüllt hat, werden die Blätter an eine andere Gruppe weitergegeben.
3. Diese Gruppe prüft die erste Idee in Feld A und arbeitet sie zu einer etwas realistischeren, praktikableren Idee aus. Die Gruppe schreibt diese Idee in Feld B und gibt das Blatt wiederum weiter.
4. Die nächste Gruppe arbeitet sowohl mit den Informationen in Feld A als auch mit denen in Feld B und versucht, eine noch realistischere Idee zu entwickeln. Die Gruppe schreibt die Idee in Feld C und reicht das Blatt an die letzte Gruppe weiter.
5. Nach dreimaligem Weiterreichen verbleibt das Blatt bei der letzten Gruppe, die nun die Informationen sämtlicher Felder verwendet, um eine abschließende Idee zu erarbeiten, und diese in Feld D einträgt. Die abschließenden Ideen werden dann der ganzen Gruppe präsentiert.

   Beispiel: Ein Autohersteller führte ein Brainstorming zur Steigerung seiner Umsatzzahlen durch. Das erste

Team trug „Jeden potenziellen Kunden heiraten" in Feld A ein. Das nächste Team schrieb „Grußkarten zu speziellen Anlässen, zum Beispiel Geburtstags-, Weihnachts- und Neujahrskarten, verschicken" in Feld B. Das dritte Team trug „Ehepaaren zum Hochzeitstag eine Blume mit einem speziellen Rabattangebot schicken" in Feld C ein. Die abschließend präsentierte Idee war, den Kofferraum jedes neu verkauften Autos mit Blumen zu füllen und es persönlich abzuliefern. Wenn der neue Besitzer den Kofferraum öffnet, ist er überwältigt und erzählt die Überraschung Freunden und Verwandten weiter.

Das Spiel mit unzusammenhängenden Ideen

Wissenschaftler haben entdeckt, dass die Aufmerksamkeit von Versuchspersonen wächst, wenn man ihnen widersprüchliche oder unstimmige Informationen vermittelt. Sie schlossen daraus, dass diese Art von Widerstreit die Kreativität anregen kann. Im Folgenden finden Sie ein Spiel, das den Zweck verfolgt, durch die Verwendung unzusammenhängender Ideen die Aufmerksamkeit Ihrer Gruppe zu schärfen. Die Richtlinien sind folgende:

1. Der Gruppenleiter bildet zwei kleine Gruppen.
2. Die Beschreibung des Problems wird für alle Teilnehmer gut sichtbar notiert und vom Gruppenleiter laut vorgelesen.
   Beispiel: Wie erhöhen wir die Produktivität der Firmenbelegschaft?
3. Das Spiel beginnt, indem man ein Mitglied der ersten Gruppe auffordert, eine Idee vorzuschlagen, die mit dem Problem nicht in Zusammenhang steht.
   Beispiel: Jemand könnte vorschlagen, dass die Firma jedem Angestellten zwei Millionen Mark geben soll.
4. Der Gruppenleiter teilt der zweiten Gruppe mit, dass sie drei Minuten Zeit hat, diese vorgeschlagene Idee zu

einer praktikablen Lösung für das ursprüngliche Problem auszuarbeiten.

Beispiel: Eine Lotterie. Beschaffen Sie eine Rolle nummerierter Karten. Immer wenn ein Angestellter einen besonderen Vorschlag zur Steigerung der Produktivität einbringt, belohnen Sie ihn mit einer Karte. Am Ende des Monats lesen Sie die Vorschläge auf den Karten durch und ziehen eine Nummer aus einem Behälter. Der Besitzer der Gewinnerkarte bekommt einen Preis. Wenn es keinen Gewinner gibt, den Preis im folgenden Monat verdoppeln.

5. Der Gruppenleiter beurteilt die Idee. Die zweite Gruppe erhält einen Punkt, wenn die Lösung vom Gruppenleiter für praktikabel und erfolgreich befunden wurde. Wird die Lösung als erfolglos beurteilt, bekommt die erste Gruppe einen Punkt.
6. Der Gruppenleiter notiert alle vorgeschlagenen Lösungen.
7. Die Gruppen tauschen die Rollen – die zweite Gruppe schlägt eine Idee vor, die mit dem Problem nichts zu tun hat, und die erste Gruppe entwickelt daraus eine praktikable Idee. Die Lösungen werden beurteilt. Die Gruppen tauschen so lange immer wieder die Rollen, bis das Spiel vorbei ist.
8. Nach 30 bis 45 Minuten wird das Spiel beendet und die Gruppe mit den meisten Punkten zum Sieger erklärt.
9. Zum Schluss lässt der Gruppenleiter die Gruppe sämtliche vorgeschlagenen Lösungen eingehend diskutieren, um festzustellen, welche am wertvollsten sind.

Wir haben die Angewohnheit, uns auf auf ein Problem zu konzentrieren und dabei alle anderen Dinge auszuklammern. Die ausschließliche Konzentration auf das Problem verstärkt unflexible Betrachtungsweisen. Der äußere Einfluss durch Ideen, die mit dem Problem nichts zu tun haben, durchbricht diese Konzentration und eröffnet neue Betrachtungsmöglichkeiten.

Fantasie

Eine andere Form eines äußeren Einflusses ist das Fantasieren über Ihr Subjekt. Das dynamische Prinzip der Fantasie ist das Spiel, das zur Welt der Kinder gehört und zum Prinzip ernsthafter Arbeit im scheinbaren Widerspruch steht. Der Psychologe Carl Jung bemerkte jedoch, dass ohne das Spiel mit der Fantasie noch nie ein kreatives Werk geschaffen wurde. Es ist kein Zufall, dass geniale Menschen kindliches Vergnügen am Malen, Komponieren oder an der Suche nach einer umfassenden Theorie des Universums haben. Kreative Genies kehren oft zur begrifflichen Welt der Kindheit zurück und kombinieren fortschrittliche Einsichten mit der Empfindsamkeit eines staunenden Kindes. Weil Einstein im Stande war, über Raum und Zeit zu fantasieren, konnte er bei seiner Suche nach neuen Möglichkeiten, das Universum zu begreifen, sein kindliches Staunen mit seiner wissenschaftlichen Fachkenntnis kombinieren.

Der Generaldirektor einer Lebensmittelfirma für Fertigprodukte war mit seinen Erzeugnissen unzufrieden. Er bat seine Ingenieure und Chemiker, Fantasievorstellungen von Produkten zu entwickeln, die sich zum gegenwärtigen Zeitpunkt nicht herstellen ließen, die jedoch die Nahrungsmittelindustrie für immer revolutionieren würden. Einer ihrer „unmöglichen" Einfälle war eine „Food-Maschine", in die man einfach die Zutaten einfüllte (Weizen, Soja, Mehl, etc.) und die einen dann mit jeder nur vorstellbaren Mahlzeit versorgte. Man wählte das Programm „Eier und Speck" oder „Truthahnbraten mit Beilagen für zehn Personen" oder nach was auch immer den Gaumen gelüstete, und die Maschine bereitete es prompt zu. Dann bat der Direktor seine Leute, nach praktikablen Ideen und Produktionsmöglichkeiten zu suchen, die sich dieser „Unmöglichkeit" so weit wie möglich annäherten. Die Chemiker fanden heraus, dass es einige Nahrungsmittel gab, wie zum Beispiel Brot und Nudeln, die heutzutage maschinell hergestellt werden können. Diese Erkenntnis führte zur Entwicklung der Brotbackmaschine für den Haushalt.

Fantasievolle Briefumschläge

Nachfolgend wird ein Spiel beschrieben, bei dem Gruppen über Lösungsmöglichkeiten, Hilfsquellen und „Superkräfte“ fantasieren. Die Regeln sind folgende:

1. Die Gruppe in drei Teams aufteilen. Jedes Team erhält einen Umschlag mit einer der unten stehenden Fragen. Team A bekommt Frage 1, Team B Frage 2 und Team C Frage 3.
   Frage 1: „Was lässt sich heute nicht realisieren, würde aber das Wesen des Problems für alle Zeiten ändern, wäre eine Verwirklichung möglich?"
   Frage 2: „Was würde ich tun, wenn mir alle Ressourcen der Welt zur Lösung dieses Problems zur Verfügung stünden (Geld, Personal, Zeit, Arbeitsmittel etc.)?"
   Frage 3: „Wie würde ich dieses Problem anpacken, wenn ich ein Superheld mit übernatürlichen Kräften wäre und alles schaffen könnte, was ich mir wünsche?"
2. Jedes Team schreibt eine Idee oder Lösungsmöglichkeit auf die Außenseite eines Umschlags. Dann werden die Umschläge an ein anderes Team weitergegeben. Dieses Team beschreibt eine sofortige, spezifische Aktion, die in der heutigen Zeit unternommen werden kann, um sich der notierten Idee oder Lösungsmöglichkeit anzunähern. Diese Aktion auf eine Karte notieren und in den Umschlag stecken. Die Umschläge von einem Team zum nächsten weiterreichen, bis alle Teams Gelegenheit hatten, ihre Ideen, Lösungsvorschläge, Aktionen beizutragen. Jedes Team erarbeitet eine bestimmte Aktion für jeden Umschlag, ohne nachzusehen, was die anderen geschrieben haben. Zum Schluss alle Ideen und Lösungsvorschläge diskutieren und auswerten.

Fantasievorstellungen über Objekte zu entwickeln, die noch nicht existieren, reißt uns aus unseren herkömmlichen Wahrnehmungsmustern heraus, so dass wir zu neuen Ideen „aufbrechen“ können. Entwickeln Sie ruhig auch Fantasievorstellungen über Dinge, die unserer derzeitigen Erfahrung nach „niemals“ existieren können.

„Gekreuzte" Subjekte

Eine Methode, „unmögliche“ Subjekte zu kreieren, besteht darin, zwei Subjekte aus sehr unterschiedlichen Bereichen zu „kreuzen“. Diese individuelle Neuschöpfung spornt an, Beziehungen und plausible Rahmenbedingungen herzustellen, um die Identität dieser „unmöglichen“ Kreation zum Ausdruck zu bringen. Die Richtlinien sind folgende:

1. „Kreuzen" Sie Ihr Subjekt mit einem Subjekt, das einer anderen „Welt" angehört. Was geschieht, wenn Sie X mit Y „kreuzen"? Was passiert, wenn Sie Ihren Chef mit einer Orange „kreuzen"? Oder Ihr Restaurant mit einem Wasserbüffel? Nehmen wir an, Sie wollen das Ausbildungsprogramm für Ihre Angestellten verbessern. Überlegen Sie sich, was geschieht, wenn Sie folgende „Kreuzungen" vornehmen:
   - Den Auszubildenden mit eingelegtem Gemüse
   - Den Auszubildenden mit einer Tür
   - Den Auszubildenden mit einem Cowboy
   - Den Auszubildenden mit einer Wassermelone
   - Den Auszubildenden mit einem Pferd
   - Den Auszubildenden mit einem Pendler
2. Fertigen Sie eine Zeichnung dieser Kreatur an. Bedenken Sie Folgendes:
   - In welcher Beziehung steht sie zu ihrer Umgebung?
   - Wer ist wichtig in ihrem Leben?
   - Was ist wichtig in ihrem Leben?
   - Was stellt die größte Herausforderung für sie dar?
   - Wodurch zeichnet sie sich besonders aus?

- Hätte sie ein bestimmtes Problem – welches wäre das?
- Welche Einstellung hat sie Ihnen gegenüber?

3. Schreiben Sie eine kurze, aus zwei oder drei Abschnitten bestehende Geschichte über Ihre Kreatur. Wenn es Ihnen lieber ist, können Sie sich auch auf ein grobes Konzept beschränken.
4. Drei charakteristische Stärken der Kreatur nennen.
5. Drei ihrer typischen Schwächen aufzählen.
6. Können Sie Ideen aus diesen Stärken ableiten?
7. Denken Sie über die Schwächen nach. Überlegen Sie sich, wodurch eine dieser Schwächen vermindert werden kann. Übertragen Sie diesen Einfall auf das Problem.
8. Rufen Sie sich Ihr Problem wieder ins Gedächtnis zurück.
9. Lesen Sie Ihre Geschichte noch einmal durch.
10. Einige Bilder oder Gedanken aus Ihrer Geschichte werden Sie auf neue Ideen in Bezug auf Ihr Problem bringen.

Der Inhaber eines chinesischen Restaurants „kreuzte" ein Restaurant mit einer Katze. Eine der Stärken dieser Kreatur lag in ihrer Fähigkeit, zu den Gästen gehen zu können. Daraus entstand der Einfall, sein Personal an den Bahnhof zu schicken und Speisekarten an die Pendler austeilen zu lassen.

Das Glück bevorzugt den Vorbereiteten

Als Alexander Fleming 1928 tödliche Bakterien erforschte und den Deckel über seiner angelegten Kultur lüftete, stellte er fest, dass sich Schimmel auf der Kultur gebildet hatte. Fleming bemerkte, dass in dem an den Schimmel angrenzenden Bereich die Bakterien verschwunden waren. Er arbeitete mit dem Schimmel und testete ihn an Versuchstieren. Das Ergebnis war die

Erfindung des Penizillins, das Millionen von Leben rettete. Fleming schrieb seine Entdeckung einem großen Glücksfall zu. Dabei hatten ihn Jahre sorgfältiger Forschung und Beobachtung darauf vorbereitet, den glücklichen Zufall überhaupt zu bemerken. Ein weniger gut vorbereiteter Wissenschaftler hätte die zufällig verschimmelte Kultur weggeworfen.

In gewisser Hinsicht fußt der kreative Prozess auf dem Vorwissen und den bisherigen Erfahrungen einer Person, auf ihrer Aufgeschlossenheit für kreative Ideen, die eine kreative Lösung beeinflussen. Ein Beispiel ist Ray Kroc, der sein ganzes Leben damit zugebracht hatte, auf die richtige Geschäftsgelegenheit zu warten. Er verkaufte gerade Mixer für Milchshakes, als er zufällig auf einen kleinen Hamburgerstand stieß, der Dick und Maurice McDonald gehörte. Die McDonalds hatten den Hamburgerstand einfach und ökonomisch gestaltet und ein florierendes Geschäft aufgebaut. Kroc bemerkte sofort, dass die McDonalds, ohne es zu merken, das Fastfood-Konzept entdeckt hatten. Er gründete eine Gesellschaft, die Lizenzen für das Konzept vergab, und wurde innerhalb weniger Jahre zu einem der reichsten Männer Amerikas. Gewiss hatten vorher tausende Unternehmer bei dem Hamburgerstand Halt gemacht, die nicht darauf vorbereitet waren, das umwerfende Potenzial des Fastfood-Konzepts der Brüder McDonald zu erkennen.

Manchmal tritt das Glück auffällig, dann wieder versteckter in unser Leben. Über je mehr Informationen Sie verfügen, desto größer sind Ihre Chancen, dass Sie glückliche Zufälle erkennen und beim Schopf packen. Im Folgenden finden Sie einige Techniken, die Ihnen helfen, viel versprechende Hinweise in demografischen, sozialen, technologischen oder ökonomischen Gegebenheiten oder Trends zu erkennen:

Schlagzeilen guter Gelegenheiten

Versuchen Sie, durch Brainstorming möglichst viele interessante demografische, soziale, technologische oder ökonomische Gegebenheiten oder Trends zu finden. Schreiben Sie sie auf Karten – je eine Gegebenheit bzw. einen Trend pro Karte. Dann reihen Sie die Karten zu Schlagzeilen aneinander, die wiedergeben, was sich in Ihrer persönlichen Situation ereignen wird, könnte oder sollte. So lässt sich beispielsweise aus den vier Trends „steigende Verwendung von Kreditkarten", „Anstieg des Wertes von Markenartikeln", „wachsende Zahl von Internetnutzern" und „Technologien als Mittel zur Marktsegmentierung" die folgende Schlagzeile bilden: „Es ist möglich, Einzelhändler zu umgehen und Markenartikel über das Internet zu verkaufen." Wenn Sie etwa zehn Schlagzeilen verfasst haben, überprüfen Sie die Auswirkungen aller möglichen Entwicklungen und werfen einen genauen Blick auf Möglichkeiten und Vorteile, über die Sie verfügen oder die Sie noch entwickeln müssen, um die vorhandenen Chancen zu nutzen.

Zufällige Anordnungen

Igor Strawinski, einer der großen Komponisten des 20. Jahrhunderts, ließ sich in seiner Arbeit bewusst von zufälligen Notenanordnungen inspirieren. Um eine zufällige Anordnung von Fakten und Trends zu erstellen, schreiben Sie diese wiederum auf Karten – jeweils einen Fakt oder Trend pro Karte. Fertigen Sie möglichst viele Karten an. Mischen, drei oder vier beliebige Karten ziehen und mit der beschrifteten Seite nach unten hinlegen. Drehen Sie die Karten dann um und entwickeln Sie eine neue Idee aus der Anordnung der Fakten bzw. Trends. Falls nötig, etwaige Lücken füllen oder Karten umgruppieren, bis Ihnen eine bestimmte Anordnung wesentlich oder anregend erscheint.

Gruppen

Geben Sie jedem Teilnehmer sechs leere Karten. Bitten Sie ihn, jeweils einen interessanten Umstand, Trend oder eine viel versprechende zukünftige Möglichkeit in Bezug auf Ihr Subjekt (Firma, Absatzmarkt, neue Absatzmärkte etc.) auf jede Karte zu schreiben. Nach ungefähr fünf Minuten sammeln Sie die Karten ein und mischen sie. Als Nächstes verfahren Sie folgendermaßen:

1. Geben Sie jedem Teilnehmer drei beliebige Karten; darauf achten, dass niemand seine eigenen Karten bekommt. Bitten Sie die Teilnehmer, die Karten in der Reihenfolge ihrer persönlichen Interessen anzuordnen. Währenddessen die übrigen Karten auf einem großen Tisch ausbreiten.
2. Bitten Sie die Teilnehmer, Karten, die ihnen unsympathisch sind, gegen die auf dem Tisch ausgelegten auszutauschen. Geben Sie ihnen dafür einige Minuten Zeit.
3. Bitten Sie die Teilnehmer, ihre Karten untereinander auszutauschen. Jeder Teilnehmer kann beliebig viele Karten austauschen, das Minimum ist eine Karte.
4. Bitten Sie die Teilnehmer, untereinander über ihre Karten zu diskutieren und Teams zu bilden. Es gibt keine Beschränkung für die Mitgliederzahl eines Teams, kein Team darf jedoch mehr als drei Karten behalten.
5. Instruieren Sie jedes Team, aus den drei Karten eine für Ihre Firma nützliche Idee zu entwickeln.

Strategie neun: Den Gemeinschaftsgeist wecken

Im Rahmen seiner Recherchen über die Lebensläufe Einsteins, Heisenbergs, Paulis und Bohrs machte der Physiker David Bohm eine bemerkenswerte Entdeckung. Er stellte fest, dass sich viele ihrer bahnbrechenden Entdeckungen aus Unterhaltungen entwickelt hatten. Ihm fiel auf, dass sich Einstein und seine Kollegen jahrelang trafen, um sich auszutauschen und über Ideen zu sprechen, die später zur Grundlage der modernen Physik wurden. Sie diskutierten, ohne zu versuchen, dem anderen die eigene Meinung aufzudrängen oder gar zu streiten. Völlig ungezwungen brachten sie die Vorschläge zum Ausdruck, die ihnen durch den Kopf gingen. Sie brachten der Sichtweise des anderen stets Aufmerksamkeit entgegen und bauten eine enge Beziehung zueinander auf.

Andere Wissenschaftler ihrer Zeit hingegen verschwendeten ihre Karriere damit, sich über unwichtige Nuancen ihrer Standpunkte in den Haaren zu liegen. Sie misstrauten ihren Kollegen, legten ihre Schwächen bloß und sprachen ungern offen über ihre Arbeit. Die Mehrzahl der Wissenschaftler der damaligen Zeit lebte in einer Atmosphäre von Argwohn, Angst und Anpassung.

Der Geist von „Koinonia"

Einstein und sein Kreis demonstrierten das fantastische Potenzial kollektiven Denkens. Die Vorstellung, dass sich durch offene, ehrliche Kooperation das Denken zu einem kollektiven Phänomen entwickelt, lässt sich bis zu Sokrates und anderen Denkern des alten Griechenland zurückverfolgen. Sokrates und seine Freunde schätzten das Konzept des Gruppendialogs so hoch ein, dass sie sich selbst bestimmten Diskussionsregeln verpflichteten, um einen kollegialen Geist zu pflegen. Diese Regeln waren als

„Koinonia“ bekannt, was „Gemeinschaftsgeist“ bedeutet. Folgende Diskussionsregeln stellten sie auf:

- **Dialog aufbauen.** Im Griechischen hat das Wort „Dialog“ die Bedeutung „durchsprechen“. Die Griechen waren der Ansicht, dass der Schlüssel zum Aufbau eines Dialogs im Austausch von Ideen liegt, ohne dass man versucht, die Meinung des Gesprächspartners zu beeinflussen. Das ist nicht dasselbe wie eine Diskussion – ein Begriff, der aus der lateinischen Wurzel „in Stücke schlagen“ abgeleitet ist. Die Grundregeln eines Dialogs waren für die Griechen „nicht streiten“, „nicht unterbrechen“ und „sorgfältig zuhören“.
- **Klarheit in das Denken bringen.** Um Klarheit in Ihren Denkprozess zu bringen, müssen Sie alle nicht überprüften, vorgefassten Meinungen daraus verbannen. Der freie Gedankenfluss wird blockiert, wenn Sie sich Ihrer vorgefassten Meinungen oder des Umstandes, dass unsere Gedanken und Ansichten auf vorgefassten Meinungen beruhen, nicht bewusst sind. Überprüfen Sie sich auf vorgefasste Ansichten und versuchen Sie, einen unvoreingenommenen Blickwinkel einzunehmen.
- **Aufrichtig sein.** Sprechen Sie aus, was Sie denken, auch dann, wenn Ihre Gedanken kontrovers sind.

„Koinonia“ ermöglicht den Zugriff auf einen größeren gemeinsamen „Gedankenpool“, zu dem man als Einzelner keinen Zugang hat. Eine neue Geisteshaltung entsteht, die auf der Entwicklung kollektiver Gedanken beruht. Menschen stehen sich nicht mehr opponierend gegenüber. Alle schöpfen aus einem gemeinsamen „Gedankenpool“, der sich fortlaufend entwickelt und verändert.

Die Vorstellung, dass die kollektive Intelligenz einer Gruppe größer ist als die Intelligenz eines Individuums, lässt sich bis in vorgeschichtliche Zeiten zurückverfolgen, in denen Gruppen von Jägern und Sammlern sich trafen, um zu diskutieren und gemeinsam Probleme zu lösen. Die Schwierigkeit liegt in der Bereitschaft der Gruppe, sich zu disziplinieren, in offener und produktiver Weise gemeinsam nach Ideen zu suchen. Alex Osborn, Werbemanager aus Buffalo, New York, erkannte dies und gestaltete Brainstorming 1941 zu einer systematischen Strategie für die Entwicklung von Ideen in einer Gruppe.

Osborns Idee bestand darin, eine zwanglose Umgebung zu schaffen, die das Entstehen innovativer Ideen und Gedanken förderte. Ein Problem wird im Rahmen einer nicht zu großen Gruppe diskutiert. Die Ideen werden von den Teilnehmern einzeln vorgetragen. Ein Teilnehmer notiert die Ideen und Lösungsvorschläge auf einer Flipchart oder Tafel. Alle halten ihr Urteil zurück. Nach dem Brainstorming werden die Ideen und Lösungsvorschläge durchgesehen und bewertet. Die Gruppe einigt sich auf eine abschließende Lösung.

Die unten stehende Abbildung zeigt zwei gleich große Kreise. Kreis A repräsentiert die kreativen Energien (schwarze Pfeile) einer Gruppe, die in zwangloser Atmosphäre ein Brainstorming durchführt. Kreis B stellt die kreativen Energien dar, die in einer Umgebung, in der Druck herrscht, freigesetzt werden. In Kreis A wird der Fluss des kreativen Denkens entfesselt und expandiert, während er in Kreis B beschnitten und begrenzt wird. Der einengende Charakter der Energien in Kreis B lässt den Kreis sogar kleiner erscheinen als er tatsächlich ist.

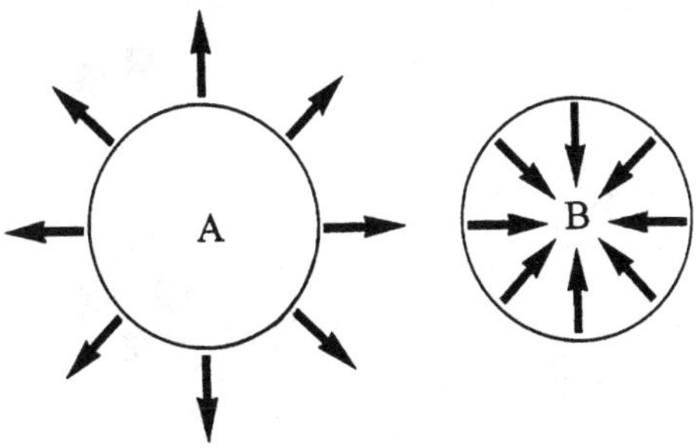

Im Folgenden werden einige Aspekte vorgestellt, die den Gemeinschaftsgeist in Ihren Brainstorming-Sitzungen stärken können.

Teilnehmer

Jonas Salk, der Erfinder des Polio-Impfstoffs, machte es sich zu einer festen Gewohnheit, Männer und Frauen aus sehr unterschiedlichen Fachgebieten zu Gruppensitzungen zu versammeln. Er merkte, dass diese Praxis ihm half, auf neue Ideen zu kommen, die Leuten, die demselben Fachbereich angehörten, nicht eingefallen wären.

Die ideale Brainstorming-Gruppe sollte bunt gemischt sein – Experten, Laien und Angehörige unterschiedlicher Fachbereiche innerhalb des Unternehmens. Eine Marketinggruppe könnte beispielsweise einen Kunden, jemanden aus der Produktionsabteilung, einen Ingenieur und einen Empfangschef zu ihrer Sitzung einladen.

Kollegialität

Die Teilnehmer müssen einander als gleichwertige Kollegen ansehen, auch wenn sie nichts miteinander gemein haben. Wenn Sie die Punkte in der folgenden Abbildung betrachten, wird Ihre Aufmerksamkeit auf den einzelnen Punkt gezogen, der sich ein Stück weit von der Punktegruppe entfernt befindet.

In gleicher Weise wird ein Teilnehmer, der sich nicht als gleichberechtigtes Mitglied der Brainstorming-Gruppe fühlt, bewusst oder unbewusst zum Konzentrationspunkt der Sitzung werden und die Kreativität der Gruppe bremsen.

Schon die Bereitschaft, sich gegenseitig bewusst als gleichgestellte Kollegen zu betrachten, fördert eine kollegiale Zusammenarbeit. Jede Kontrolle ausübende Autoritätsperson, ganz gleich, wie zurückhaltend sie auftritt, hemmt den freien Gedankenfluss. Ein Teilnehmer, der es gewohnt ist, seine Ansichten durchzusetzen, weil er der Älteste ist, muss sich von diesem Privileg verabschieden. Ein Teilnehmer, der Ideen gewöhnlich für sich behält, weil er jünger ist, muss diese auf Sicherheit bedachte Position aufgeben.

Mutmaßungen zurückstellen

Die Schwierigkeiten effektiven Zusammenarbeitens zeigen von Howard Gruber und seinen Kollegen an der Universität Genf durchgeführte Experimente auf. Bei einem Experiment schauten zwei Versuchspersonen in einen Kasten und sahen den Schatten, den ein ihnen nicht bekannter Gegenstand warf. Aufgrund ihrer unterschiedlichen Blickwinkel sah jeder eine andere Schattenform. Stellte man beispielsweise einen Kegel in den Kasten, sah der eine Betrachter einen Kreis, der andere ein Dreieck.

Ziel war, die Versuchspersonen dazu anzuregen, wie zwei Astronomen zusammenzuarbeiten, die ihren Blick von unterschiedlichen Positionen aus auf den Himmel richten. Sie sollten den Umstand respektieren, dass einer den Weltraum von diesem, der andere von jenem Standpunkt aus sah, und sich diesen zu Nutze machen, um gemeinsam zu einer Vorstellung des Weltalls gelangen, die auf einer vernünftigeren Grundlage basierte, als sie es getan hätte, wenn beide für sich allein gearbeitet hätten.

Doch das Gegenteil trat ein. Jeder Betrachter nahm an, seine Sichtweise sei die richtige und die andere Person offensichtlich verwirrt, blind oder verrückt. „Wie können Sie ein Dreieck sehen? Ich sehe einen Kreis." Dies war bei hochintelligenten, gebildeten Erwachsenen der Fall. Die Mutmaßungen der Betrachter erschwerten die Zusammenarbeit selbst in Bezug auf einen einfachen Gegenstand.

Um Ideen fair zu bewerten, muss sich die Gruppe von allen vorgefassten Meinungen und Mutmaßungen freimachen. Die Trennung von Mutmaßungen macht es möglich, neue Ideen unvoreingenommen zu betrachten.

Urteile aufschieben

In einem Atommeiler wird eine Explosion durch Kadmiumstäbe zum Einfangen der herumfliegenden Partikel verhindert. Auf diese Weise wird die Energieproduktion im Meiler kontrolliert. Sind es zu viele Stäbe, kommt die Kettenreaktion zum Stillstand und der Meiler kann keine Energie mehr produzieren. Menschen, die neue Ideen nicht begrüßen, sind wie diese Stäbe. Gibt es in einer Gruppe zu viele von ihnen, wird die Entfaltung schöpferischer Energie unmöglich. Bitten Sie alle Teilnehmer, jegliche kritischen Äußerungen und Urteile aufzuschieben, bis die Phase der Ideenentwicklung abgeschlossen ist. Immer wenn ein Teilnehmer sagt „Ja, aber…", bitten Sie ihn, die Formulierung in „Ja, und…" umzuwandeln und dort fortzufahren, wo der letzte Sprecher zu reden aufhörte. Diese einfache Verwandlung vom Negativen ins Positive trägt dazu bei, die psychologische Haltung der gesamten Gruppe zu verändern.

Umgebung

Halten Sie Ihre Sessions in einer risikofreien Zone ab, in der die Teilnehmer ihre Gedanken frei äußern können, ohne sich fürchten zu müssen, kritisiert oder ausgelacht zu werden. Ermutigen Sie die Teilnehmer, zu sagen, was sie denken, auch wenn ihre Gedanken radikal oder kontrovers sind.

Spielen Sie klassische Musik, während die Teilnehmer denken. Musik kann ein wirkungsvoller Katalysator des kreativen

Prozesses sein. Sie bringt Menschen in eine friedliche, gelassene Stimmung, die das Nachdenken erleichert.

Gestalten Sie die Umgebung visuell anregend, indem Sie Bilder und Diagramme, die für das Thema Bedeutung haben, im Raum verteilen. Nehmen wir beispielsweise an, Sie wollten ein Auto für Aufsteigerfamilien entwerfen. Sie könnten zunächst eine Pinnwand mit Fotos und Zeichnungen anfertigen, die sich über eine ganze Wand erstreckt. Wählen Sie Bilder, die auf Fragen wie „In welcher Art von Häusern leben diese Käufer?“, „Welche Uhren kaufen sie?“, „Wo verbringen sie ihre Ferien?“, „Welche Bilder hängen sie an ihre Wände?“ antworten. Mischen Sie Ihre eigenen Ideenentwürfe darunter. Während die Bildersammlung wächst, entwickelt sich allmählich ein Verständnis davon, wer dieses Auto kaufen wird und was dieser Käufergruppe gefallen könnte.

Verspieltheit

Eine spielerische, humorvolle Atmosphäre trägt viel zur Kreativität bei. Verspieltheit löst Spannungen. Deshalb verliert eine Gruppe in verspielter Stimmung ihre Hemmungen, ungleiche Konzepte und Ideen zu kombinieren und nach verborgenen Ähnlichkeiten zu suchen.

Wenn wir spielen, werden wir wieder zu Kindern. Spiel und Kreativität haben viel miteinander gemein. Eine Gemeinsamheit besteht darin, dass man im Rahmen des Spiels häufig Dinge auf neue oder ungewöhnliche Weise benutzt oder Handlungen in neuartiger oder außergewöhnlicher Art ausführt – ähnlich dem fantasievollen Kombinieren von Ideen beim kreativen Denken. Picasso sagte einmal, dass er zu einem wirklichen Künstler wurde, nachdem er gelernt hatte, wie ein Kind zu malen. Einstein wurde als das ewige Kind bezeichnet und war sich der Parallelen zwischen kreativen Denkstrukturen und den Denkmustern spielender Kinder sehr bewusst.

Gruppenleiter

Ein fähiger Gruppenleiter ist wesentlich für ein erfolgreiches Brainstorming. Dieser sollte im Umgang mit Menschen bewandert sein, die Prinzipien „fließenden" und flexiblen Denkens verstehen und die Begabung besitzen, Analogien für Vorschläge zu finden und zu formulieren. Er sollte über die Fähigkeit verfügen, die Konzentration der Gruppe aufrechtzuerhalten, Ablenkungen auszuschalten und den kreativen Gedankenfluss in Gang zu halten, indem er triviale, bürokratische, kritische und wertende Gedanken abblockt.

Der Gruppenleiter ist nicht in derselben Art und Weise schöpferisch tätig wie die anderen Gruppenmitglieder. Er hat eher die Funktion des ordnenden Verwalters, dessen Aufgabe darin besteht, für den freien Fluss des kreativen Denkens in der Gruppe zu sorgen.

Die Formulierung des Problems

Der Gruppenleiter sollte eine allgemeine Problembeschreibung formulieren. In dieser Phase ist es empfehlenswert, wenn der Gruppenleiter jeden Teilnehmer über seine persönliche Sichtweise des Problems und seine Traum- oder Wunschlösung befragt. Die Teilnehmer anzuleiten, das Problem aus einer persönlichen Perspektive zu betrachten, ist aus folgenden Gründen wichtig:

- Jeder Teilnehmer macht das Problem zu seinem eigenen. Jeder kann seine individuelle Meinung beibehalten; niemand wird gezwungen, sich einem Gruppenkonsens anzuschließen.
- Die Teilnehmer profitieren von der Meinungsvielfalt innerhalb der Gruppe.
- Den Teilnehmern in dieser Phase das Wunschdenken zu gestatten, ermöglicht es ihnen, ihre Perspektive zu erweitern.

- Indem man die Wünsche analysiert, kann man einzelne Problemelemente unterscheiden und jedes davon separat in Angriff nehmen.

Ideenproduktion

Aus der Quantität entsteht Qualität. Das Ziel ist, die Kapazität der Gruppe voll auszuschöpfen. Lassen Sie sich von allen Teilnehmern sämtliche nur möglichen Vorstellungen mitteilen. Ziel ist es, eine möglichst große Menge von Einfällen zusammenzutragen. Zwei Möglichkeiten, die Ideenproduktion anzukurbeln:

- Wenn Sie eine Tagesordnung für ein Brainstorming-Treffen verschicken, bitten Sie jeden Gast, drei neue Ideen als „Eintrittskarte" mitzubringen.
- Geben Sie der Gruppe eine Ideenquote vor. Eine Quote von 200 Einfällen zum Beispiel zwingt die Gruppe, ihre kritische innere Stimme zum Schweigen zu bringen und sämtliche Ideen aufzulisten, einschließlich der offenkundigen und einfallslosen. Das erste Drittel wird aus alten Ideen bestehen, die man immer hat. Das zweite Drittel wird interessanter sein, und das letzte Drittel wird sich durch mehr Fantasie und Komplexität auszeichnen.

Ausarbeitung

Picassos Meisterwerk Guernica bringt klar zum Ausdruck, dass Picasso zwar einen Widerspruch, aber dennoch eine Tatsache formulierte, als er sagte, ein Bild bleibe vom Zeitpunkt seiner ersten Inspiration an intakt und sei doch nicht im Voraus erdacht. Er suggerierte damit, der kreative Prozess sei ein holistischer, so wie die Entstehung und Entwicklung eines Lebewesens. In der Natur ist die endgültige Gestalt einer Eiche oder eines Menschen von Anfang an durch den Samen vorgegeben, und doch wird die

Form während des Wachstumsprozesses gestaltet und adaptiert. In gleicher Weise hatte Picasso eine Inspiration zu Guernica, experimentierte jedoch mit verschiedenen Ausdrucksformen und fertigte 65 Skizzen an, bevor das Werk seine endgültige Gestalt bekam.

Erweitern Sie den gedanklichen Horizont der Gruppe, indem Sie sie dazu anspornen, die vorgeschlagenen Ideen in gleicher Weise zu bearbeiten. Inwiefern können die vorhandenen Einfälle ersetzt, kombiniert, angepasst, vergrößert, modifiziert, anders verwendet, ausgesondert, umgestaltet oder ins Gegenteil verkehrt werden?

Klarheit ins Denken bringen

Sigmund Freud war der Ansicht, dass man weniger durch die Suche nach „richtigen" Antworten, als vielmehr durch das Stellen besserer Fragen Klarheit in seine Gedankengänge bringen könne. Gute Fragen vertiefen unser Verständnis eines Themas. Durch das Stellen von Fragen gelangte Freud häufig zu Neuentdeckungen, nach denen er ursprünglich nicht gesucht hatte.

Eine hilfreiche Technik zur Klärung der Argumentationsgänge von Teilnehmern eines Brainstormings ist die so genannte DFR-Methode (Denken-Fragen-Reagieren). Jeder Teilnehmer kann jederzeit während der Veranstaltung um eine DFR-Sitzung bitten. Derjenige, der die Idee vorgebracht hat, ist der Denkende. Ein anderer Teilnehmer wird zum Stellen der Fragen bestimmt. Die übrigen Teilnehmer sind die Reagierenden. Während eines bestimmten Zeitraumes (etwa fünf Minuten) bringt der Denkende die Gedanken, die ihm zu den Fragen des Fragenden einfallen, laut vor. Danach äußern die Reagierenden alle Gedanken, die ihnen unterdessen in den Sinn gekommen sind. So findet die Idee volles Gehör und die Fragenden haben das Gefühl, dass sie eine Chance hatten, sie zu klären und zu begreifen.

Das Fixieren der Ideen

Üblicherweise listet der Gruppenleiter die während einer Brainstorming-Sitzung entwickelten Ideen in einer Gesamtübersicht auf einer Flip-Chart oder einer Tafel auf, damit alle Teilnehmer sie vor Augen haben. Eine solche Gesamtübersicht ist dann besonders effektiv, wenn sie strukturiert ist und nicht nur eine simple Aufzählung von Ideen darstellt. Halten Sie die Einfälle in Form eines Cartoons, Diagramms oder eines gedruckten Satzes fest und verwenden Sie farbige Filzstifte. Der Sinn besteht darin, das Engagement aller Teilnehmer zu wecken und farbige – stimulierende – Methoden zur Ideendarstellung zu finden.

Sie können die Ideen auch in Gruppen zusammenfassen und auf Haftnotizzetteln an eine Wand oder Tafel heften. Haftnotizen machen Einfälle beweglich und erleichtern ihre Gruppierung. Wenn Sie Ideen nach gemeinsamen Merkmalen oder Themenbereichen sortieren, kristallisiert sich eine Ordnung oder Struktur heraus. Wenn die Teilnehmer beginnen, eine Struktur zu erkennen, entwickeln sie mehr Ideen, um die Lücken zu füllen. Häufig werden auch Prioritäten oder dominierende Bereiche erkennbar, die das Interesse der Teilnehmer stärker auf sich ziehen.

Ideenauswertung

Fertigen Sie am Ende einer Brainstorming-Sitzung drei Listen an: sofort verwertbare Ideen, näher zu prüfende Ansätze und neue Betrachtungsmöglichkeiten des Problems. Der Gruppenleiter kann die Ideen selbst den Kategorien zuordnen oder die Teilnehmer über die nützlichsten Ideen abstimmen lassen.

Gruppen-Brainstorming-Techniken

Zusammenarbeit ist eines der bestgehüteten Geheimnisse der Kreativität. Viele vermeintlich einsame Genies waren in Wirklichkeit „unternehmerische“ Leiter von Künstlergruppen. Der Historiker William E. Wallace fand heraus, dass 13 Leute mit

Michelangelo zusammen an der Sixtinischen Kapelle arbeiteten und ungefähr 200 Leute dem Meister bei der Gestaltung der Biblioteca Laurenziana in Florenz assistierten. Michelangelo war nicht nur ein großer Künstler, er war auch ein „Generaldirektor" – beides zusammen schuf ihm einen Namen in der Welt der Kunst.

Im Rahmen eines in der richtigen Geisteshaltung durchgeführten Gruppen-Brainstorming kann ein breites Spektrum unterschiedlicher Perspektiven und Ideen in Bezug auf jedes beliebige vorgegebene Thema entwickelt werden. Schreiben Sie die ersten zehn Gedanken, die Ihnen zu dem Begriff „Idee" einfallen, auf die Linien der unten stehenden Abbildung – ganz egal, wie absurd sie Ihnen erscheinen mögen. Bitten Sie nach Möglichkeit drei oder vier weitere Personen, die Übung gleichzeitig mit Ihnen durchzuführen, ohne dass Sie dabei über Ihre Assoziationen sprechen.

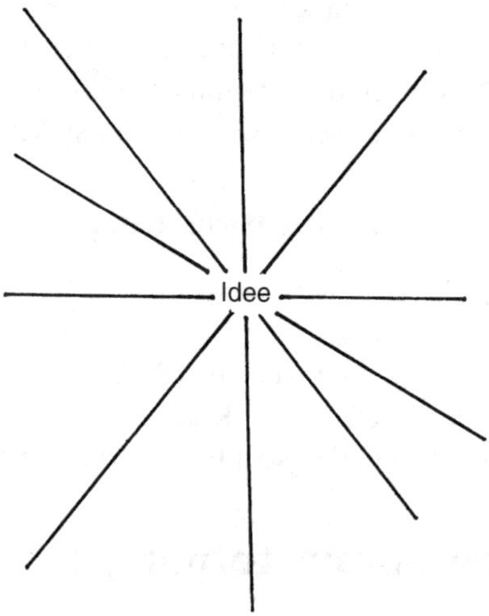

Ziel ist es, exakt gleiche Wörter zu finden. „Denkend" ist beispielsweise nicht dasselbe wie „denken", „Zufall" nicht dasselbe wie „zufällig". Wenn Sie fertig sind, vergleichen Sie die

Begriffe. Prüfen Sie, wie viele Wörter Sie gemeinsam haben. Wenn Sie die Übung allein für sich durchführen, vergleichen Sie Ihre Begriffe mit meinen. (Meine Wörter sind „Zufall“, „frisch“, „Arbeit“, „unkonventionell“, „Versagen“, „denken“, „vorhersagbar“, „ein Brainstorming durchführen“, „Zeit“ und „Quote“.)

Diese Übung zeigt, dass die Mitglieder einer Gruppe, die aus drei oder mehr Personen besteht, selten auch nur einen einzigen Begriff gemeinsam haben. Je größer eine Gruppe ist, desto geringer ist die Wahrscheinlichkeit, dass sämtliche Teilnehmer ein Wort gemeinsam haben.

Wenn Sie einen gemeinsamen Begriff finden, machen Sie diesen zum zentralen Wort. Wiederholen Sie die Übung mit der Gruppe. Sie werden zu Ihrem Erstaunen merken, dass Sie noch weniger übereinstimmende Resultate erzielen, wenn Sie diese Übung mit Leuten durchführen, die einen ähnlichen Erfahrungshintergrund wie Sie haben, was Ausbildung und Beruf betrifft. Meist geht man davon aus, dass sich Leute durch den Einfluss einer vergleichbaren Ausbildung zunehmend ähnlicher werden. Das Gegenteil ist der Fall: Je umfassender die Bildung eines Menschen, desto individueller und vielfältiger gerät die Palette seiner Assoziationen.

Es ist wesentlich für eine kreative Zusammenarbeit, dass sich Menschen beim Vereinen ihrer Talente und Bemühungen ihre Individualität bewahren. Nachfolgend finden Sie einige der weltbesten Methoden zur Unterstützung einer kooperativen Synthese:

Brainwriting

Horst Geschka und seine Kollegen vom Batelle Institut in Frankfurt entwickelten eine Reihe kreativer Denktechniken für Gruppen, die unter der Bezeichnung Brainwriting bekannt wurden und konzipiert sind, Ideen in paralleler, selbstständiger Abfolge zu entwickeln. In traditionellen Brainstorming-Gruppen bringen die Teilnehmer jeweils nur eine Idee auf einmal zum

Vorschlag. Die serielle Informationsverarbeitungsmethode des Brainwriting jedoch macht es möglich, mehrere Ideen gleichzeitig vorzuschlagen.

Die grundlegenden Richtlinien für das Brainwriting sind folgende:

1. Diskutieren Sie das Problem zunächst, um es zu klären. Schreiben Sie das Problem an eine für alle Gruppenmitglieder sichtbare Stelle.
2. Verteilen Sie Karteikarten an die Teilnehmer. Bitten Sie sie, ihre Ideen still für sich zu notieren, jeweils eine Idee pro Karte.
3. Nachdem die Teilnehmer ihre Karten fertig ausgefüllt haben, geben sie sie ohne zu reden an ihren rechten Nachbarn weiter.
4. Bitten Sie die Teilnehmer, die Karten zu lesen, die sie gereicht bekommen, und sie als „Stimulierungs-Karten" zu betrachten. Notieren Sie alle neuen Ideen, die Ihnen durch die „Stimulierungs-Karten" kommen, auf leere Karten. An den rechten Nachbarn weitergeben. Innerhalb weniger Minuten wandern auf diese Weise verschiedene Karten mit Ideen um den Tisch.
5. Nach 20 bis 30 Minuten alle Karten einsammeln und von den Teilnehmern an eine Wand heften lassen. Die Karten sollten nach unterschiedlichen Ideenbereichen gegliedert spaltenweise angeordnet werden. Über jeder einzelnen Spalte eine Titelkarte anbringen.
6. Die Einfälle auswerten, indem Sie jedem Teilnehmer ein Päckchen selbstklebender Punkte geben und ihn die Punkte auf die Ideen kleben lassen, die ihm am besten gefallen. Die Teilnehmer können die Punkte nach Belieben verteilen.

Beim traditionellen Brainstorming kann jeder Teilnehmer jeweils nur eine Idee vorschlagen. Obwohl sie angespornt werden, ihren

Einfällen freien Lauf zu lassen, halten sich manche Leute zurück, weil sie Hemmungen haben oder befürchten, ausgelacht zu werden. Beim Brainwriting ist sichergestellt, dass nicht die lauteste Stimme dominiert. Die Teilnehmer fühlen sich durch Manager oder Chefs weniger unter Druck gesetzt, die Ideen können nicht sofort nach Äußerung in der Luft zerrissen werden.

Ideen-Pool

Bitten Sie die Teilnehmer, ihre Ideen auf Karteikarten zu schreiben und ihre Karten in die Mitte des Tisches zu legen, anstatt sie an ihren rechten Nachbarn weiterzugeben. Wenn die Teilnehmer eine „Stimulierungs-Karte" möchten oder benötigen, tauschen sie einfach ihre Karten gegen Karten aus dem „Pool" aus.

Galerie-Technik

Diese Technik ist eine Umkehrung der normalen Methode. Anstatt die Ideen herumwandern zu lassen, damit die Leute sie begutachten können, lässt man die Teilnehmer in der „Galerie" herumgehen. Bringen Sie Bögen Flipchartpapier (jeweils ein Bogen pro Teilnehmer) im Raum verteilt an. Die Teilnehmer stehen stumm davor und schreiben ihre Einfälle auf die Bögen (ein Bogen pro Person). Dann haben die Teilnehmer 15 Minuten Zeit, durch die Galerie zu wandern, Notizen zu machen und sich von den Einfällen der anderen zu Ideen anregen zu lassen. Anschließend kehren sie zu ihren Bögen zurück und ergänzen oder verbessern ihre Einfälle. Nachdem sie zehn Minuten an der Ergänzung ihrer Ideen gearbeitet haben, begutachten die Teilnehmer sämtliche Einfälle und wählen die besten aus.

Eine andere Anwendungsmöglichkeit besteht darin, die Teilnehmer zu bitten, ihre Ideen in Form von Zeichnungen oder Diagrammen auszudrücken, anstatt sie schriftlich aufzulisten. Manchmal machen uns Zeichnungen oder Diagramme eher auf bestimmte, leicht zu übersehende Merkmale aufmerksam.

Bringen Sie Bögen Flipchartpapier im Raum verteilt an. Bitten Sie dann die Teilnehmer, eine Skizze oder ein Diagramm einer möglichen Lösung des Problems anzufertigen. Anschließend dürfen die Teilnehmer in der „Galerie" herumgehen und sich Notizen machen. Dann kehren sie zu ihren Bögen zurück und arbeiten auf der Grundlage dieser Notizen ihre eigenen Skizzen aus. Danach begutachtet die Gruppe sämtliche Skizzen und entwickelt eine abschließende Lösung aus den verschiedenen Elementen.

Drei Plus

Jeder Teilnehmer erhält drei Bögen Papier, schreibt still für sich jeweils eine andere Idee oben auf jeden Bogen und gibt die Bögen dann an seinen rechten Nachbarn weiter. Der Nachbar schreibt jeweils einen Verbesserungsvorschlag für die auf dem Bogen notierte Idee auf das Blatt. Haben die Teilnehmer Schwierigkeiten, Verbesserungsvorschläge zu finden, bitten Sie sie, neue Ideen aufzulisten. Wiederholen Sie dies bei allen drei Ideen. Nach etwa fünf Minuten werden die Bögen wiederum an den Nachbarn zur Rechten weitergegeben. Den Prozess so lange fortsetzen, bis alle Teilnehmer ihre eigenen Bögen wiederbekommen haben.

Flugzeuge

Lassen Sie jeden Teilnehmer einen Papierflieger bauen. Jeder Teilnehmer schreibt einen Einfall auf das Flugzeug und lässt es zu einem anderen Teilnehmer fliegen. Der Empfänger modifiziert oder verbessert die auf dem Flieger notierte Idee oder schreibt einen ganz neuen Einfall darauf und lässt das Flugzeug dann zu jemand anderem weiterfliegen. Nach 20 Minuten die Ideen einsammeln und bewerten.

Ideen-Wand

Jeder Teilnehmer schreibt still für sich Einfälle auf Haftnotizzettel, die der Gruppenleiter dann einsammelt und an eine Wand heftet. Danach geschieht Folgendes:

1. Wenn die Gruppe mit der Produktion von Einfällen fertig ist, liest der Gruppenleiter alle Ideen laut vor, um sicherzustellen, dass jeder sie versteht. Sollten schriftliche Anmerkungen nötig sein, um die Idee zu erläutern, schreibt der Gruppenleiter diesen ergänzenden Kommentar in einer anderen Farbe auf die Haftnotiz.
2. Der nächste Schritt besteht in der Strukturierung der Ideen. Bitten Sie die Gruppe, zur Wand zu kommen und die Einfälle in eine sinnvolle Ordnung zu bringen. Während die Teilnehmer mit dem Sortieren der Ideen beschäftigt sind, fragt der Gruppenleiter nach den speziellen Kriterien für eine bestimmte Anordnung. Schließlich werden die Einfälle zu verschiedenen Ideengruppen geordnet.
3. Der Gruppenleiter versieht jede Ideengruppe mit einer Titelkarte, die er über die Ideengruppe heftet. Einige Themenbereiche lassen sich in Untergruppen aufteilen.
4. Die Teilnehmer können Ideen ausarbeiten oder Bedenken äußern, indem sie ihre Gedanken auf zusätzliche Haftnotizzettel schreiben und sie neben die entsprechende Idee oder Ideengruppe heften.
5. Ordnen Sie die Einfälle nach Prioritäten, indem Sie jedem Teilnehmer zehn selbstklebende Punkte geben und die Teilnehmer einen oder mehrere Punkte auf die Ideen kleben lassen. Beliebig viele Punkte können auf einem Einfall platziert werden.
6. Der letzte Schritt besteht darin, ein getipptes Dokument des von der Gruppe erzielten Endresultats anzufertigen und jedem Teilnehmer ein Exemplar auszuhändigen.

Notizhefte

Kleine Gruppen können bei der Lösung von Problemen über einen bestimmten Zeitraum hinweg zusammenarbeiten, um ein tiefer gehendes Verständnis der Lösungsmöglichkeiten zu entwickeln. Die Richtlinien sind folgende:

1. Die Teilnehmer bekommen ein Notizheft, in dem sie Informationen über das Problem finden. Jeder Teilnehmer schreibt über einen Zeitraum von einer Woche hinweg pro Tag mindestens drei Einfälle in das Notizheft.
2. Die Teilnehmer tauschen ihre Notizhefte wöchentlich untereinander aus. Sie sollen die Ideen in den neu erhaltenen Notizheften als Anregung für neue Einfälle benutzen.
3. Nach vier Wochen ist der Ideenaustausch beendet, auch wenn noch nicht alle Notizhefte die Runde gemacht haben. Der Koordinator sammelt die Hefte ein, ordnet die Einfälle nach Kategorien und bereitet eine Zusammenfassung vor. Die Teilnehmer kommen zusammen, um die Ideen zu diskutieren.

Zweiwöchiges Brainstorming

Eine Variante der Notizheft-Technik besteht darin, die Gruppe zunächst über den Inhalt des Brainstorming zu instruieren und sie dann zu bitten, eine Woche lang jeder für sich an dem Problem zu arbeiten und ihre Ideen in Notizhefte zu schreiben. Die folgenden Schritte sind:

1. Am Ende der Woche bringen die Teilnehmer ihre Notizhefte zu einer Gruppensitzung mit. Jeder Teilnehmer erklärt seine Ideen mündlich (jeder etwa zehn Minuten lang). Die übrigen Teilnehmer werden ange-

spornt, die Einfälle zu diskutieren und auf ihrer Basis neue Ideen zu entwickeln.

2. Die Teilnehmer ermuntern, relevante Aspekte und Ideen schriftlich in ihren Notizheften festzuhalten.
3. Am Ende der Gruppensitzung werden die Teilnehmer gebeten, eine weitere Woche in kreatives Denken zu investieren. Sie haben nun die Möglichkeit, über die neuen Konzepte und Einfälle nachzudenken, die sie von den anderen Teilnehmern gehört haben, oder ihre eigenen Ideen vor dem Hintergrund des in der Gruppensitzung Gelernten zu verbessern.
4. Am Ende der zweiten Woche trifft sich die Gruppe wieder, um die Ausbeute der Ideen zu prüfen, nach Prioritäten zu ordnen und auszuwerten.

„Gemischte" Sitzungen

Individuelles kreatives Denken und kreatives Denken in der Gruppe können auch miteinander kombiniert werden. Die Sitzung beginnt mit einem Gruppen-Brainstorming, das dazu dient, das Subjekt zu definieren und möglichst viele Ideen zu entwickeln. Dann schlägt der Gruppenleiter eine spezifische kreative Denkstrategie vor – beispielsweise eine Verbindung zwischen dem Subjekt und beliebigen Begriffen herzustellen, wie im Kapitel „Das Unverbundene verbinden" beschrieben. Die Gruppe trennt sich und die Teilnehmer arbeiten jeder für sich mit der jeweiligen Technik etwa zehn Minuten lang an der Entwicklung zusätzlicher Ideen. Anschließend trifft sich die Gruppe wieder und die neuen Einfälle werden diskutiert und weiterentwickelt. Werden weitere Ideen gewünscht, schlägt der Gruppenleiter eine neue Methode zur individuellen Weiterarbeit vor. Das Wesentliche dabei ist, dass die individuelle Arbeit auf der Basis spezifischer Methoden erfolgt. Dieses Vorgehen wird so lange wiederholt, bis die Gruppe mit den erzielten Ergebnissen zufrieden ist.

Gruppieren

Das Gruppieren ist eine Technik, bei der die individuelle, stillschweigende Entwicklung von Ideen kombiniert wird mit einer beliebigen Gruppierung von Menschen und Ideen. Diese Methode wurde durch die Arbeit von Igor Strawinsky angeregt, dem Genie der modernen Musik. Sie hat folgende Richtlinien:

1. Diskutieren und postulieren Sie eine Aufgabe in allgemeiner Form.
   Beispiel: „Welche Innovationsmöglichkeiten existieren für unser Unternehmen?"
2. Jeder Teilnehmer schreibt acht Lösungsmöglichkeiten auf Karteikarten, jeweils einen Lösungsvorschlag pro Karte.
3. Der Gruppenleiter sammelt die Karten ein und mischt sie.
4. Jeder Teilnehmer erhält drei beliebige Karten. Darauf achten, dass niemand seine eigenen Karten bekommt. Bitten Sie die Teilnehmer, ihre Karten genau anzusehen und sie in der Reihenfolge ihrer persönlichen Vorlieben zu ordnen. Der Gruppenleiter breitet die restlichen Karten mit der beschrifteten Seite nach oben auf einem Tisch aus.
5. Bitten Sie die Teilnehmer, die Karten, die ihnen nicht gefallen, gegen auf dem Tisch liegende auszutauschen. Geben Sie ihnen hierfür einige Minuten Zeit.
6. Als Nächstes bitten Sie die Teilnehmer, untereinander Karten auszutauschen. Jeder Teilnehmer kann beliebig viele Karten austauschen – eine Karte ist das Minimum.
7. Bitten Sie die Teilnehmer, Gruppen zu bilden. Es gibt kein Limit für die Zahl der Personen in einer Gruppe; keine Gruppe darf jedoch mehr als drei Karten bearbeiten.
8. Weisen Sie jede Gruppe an, eine kreative Möglichkeit zu entwerfen, ihre drei Ideen den anderen zu präsentie-

ren. Die Gruppen können Poster, Aufkleber, Slogans, Embleme, T-Shirts, Werbespots, Songs etc. konzipieren.

Eine Variationsmöglichkeit besteht darin, die Teilnehmer zu bitten, innerhalb von fünf Minuten möglichst viele Ideen auf Karteikarten zu schreiben, jeweils eine Idee pro Karte. Als Nächstes geschieht Folgendes:

1. Teilen Sie die Gruppe in Teams von jeweils drei bis sechs Personen auf.
2. Die Mitglieder eines Teams legen ihre Karten zusammen, geordnet nach persönlichen Prioritäten.
3. Bitten Sie jedes Team, seine fünf wichtigsten Ideen auszuwählen und die restlichen Karten mit der beschrifteten Seite nach oben auf einen Tisch zu legen. Die anderen Teams können nun die aussortierten Ideen begutachten und sie für sich nutzen, wenn sie wollen.
4. Die Teams diskutieren die Ideen und können sie auf Wunsch gegen neue eintauschen (ein Team kann jedoch jeweils nur fünf Ideen gleichzeitig behalten). Sie werden angeregt, die von ihnen ausgewählten Ideen auszuarbeiten oder zu verbessern.
5. Alle Teams teilen sich ihre Ideen gegenseitig mündlich mit.
6. Die Gruppe ordnet die Einfälle der Priorität nach und streicht die Liste auf die fünf vielversprechendsten Ideen zusammen.
7. Die Gruppe arbeitet diese Ideen aus und wertet sie zum Schluss aus.

Offene Treffen

Offene Brainstorming-Treffen geben der gesamten Belegschaft – vom Hausmeister bis zum Generaldirektor – Gelegenheit und Motivation, Ideen vorzubringen. Hinter dem zwanglosen Charakter eines offenen Treffens steckt die Absicht, Einfälle ihre eigene Form annehmen zu lassen, ohne durch Status oder personelle Hierarchien beeinträchtigt zu werden. Offene Treffen sind durch ein paar einfache Richtlinien, eine allgemein gehaltene Themenvorgabe und einen sehr weit gespannten zeitlichen Rahmen bestimmt.

Es gibt keine Tagesordnung für das Treffen. Jemand liest das allgemeine Thema laut vor und lädt jeden ein, einen sachverwandten Themenbereich zu suchen, für den er die Verantwortung übernimmt. Wenn jemand einen Themenbereich vorschlägt, schreibt er seinen Vorschlag auf einen großen Bogen Papier, liest ihn laut vor und heftet ihn an eine Wand. Dies wird so lange fortgeführt, bis alle Themenbereiche angeheftet wurden.

Der nächste Schritt ist der so genannte „Ideenmarktplatz“, bei dem jeder eingeladen ist, sich auf einem der großen Bögen mit den einzelnen Sachgebieten für die Diskussion des Themas einzutragen. Die Teilnehmer können sich für beliebig viele Gruppen eintragen. Die für den jeweiligen Sachbereich Verantwortlichen versammeln ihre Gruppen in Nebenzimmern, diskutieren das Thema und halten Ideen oder anderweitige Informationen fest.

Es gibt auch die alternative Möglichkeit, ein offenes Treffen per Computer zu organisieren, indem man der gesamten Belegschaft Zugang zur offenen Diskussion per PC verschafft. Die Mitarbeiter können Echtzeit-Nachrichten verschicken und empfangen und haben Zugriff auf eine zentrale Datenbank, in der ein allgemeines Thema zur Diskussion gestellt wird, zum Beispiel: „Wie können wir Ausgaben reduzieren?“ Einige Teilnehmer geben Sachbereiche ein, die mit dem allgemeinen Thema in Verbindung stehen, andere nehmen untereinander Kontakt auf, um über für sie interessante Sachbereiche zu diskutieren. Sie können die Ergebnisse ihrer Diskussionen abrufen, wann immer es ihnen passt, und sich gegenseitig E-Mails schicken, bis sie die passenden Ideen entwickelt haben.

KJ-Brainstorming

Der führende Kreativitäts-Forscher und Psychologe Howard Gruber von der Universität Genf zeigte auf, dass sich die Perspektiven im Verlauf des kreativen Prozesses fortlaufend verschieben, bevor schließlich die kreative Lösung gefunden wird. Diese Verschiebungen finden statt, wenn bestimmte Nuancen erkannt werden. Eine Nuance ist eine spezielle Färbung der Bedeutung oder der Bedeutungswahrnehmung. Mehrere subtile Verschiebungen addieren sich über einen gewissen Zeitraum und resultieren in einer grundlegenden Verschiebung der Wahrnehmung. Gruber stellte auch fest, dass besonders kreative Menschen äußerst sensibel für Nuancen sind, speziell für Nuancen, die mit bestimmten Themen in Zusammenhang stehen.

Im Rahmen einer Brainstorming-Sitzung wird eine große Anzahl von Ideen hervorgebracht, und jede dieser Ideen steckt voller Nuancen. Doch der reduzierende Charakter gewöhnlicher Gruppensitzungen lässt nicht zu, dass sich Einfälle aus den Nuancen heraus entwickeln, wie es bei einem kreativen Individuum der Fall wäre.

Jiro Kawakita, ein Professor des Institute of Technology in Tokio, entwickelte eine Brainstorming-Technik, bei der Ideen, gemäß der neutralen Fakten und Nuancen der jeweiligen Situation, individuell entwickelt werden können. In Japan ist diese Methode unter der Bezeichnung kami-kire ho („Altpapiertechnik“) bekannt, weil Kawakita die Teilnehmer ihre Gedanken und Ideen ursprünglich auf Altpapier schreiben ließ. In der westlichen Welt wird sie einfach als KJ bezeichnet.

Bei dieser Technik werden unterschiedliche individuelle Perspektiven und Erfahrungen zu einer für die Gruppe akzeptablen Problemdefinition und Problemlösung sythetisiert. KJ besteht aus zwei Stufen: dem Verstehen und dem Lösen des Problems. Unter dem Begreifen des Problems versteht man, dass jedes Gruppenmitglied Einsicht in den Kern des Problems gewinnt; Problemlösung bedeutet, dass alle Vorschläge zur Lösung des Problems beitragen.

Ein solches Problem könnte die Entsorgung von beim Kochen verbrauchtem Öl sein. Was sind die neutralen Fakten? Welche Art der Entsorgung erfordert die flüssige Form? Welche Schäden verursacht es? Welche Fakten sind relevant? Welche Fakten sind nachweisbar?

Sobald die Faktensammlung abgeschlossen ist, werden Lösungen vorgeschlagen. Ein Vorschlag könnte ein preisgünstiger pflanzlicher Zusatz sein, der keine chemischen Stoffe enthält und den man in das heiße Öl mischt, so dass beim Abkühlen eine kompakte Masse entsteht, die man im regulären Abfall entsorgen kann. Ein anderer Vorschlag könnte lauten, dem Öl einen chemischen Zusatz beizugeben, der es in Düngemittel für den Garten verwandelt. Die Richtlinien für KJ sind folgende:

1. **Problemdefinition.** Der Gruppenleiter gibt einen allgemeinen Problembereich vor (beispielsweise Verkauf, Kosten, Lieferung, Konkurrenz).
   A. Jeder Teilnehmer schreibt Fakten, die mit diesem Problem in Zusammenhang stehen, auf Karteikarten, jeweils einen Fakt pro Karte. Es können beliebig viele Karteikarten verwendet werden.
   B. Der Gruppenleiter sammelt die Karten ein und teilt sie so an die Teilnehmer aus, dass niemand seine eigenen Karten erhält.
   C. Dann liest der Gruppenleiter eine Karte laut vor.
   D. Die Teilnehmer suchen in ihren Karten nach solchen, die mit dem vorgetragenen Themengebiet in Verbindung stehen, und lesen diese laut vor. Aus diesen Karten wird ein Set gebildet.
   E. Die Gruppe gibt dem Set einen Titel, der seine Kernaussage zum Ausdruck bringt, und schreibt ihn auf eine so genannte Namenskarte. Der Name muss folgende Bedingungen erfüllen:
      - Er kann durch die Anwendung der Fakten, aus denen er abgeleitet wurde, verifiziert werden.

- Er sollte nicht zu allgemein sein.
- Er sollte keine bloße Summierung der einzelnen Fakten sein.

Für eine solche Namensgebung muss man die Schlüsselaspekte eines Problems und dann die Essenz oder die Kernpunkte herauskristallisieren.

F. Die Gruppe setzt diesen Prozess so lange fort, bis alle Sets einen Namen bekommen haben. Anschließend kombiniert die Gruppe die Namenssets, bis sich ein alles umfassendes Set ergibt, das einen Namen bekommt, der sämtliche vorher formulierten Fakten und Namensessenzen einschließt und somit die Essenz des gesamten Sets einfängt.

Dieses alles umfassende Namensset sollte die größtmögliche Annäherung an das Wesen des Problems darstellen.

Kawakita war der Ansicht, dass die Gruppe durch das kollektive Verständnis eines Problems eine gemeinsame Ausrichtung erhalte.

2. **Problemlösung.** Jeder Teilnehmer schreibt Lösungsvorschläge und Ideen auf beliebig viele Karteikarten, jeweils eine Lösung pro Karte. Mindestens 100 Karten sind das Ziel.

A. Der Gruppenleiter sammelt die Karten ein und teilt sie so an die Teilnehmer aus, dass niemand seine eigenen Karten erhält.

B. Der Gruppenleiter liest einen Einfall laut vor.

C. Die Teilnehmer suchen Lösungsvorschläge aus ihren Karten heraus, die mit der vorgelesenen Idee in Verbindung stehen. Fahren Sie damit so lange fort, bis alle Einfälle verlesen sind. Daraus entsteht ein Lösungsset.

D. Das Set erhält einen Namen und eine Namenskarte. Fahren Sie so lange fort, bis alle Lösungen in Sets eingeordnet sind und ein alles umfassendes Lösungsset erstellt wurde. Letzteres sollte die Essenz sämtlicher vorausgegangener Lösungsvorschläge sein. Durch die Erstellung der Karten wird die Problemdefinition expandiert, durch die Einordnung in Namenssets komprimiert. Das Expandieren und Komprimieren der Sets löst die Informationen aus ihren normalen Kategorien und macht ihre Feinheiten und Nuancen transparent. Dadurch, dass die Gruppe sich der Feinheiten und Nuancen des Problems bewusst wird, ändert sich der Kontext, in dem es betrachtet wird, was möglicherweise zu einer plötzlichen Lösung oder einem überraschenden Einfall führt.

NHK

Eine andere Technik zum Herausschälen von Nuancen ist das sogenannte NHK, eine Methode, die von Hiroschi Takahaschi an der japanischen Nachrichtenagentur NHK entwickelt wurde. Sie funktioniert nach dem Schneebesen-Prinzip – die Ideen werden immer wieder durchgequirlt, um neue Einfälle zu gewinnen. Die Richtlinien sind folgende:

1. Die Teilnehmer schreiben als Antwort auf eine Problemdarstellung fünf Ideen auf fünf separate Karten.
2. Die Teilnehmer formieren sich zu Fünfergruppen. Jedes Gruppenmitglied erläutert seine Ideen den anderen Mitgliedern der Gruppe. Die anderen Mitglieder notieren alle neuen Einfälle, die ihnen in den Sinn kommen, auf separate Karten.
3. Die Karten werden eingesammelt und zu Gruppen miteinander in Beziehung stehender Themenbereiche sortiert.
4. Nun werden Teams aus zwei oder drei Personen gebildet. Jedes Team nimmt sich einen oder mehrere Stapel der sortierten Karten und sucht ca. 30 Minuten lang nach Ideen, die mit den Einfällen auf den Karten in

Beziehung stehen. Die neuen Ideen werden auf Karten notiert.

5. Am Ende der Sitzung ordnet jedes Team seine Karten nach Themengebieten und stellt der übrigen Gruppe die abgeleiteten Einfälle vor. Sämtliche Ideen werden vom Gruppenleiter für alle Teilnehmer sichtbar an eine Tafel oder eine Flipchart geschrieben.
6. Die Teilnehmer in neue Gruppen von je zehn Personen aufteilen. Diese neuen Gruppen suchen nach Verbesserungsvorschlägen für die auf der Tafel oder Flipchart angeschriebenen Einfälle, die einzeln nacheinander bearbeitet werden.

Storyboard

Eine in USA populäre Technik der Informationsdarstellung ist das Storyboard („Geschichten-Pinnwand“).

Im Jahr 1928 arbeitete Walt Disney mit Kollegen an seinem ersten Tonzeichentrickfilm. Tausende von Zeichnungen waren nötig, die in Stapeln über den ganzen Raum verteilt wurden – das Durcheinander war groß.

Dann kam Disney auf die Idee, seine Künstlerkollegen ihre Zeichnungen der richtigen Reihenfolge nach an die Wände des Studios pinnen zu lassen, so dass er auf einen Blick sehen konnte, wie weit das Projekt gediehen war. Jede Szene wurde als Aufhänger für eine komplette neue Geschichte verwendet.

Das „Storyboard“ wurde schnell zu einem routinemäßigen Bestandteil von Disneys Methode und fand auch für andere Zwecke Verwendung. Sowohl Disneyland als auch Walt-Disney-World wurden auf dieser Grundlage geplant.

Mike Vance erkannte das Potenzial der Technik für seine Problemlösungsmethode und arbeitete sie als Erster zu einer Brainstorming-Technik aus. Seither wurde eine ganze Reihe verwandter Techniken entwickelt. Obwohl es Unterschiede zwischen ihnen gibt, ist allen die anfänglich von Walt Disney entwickelte

Form gemein: die Darstellung von Schlüsselkonzepten, die so zusammengefügt werden, dass sich ein Ganzes daraus ergibt.

Im Folgenden die Richtlinien, die vielen Storyboards zugrunde liegen:

1. **Thema.** Kleben oder pinnen Sie die Themenkarte an die Wand. Unser Beispielthema lautet: „Ein neues Restaurant eröffnen".
2. **Zweck.** In der Regel beginnen die Teilnehmer mit einer „Zweck-Kopfzeile", die ihnen hilft, nach den Zwecken für ein bestimmtes Thema zu suchen. Jeder gefundene Zweck wird auf eine Karte notiert und unter die „Zweck-Karte" geheftet. Zu den möglichen Zwecken für die Eröffnung eines neuen Restaurants könnten gehören: Geld verdienen, ein Bedürfnis erfüllen, Dienst am Gast.
3. **Kopfzeilen.** Erstellen Sie „Kopfzeilen", die wesentliche Fragen, Merkmale oder Lösungsmöglichkeiten des Prozesses ausdrücken. Jede Kopfzeile auf eine Karte schreiben und anheften. Unser Beispiel hat die folgenden Kopfzeilen: „Zweck", „Name", „Örtlichkeit", „Thema", „Architektur", „Atmosphäre", „Sitzplätze", „Speisekarte", „Personal", „Unterhaltung" und „Sonstiges". Gruppieren Sie die Kopfzeilen so lange um, bis Sie die passendste Reihenfolge gefunden haben.
4. **Sonstiges.** Es ist empfehlenswert, eine „Sonstiges"-Kopfzeile einzuschließen, um all die Punkte unterzubringen, die nicht den anderen Kategorien zugeordnet werden können. Ordnen Sie die entsprechenden Aspekte unter diese Kopfzeile ein, während Sie ein Brainstorming über die restlichen Kategorien durchführen. Unter Umständen ergeben einige dieser Punkte eigene Kopfzeilen, wenn ausreichend viele gleichartige Aspekte in die „Sonstiges"-Kopfzeile einfließen. Nehmen wir an, die Teilnehmer in unserem Beispiel würden verschiedene Lösungsvorschläge und Ideen in Bezug auf Wer-

bung und Marketing äußern. Diese Einfälle würden eine eigene Kopfzeile ergeben oder, falls wichtig genug, separate Storyboards erfordern.

5. **Brainstorming.** Die Teilnehmer lassen sich von jeder der einzelnen Kategorien zu Problemlösungen anregen und schreiben diese Ideen, Lösungsvorschläge und Gedanken auf Karten. Jede Karte wird unter der entsprechende Kopfzeilen-Karte angebracht.
   Sämtliche relevante Ideen in Betracht ziehen, ganz egal, wie unrealistisch sie erscheinen. Regen Sie die Teilnehmer dazu an, die Lösungen zu prüfen und zu versuchen, zusätzliche Ideen daraus zu entwickeln, oder Lösungen verschiedener Kategorien miteinander zu kombinieren und als Inspiration für neue Einfälle zu benutzen.
6. **Flexibilität.** Storyboards sollten flexibel und dynamisch sein. Wenn die Menge der Ideen und Vorschläge einen gewissen Umfang erreicht, können Sie weitere Kopfzeilen hinzufügen. So lässt sich die Kopfzeile „Umgebung" in unserem Beispiel in „räumliche Umgebung" und „Atmosphäre" aufteilen. Stellen Sie sich die Pinnwand als einen lebendigen, dynamischen Organismus vor.
7. **Ausreifen lassen.** Der Prozess wird so lange fortgesetzt, bis die Gruppe ausreichend viele Ideen entwickelt hat oder die vorgegebene Zeit abgelaufen ist. In der Regel ist es empfehlenswert, ein Storyboard-Brainstorming über einen Zeitraum von einigen Tagen oder Wochen hinweg durchzuführen, damit die Ideen ausreifen und sich durch Kombination verschiedener Einfälle untereinander möglicherweise neue Ideen entwickeln können.
8. **Materialien.** Sie können Ihr Storyboard aus verschiedenen Materialien gestalten: Kork-Pinnwände, Magnettafeln, Tafeln oder Wände – alles, was eine Oberfläche bietet, auf der man Dinge befestigen, entfernen und verschieben kann. Verwenden Sie unterschiedliche Far-

ben zum Hervorheben der Kopfzeilen und Spalten. Je nach Oberfläche benötigen Sie Pinnwandstifte, Scheren, große Filzschreiber, Kreide und einen Vorrat an Karteikarten und Haftnotizzetteln. Das fertige Storyboard fotografieren, um es bei Bedarf zu einem späteren Zeitpunkt in der gleichen Form wieder aufbauen und weiterbearbeiten zu können.

Zweck	Örtlichkeit	Name	Thema	Umgebung	Speisekarte	Unterhaltung	Marketing	Sonstiges
Idee	Idee	Idee	Idee	Idee	Idee	Idee	Idee	Idee
Idee	Idee	Idee	Idee	Idee	Idee	Idee	Idee	
Idee	Idee	Idee	Idee	Idee	Idee		Idee	
	Idee	Idee	Idee		Idee			
		Idee						
		Idee						
		Idee						

Nachwort

In der Einführung zu diesem Buch schilderte ich meine Faszination von Charles Darwins Evolutionstheorie und die Versuche von Wissenschaftlern, Darwins Ideen auf die Bereiche Kreativität und schöpferische Begabung zu übertragen. Mein Interesse an Darwin erwachte, als ich im College über Darwin und John Gould las. Nach seiner Rückkehr von den Galapagos-Inseln übergab Darwin die mitgebrachten Finkenexemplare erfahrenen Zoologen zur fachkundigen Bestimmung. Einer dieser Zoologen war John Gould.

Darwins Aufzeichnungen ist zu entnehmen, dass Gould immer wieder sämtliche von ihm benannten Vogelarten mit ihm durchging, in der Annahme, die Vogelarten in verschiedenen Gegenden müssten identisch sein, da Gott nur eine Sorte Vögel geschaffen habe. Es kam ihm nicht in den Sinn, nach geografisch bedingten Unterschieden zu suchen. Er dachte, dass es sich bei den Vögeln um eine eigene Tierart handeln müsse, weil sie so andersartig aussahen.

Gould folgte gedanklich den fachlichen Wegen, die er erlernt hatte, und sah in den Finken nicht das Paradebeispiel der Evolution, das er direkt vor Augen hatte. Darwin wusste noch nicht einmal, dass es sich um Finken handelte. Der Mann, der die Intelligenz, das Wissen und die Fachkenntnis besaß, war mehr oder weniger blind, während der Mann, der über das wesentlich geringere Maß an Wissen und Fachkenntnis verfügte, eine Lehre begründete, die unsere Vorstellung von der Welt revolutionierte – dieses Paradoxon war für mich eine sehr aufschlussreiche Erkenntnis.

Gould verglich neue Ideen und Theorien mit seinen vorhandenen Erfahrungsmustern. Wenn die Ideen nicht zu dem passten, was ihm beigebracht worden war, verwarf er sie als wertlos. Darwin hingegen war bereit, das, was andere vor ihm gedacht hatten, außer Acht zu lassen, andere Perspektiven und Theorien zu entwickeln, produktiv zu denken.

Die meisten Menschen sind zur Denkweise John Goulds erzogen worden. Wir alle werden als spontane, kreative Denker geboren, aber mit unserer Erziehung werden uns bestimmte Geisteshaltungen eingeimpft. Uns wird beigebracht, was wir denken sollen, nicht wie wir denken sollten. Wir kommen als Fragezeichen in die Schule und verlassen sie als eine wandelnde Unterrichtsstunde.

Als Folge dieser Erziehung verarbeiten wir Informationen immer wieder nach dem gleichen Muster, anstatt nach anderen Möglichkeiten zu suchen. Sobald wir erst einmal wissen, was funktioniert oder was getan werden kann, fällt es uns schwer, alternative Ideen in Betracht zu ziehen. Wir halten an Ideen fest, bis sie sich als falsch erweisen.

Selbst wenn wir aktiv nach Informationen suchen, um unsere Ideen auf ihre Richtigkeit hin zu prüfen, ignorieren wir in der Regel mögliche Alternativen. Ein interessantes, ursprünglich von dem britischen Psychologen Peter Watson durchgeführtes Experiment demonstriert diese Haltung. Watson gab Versuchspersonen folgende Zahlenfolge vor:

2 4 6

Dann bat er Versuchspersonen, die dieser Zahlenfolge zu Grunde liegende Regel zu erklären und andere Beispiele für Letztere zu nennen. Die Versuchspersonen durften beliebig viele Fragen stellen, ohne dass ihnen das Minuspunkte einbrachte.

Die meisten Versuchspersonen nannten „vier, sechs, acht“ oder eine ähnliche Zahlenfolge als zusätzliches Beispiel. Oder sie sagten „zwanzig, zweiundzwanzig, vierundzwanzig“ oder „fünfzig, zweiundfünfzig, vierundfünfzig“ – sprich: sie erhöhten jedesmal die Zahlen um zwei. Nach einigen Versuchen, bei denen sie jedesmal bestätigende Anworten erhielten, waren sie, ohne alternative Möglichkeiten zu prüfen, sicher, dass die Regel darin bestand, die Zahlen jeweils um zwei zu erhöhen.

Tatsächlich war die von Watson gesuchte Regel wesentlich simpler; sie bestand ganz einfach darin, dass sich der Zahlenwert erhöhte. Das konnte 1, 2, 3 oder 10, 20, 40 oder 400, 678, 10.944 sein. Und das Ausprobieren solcher Alternativen wäre einfach gewesen!

Daraus folgerte Watson, dass die meisten Menschen dieselbe Information immer und immer wieder verarbeiten, bis sie sich als falsch erweist, ohne nach Alternativen zu suchen. Bei seinen hunderten von Experimenten erlebte er unglaublicherweise keinen einzigen Fall, in dem jemand spontan eine alternative Hypothese vorschlug, um herauszufinden, ob sie richtig sei. Seine Versuchspersonen machten nicht einmal den Versuch, herauszufinden, ob es eine einfachere – oder überhaupt eine andere – Regel gab.

Kreative Genies denken anders. Sie suchen ständig nach alternativen Betrachtungsweisen eines Themas oder Problems, auch wenn sich die alten Methoden gut bewährt haben. Diese Bereitschaft, unterschiedliche Perspektiven einzunehmen und alternative Ideen zu erproben, erweitert ihren gedanklichen Horizont und macht sie für neue Informationen und neue Möglichkeiten offen, die andere Menschen nicht sehen.

Mit anderen Worten: Kreative Genies sind produktive Denker. Damit auch Sie ein produktiverer Denker werden, müssen Sie lernen, wie ein Genie zu denken. Wenn Sie originelle Einfälle oder kreative Lösungen für geschäftliche oder persönliche Probleme benötigen, tun Sie Folgendes:

- Entwickeln Sie eine Vielzahl von Perspektiven im Hinblick auf Ihr Subjekt oder Problem, bis Sie die von Ihnen gewünschte Perspektive finden. Ein genialer Einfall kommt häufig dann, wenn Sie einen neuen Blickwinkel entdecken, den noch niemand zuvor eingenommen hat.

- Entwickeln Sie eine reiche Palette an Alternativen und Mutmaßungen. Behalten Sie die besten Ideen aus dieser Sammlung zur weiteren Entwicklung und Ausarbeitung.
- Variieren Sie Ihre Ideen, indem Sie Zufälle und Faktoren, die mit der entsprechenden Idee nicht in Zusammenhang stehen, einbeziehen.

Während der Niederschrift dieses Schlusswortes erinnerte ich mich an eine alte chinesische Geschichte von einem Regenmacher, der geholt wurde, um es über einem ausgedörrten Gebiet Chinas regnen zu lassen. Der Regenmacher, ein kleiner, verhutzelter alter Mann, sog die Luft beim Aussteigen aus seinem Wagen mit offensichtlichem Ekel ein und bat darum, dass man ihn in einem Häuschen außerhalb des Dorfes in Ruhe für sich lassen solle; selbst seine Mahlzeiten sollten vor seiner Tür abgestellt werden.

Drei Tage lang hörte man nichts von ihm. Dann fiel nicht nur Regen, sondern auch viel Schnee, was man zu dieser Jahreszeit überhaupt nicht kannte. Die Dorfbewohner waren beeindruckt und drängten ihn, sein Geheimnis zu verraten. Der Regenmacher erwiderte: „Ich habe weder den Regen noch den Schnee gemacht; ich bin nicht verantwortlich dafür." Die Dorfbewohner beharrten darauf, dass bis zu seiner Ankunft eine schreckliche Dürre geherrscht habe und drei Tage später sogar eine Menge Schnee gefallen sei.

„Oh, das kann ich erklären. Seht, der Regen und der Schnee waren immer da. Aber schon bei meiner Ankunft erkannte ich, dass eure Gedanken ungeordnet waren und ihr das richtige Sehen vergessen hattet. Also blieb ich so lange hier, bis ihr wieder sehen konntet, was die ganze Zeit direkt vor euren Augen war."

Ich hoffe, die in diesem Buch vorgestellten Strategien werden Ihnen helfen, nach alternativen Perspektiven, Ihre Probleme zu betrachten, zu suchen. Indem Sie das tun, werden Sie Ihre Sichtweise der Dinge neu überdenken und – wie der chinesische Regenmacher – sehen, was sich direkt vor Ihren Augen befindet.

Weiterführende Literatur

Akrill, John: *Aristoteles. Eine Einführung in sein Philosophieren,* de Gruyter 1985

Bennis, Warren und Biederman, Patricia: *Geniale Teams,* Campus 1998

Bohr, Niels: *Niels Bohr 1885-1962. Der Kopenhagener Geist der Physik,* Vieweg 1985

Burke, James: *Gutenbergs Irrtum und Einsteins Traum,* Piper 1999

Chomsky, Noam: *Sprache und Geist,* Suhrkamp 1973

Csikszentmihalyi, Michaly: *Kreativität. Wie Sie das Unmögliche schaffen und Ihre Grenzen überschreiten,* Klett-Cotta 1999

Darwin, Charles: *Mein Leben,* Insel 1993

Dennett, Daniel: *Spielarten des Geistes,* Bertelsmann 1999

Feynman, Richard: *Sie belieben wohl zu scherzen, Mr. Feynman,* Piper 2000

Freud, Sigmund: *Abriß der Psychoanalyse,* Fischer 1994
– *Briefe und Selbstzeugnisse,* Preiser 1995

Friedrich, Michael: *Kreatives Brainwriting mit Brain-Maps. Wissenschaftliche Fundierung eines innovativen Konzeptes,* Hobein 1994

Gardner, Howard: Kreative Intelligenz, Campus 1999
– *Dem Denken auf der Spur,* Klett-Cotta 1989
– *Genial wie Einstein,* Klett-Cotta 1996

Gilot, Francoise und Lake, Carlton: *Leben mit Picasso,* Diogenes 1991

Gleick, James: *Richard Feynman,* Droemer Knaur 1993

Holton, G. und Elkana, Y.: *Einstein, die Geschichte und andere Leidenschaften,* Vieweg 1997

Piaget, Jean: *Der Aufbau der Wirklichkeit beim Kinde,* Klett-Cotta 1974

Popper, Karl: *Die Logik der Forschung,* Akademie Verlag 1998

Rothenberg, Albert: *Kreativität in der Psychotherapie,* Edition Humanist 1998

Skinner, B. F.: *Denken und Lernen,* Hahner CVK 1976

Tesla, Nikola: *Mein Leben. Das Problem der Steigerung der menschlichen Energie*, Michaels 1997

Thagard, Paul: *Kognitionswissenschaft,* Klett-Cotta 1999

Westfall, Richard S.: *Isaak Newton,* Spektrum Akademischer Verlag 1996

Kontaktieren Sie den Autor!

Der Autor freut sich über Ihre Kommentare zu dem in diesem Buch dargebotenen Material:

Michael Michalko
165 Percy Road
Churchville, NY 14428
USA

E-Mail: michalko@frontiernet.net

Stichwortverzeichnis

A

Abstraktion(s-) 30, 163
-ebene(n) 30f., 33
-technik 289
Additionsmethode, konventionelle 217
Aktivität, kreative 291
Alternativen 86, 97, 110, 118
Ambivalenz 211, 214, 220
Analyse 90, 93
Anwendungsmöglichkeit 240
Argumentationsgänge 314
Assoziation(s-) 46, 67ff., 109f., 121f., 144, 172f., 186, 197, 205, 240, 243f., 251, 260, 265, 316f.
–, freie 190
-horizont 68
-strukturen 69
Attributen, Kombination von 154
Aufnahmefunktion 282
Aufzeichnung(en), schriftliche 124
Ausarbeitung 204, 313
Ausgangsperspektive 49
Aussagen, positive 29, 47

B

Begabung(en) 162f., 167
Betrachtung(s-)
-möglichkeiten 23
Bewusstsein 21, 109, 126, 128, 203
–, kreatives 53

Beziehungen 141
Bilder
–, mentale 259f., 264
–, metaphorische 268, 270
Blickwinkel 21, 25, 27, 29, 48ff.
Brain(-) 29, 35f., 60, 77, 86, 110, 218f.
-storming(-) 248, 294, 302, 307, 314, 317, 322, 332f.
–, erfolgreiches 312
–, visuelles 95f.
-Gruppe 59, 101, 309, 317
–, ideale 308
–, traditionelle 318
-Sitzung 308, 315, 327
-Technik 67
-Treffen 313, 325, 327, 331
-writing 317ff.

C

Collage 141
–, metaphorische 267
–, kreative 267

D

Darstellungen, metaphorische 267
Denk(en-)
–, fließendes 103
–, kreatives 78, 92f., 109, 144, 211, 251, 323
–, unvorhersehbares 147
-ansätze 25, 258
-bemühungen, kreative 93
-gewohnheiten, kreative 93
-methode 25, 104, 130, 207, 227
-muster 84, 99, 121, 167, 173, 209, 213, 311
–, konventionelles 100, 220

-prozess 37, 47f., 64ff., 105, 111, 129f., 268, 306
-strategie 79, 81, 133, 155, 168, 189, 207, 293, 323
-strukturen 23, 98ff., 170, 173, 209, 253
–, kreative 311
-weise 28
–, konventionelle 211
–, lineare 84
Dummheit 98

E

Eindrücke, visuelle 192
Elementen, Kombination von 160
Energien, kreative 307
Entstehungsprozess 104
Erfahrung(s-) 64, 110, 121, 244
–, kreative 99
-element 123
-muster 106
Evolutionsprozess, biologischer 97

F

Fantasie(-) 171, 190, 197, 226, 250ff., 266
-vorstellungen 297ff.
Farbfragen 60
Feedback
–, negatives 219
–, positives 219
Feinde 51
Fischgräten-Diagramm 34ff.
Flexibilität 333
Fotospaziergänge 271
Fragen 29, 33, 58
–, spielerische 60

Freunde 51
Fruchtwechsel-Methode 54

G

Galerie-Technik 319
Gedanken(-)
–, Darstellung von 65
–, innovative 307
-gänge 314
-Karten 75
Gehirnpotenzial 67
Geist, schöpferischer 97, 161
Geistesblitz 125ff.
Gemeinschaftsgeist 101, 305f., 308
Genialität 23, 65, 88, 103, 122, 125, 133, 158, 160, 172
Genies 24, 57, 68, 84, 97ff., 119, 127, 129f., 147, 167, 176, 220f., 235, 238f., 262, 291, 297, 315
Geschäftsidee, neue 137
Glück 300
Grauer Star 23
Gruppenprinzipien 57
Gruppen(-) 36, 109, 159, 163, 165, 186, 194, 200, 308, 316f., 323
-Brainstorming(-)
-Techniken 315
-leiter 159, 200, 231, 248, 254, 312, 315, 321, 323f.

I

IBM 176
Ideen(-)
–, geniale 25
–, innovative 68, 133
–, kombinieren 77, 158
–, unzusammenhängende 295

-auswertung 315
-bewertung 104
-Datenbank 125, 186f.
-Evolution 71
-gruppen 70
-pensum 93
-Pool 319
-produktion 92, 104, 108, 153, 313
Individualität 46f., 317
Inspiration 75, 103, 112, 292, 313f.,
–, kreative 168
Intelligenz 131, 276
–, kollektive 306
–, künstlerische 248
Interaktionsschleifen 81
Ineressengebiete 247
Interpretation(s-) 89, 95, 190, 266
–, spannende284
-möglichkeiten 53, 78

K

Kern-Welten 244
Kindererziehungen 164
KJ-Brainstorming 327
Kollegialität 308
Kombination 115, 128
Kombination(s-)
–, innovative 99, 131
-möglichkeiten 134, 138, 141, 163, 206
Kommunikation(s-)
-fähigkeit 270
-problem 270
Komplementärprinzip 221
Konkurrenzfirmen 215

Konzentration(s-) 48, 247, 277
-punkt 309
Konzepte 100, 113, 126, 133, 149, 197, 247, 291, 311
Kreativität(s-) 23, 35, 68, 70, 91, 98, 100, 103f., 112, 115, 118, 133, 170, 191, 200, 220, 280f., 285, 288, 295, 309, 311, 315
–, Geheimnis der 315
–, organisatorische 35
-forscher

L

Langzeitgedächtnis 71, 259
Lebenserfahrung 98
Lösung(s-) 26f., 29f., 36
–, kreative 110, 148, 189, 235, 301, 327
-ansätze 33
-methode(n) 23
-möglichkeiten 207, 222, 271, 287, 298, 322
-weg 23
Lotus Blossom 79

M

Maps, bewegliche 73
Menschen, geniale 81, 104, 131f., 211, 220, 297
Metapher 49, 99, 168, 255, 267f., 270f.
Mind Map(s) 67f., 70ff.
Mind Mapping 67, 72
Motivation 325
Musterszenarios 258
Mutmaßung 309f.

N

Natur 25, 65f., 82, 97, 99, 122f., 148, 163, 219, 223, 248ff., 313
Neuschöpfung, individuelle 299
NHK 330

O

Objekte
–, beliebige 150
–, Kombinieren von 152
Ordnungssystem 276

P

Pensum 109
Persönlichkeitsmerkmale 276
Perspektiven 22ff., 43, 278, 289, 292, 316, 327
–, alternative 292
–, multiple 52
–, neue 195
Picassos Methode 74
Potenzial, latentes 281
Prämisse 43
Problem(-)
–, kombinieren 155
-beschreibung 54, 312
-elemente 161
-formulierung(en) 26, 30, 42
-lösung(en) 96, 99, 141
–, einfallsreiche 141
Produktivität(s-) 80, 103, 109, 160, 295
-steigerung 42, 66
Prozess
–, kreativer 53, 280, 327

Q

Qualität 108, 313
Quantität 77, 107f., 313
Querverbindungen 68

R

Recycling 158, 283
Relativitätstheorie 25, 56, 88, 103, 163f., 225, 255
Richtlinien, spezifische 222

S

Schaubilder, Sprache der 262
Schlüssel(-)
 -aspekte 79, 260, 329
 -begriff(en) 144ff.
 –, Kombinieren von 144
 -elemente 89
 -wörter 42, 66, 69f., 73, 75, 129
Selbstheilungsnetzwerk 235
Selektionsprozess 97ff.
Sichtweise 21, 24, 51, 53, 81, 113, 141, 202, 258, 305, 309, 312
SIL(-) 161
 -Richtlinie 163
Spaziergang 74, 185f., 195, 250, 270
 –, metaphorischer 270f.
Spürsinn 273
Story-Board-Brain-Storming 333
Strategien 24, 33, 99f.
Symbole, grafische 70
System Map 82, 85f., 89
System Mapping 82, 86, 89

T

Talente, kombinieren 162
Techniken 93, 100, 133, 172, 301, 331
Teilnehmer 54, 60, 72, 96, 159, 161ff., 186, 194f., 200ff., 208, 214f., 248, 254, 266, 269, 271, 279f., 293, 303, 307ff.
Träumer 83, 196ff.

U

Umgebung 35, 77, 83f., 86, 185, 192, 219, 221, 223, 270, 299, 307, 310f., 333
Unterbewußtsein 37, 126ff.

V

Variationen 72
–, blinde 171f.
Verbesserungsmöglichkeiten 57
Verbindungen 67f., 70, 73, 75, 78, 82, 88, 128, 148, 160, 168, 170f., 173, 175ff., 187ff., 236, 240, 248, 250, 253f., 260, 268, 271
–, assoziative 173
Verkaufszahlen, schlechte 36
Verspieltheit 311
Versuchsperson(en) 27f., 121f., 149, 169f., 208f., 275f., 295, 309
Vorstellung(s-) 25, 45, 50, 52, 63, 69, 88ff., 98, 113, 121, 123, 131f., 147, 149, 158, 168, 197, 228f., 234, 255, 276, 288, 293, 309, 313
–, bildliche 52, 261

W

Wahrnehmung(s-) 31, 82, 123, 131, 138f., 167, 209f., 221, 233f., 239, 252, 280, 327
-möglichkeiten, alternative 280
-phase 131

-rahmen 202
Welten, parallele 239
Wörter(-)
–, beliebige 172ff., 183, 189
–, kombinieren 155
-buch 45, 173f.
Wortlisten, beliebige 173
Wunschdenken 200, 312
Wünsche 172, 198ff., 313

Z

Zeitschriften 172, 174, 187f., 193, 268f.
Zeitungen 109, 172, 174, 187f., 193, 268, 292
Zeitverschwendung 108
Zufall, kreativer 273
Zusammenarbeit 309f., 315, 317
–, effektive 309
–, kreative 317
Zusammenhang, assoziativer 191